PRENTICE HALL

Realidades 2

para hispanohablantes

Teacher's Edition

PEARSON
Prentice Hall

Boston, Massachusetts
Upper Saddle River, New Jersey

Acknowledgments

"Ballet folklórico de México de Amalia Hernández-Quienes somos" from Balletamalia.com

"Ballet folklórico de México de Amalia Hernández-Escuela" from Balletamalia.com

"Sobre la Clínica del Pueblo" from La Clínica del Pueblo. Lcdp.org

Note: Every effort has been made to locate the copyright owner of material used in this textbook. Omissions brought to our attention will be corrected in subsequent editions.

PEARSON
Prentice Hall

6 7 8 9 10 08 07 06

ISBN 0-13-116433-3

Nota para el (la) profesor(a)

Realidades para hispanohablantes ha sido concebido como complemento del programa *Realidades,* por lo que se relaciona directamente con el libro de texto y los otros materiales del programa. Idealmente deberá utilizarse junto con ellos. Si usted utiliza este cuaderno de forma independiente, tendrá que facilitar a los estudiantes los elementos básicos de cada tema, como el vocabulario en contexto. *Realidades para hispanohablantes* está dirigido a estudiantes que tienen el español como lengua materna. Quizá usted tenga varios de estos estudiantes en su clase, sin embargo, el nivel de español de estos estudiantes puede ser bastante diferente.

El estudiante bilingüe típico es el que proviene de familias de origen hispanohablante que llevan varias generaciones en los Estados Unidos. En estos ambientes familiares, el idioma dominante suele ser el inglés. Los estudiantes que provienen de este tipo de familias por lo general comprenden bien el español hablado y son capaces de expresarse en español, aunque muchas veces su español presenta fuertes influencias del inglés, o tienen dificultad para leer y escribir en español.

Otro grupo de estudiantes bilingües son los que nacieron en un país hispanohablante. Según el tiempo que hayan vivido en su país de origen, y el grado escolar que hayan alcanzado allí, estos estudiantes tendrán un dominio del español diferente. *Realidades para hispanohablantes* será útil para estudiantes que sólo estudiaron hasta tercer o cuarto grado en un país hispanohablante, ya que estos estudiantes necesitan mejorar su comprensión del español y expresión escrita en este idioma. Los estudiantes que llegaron hasta octavo o noveno grado en su país de origen ya pueden leer y expresarse por escrito en español, para ellos será más útil pasar al nivel siguiente del programa.

Estrategias para la utilización de *Realidades para hispanohablantes*

Antes de comenzar a trabajar con este cuaderno, debe tener en cuenta:

- el nivel de español de los estudiantes. Asegúrese de cuáles son los conocimientos de español (tanto oral como escrito) de los estudiantes y de que este cuaderno es adecuado a su nivel.
- la motivación de los estudiantes. Antes de comenzar con las actividades de este cuaderno, hable con los estudiantes del tema que van a tratar, evalúe los conocimientos de los estudiantes en cuanto al vocabulario relacionado con el tema y entérese de las cosas del tema que a los estudiantes les resultan más interesantes.
- el ritmo de aprendizaje de los estudiantes. Al asignar los ejercicios de este cuaderno, tenga en cuenta el ritmo de aprendizaje y las necesidades de los estudiantes.

Realidades para hispanohablantes incluye:

- actividades y lecturas que complementan cada una de las secciones presentadas en el libro de texto del programa *Realidades*.
- presentaciones orales y escritas en español que corresponden con las presentaciones del libro de texto y que darán a los estudiantes la oportunidad de expresar sus ideas y de aprender a comunicarse de una forma más eficaz tanto oralmente como por escrito.
- Explicaciones de gramática en español y actividades que servirán de repaso y complemento a los temas gramaticales tratados en el libro del estudiante.

Como profesor(a) usted está acostumbrado(a) a analizar los distintos acercamientos al aprendizaje de los estudiantes y a utilizarlos como apoyo y refuerzo para facilitar la comprensión y la memorización. Aplique esto también a la enseñanza del español a hispanohablantes. Usted sabe cómo cada estudiante aprende y desarrolla el conocimiento, y por lo tanto, usted puede proporcionarles las oportunidades para favorecer su desarrollo intelectual y personal a través del aprendizaje de un idioma y una cultura.

En general, hay algunas ideas que pueden ayudar a que sus estudiantes tengan más éxito en sus estudios de español.

Consejos para que sus estudiantes tengan éxito en sus estudios de español

- ***Lea en voz alta.*** No olvide que la mayoría de los estudiantes seguramente comprenden mejor el español hablado que escrito. Si lee las instrucciones de las actividades en voz alta, estará facilitando la comprensión por parte de los estudiantes.
- ***No divida la clase entre estudiantes hispanohablantes y no hispanohablantes.*** Trabajar con toda la clase en las actividades de este cuaderno siempre que sea posible beneficiará tanto a los estudiantes que tienen el español como lengua materna como al resto de los estudiantes de español.
- ***Invite a hispanohablantes de la comunidad a su clase.*** Siempre que sea posible, invite a participar en su clase a personas hispanohablantes de su comunidad. Estas personas pueden ser los padres de los estudiantes que quieran colaborar con ustedes o cualquier otra persona. Por ejemplo, si están estudiando el capítulo 5A del libro de texto, usted puede invitar a un(a) policía, bombero(a) o paramédico(a) hispanohablante a visitar la clase y a compartir alguna experiencia de su trabajo con los alumnos (en español, ¡por supuesto!).

Usted tiene un papel muy importante en el desarrollo personal y cultural de sus estudiantes. Al tener estudiantes hispanohablantes en su clase, su papel como profesor(a) será el de reforzar las conexiones de sus estudiantes hispanohablantes con su idioma y su cultura, al mismo tiempo que abre las puertas de este idioma y cultura a los estudiantes no hispanohablantes; todo esto, fomentando la comprensión y colaboración entre personas de culturas diferentes.

¡Le deseamos mucho éxito!

Nombre ______ Fecha ______

Fondo cultural (página 1)

El primer día de clases En los países hispanohablantes, los estudiantes regresan a las clases en diferentes meses. Por ejemplo, en Uruguay y en Chile los estudiantes regresan en marzo porque las vacaciones de verano son de noviembre a febrero. En Colombia, hay tres calendarios para las escuelas. Unas escuelas van de enero a noviembre, el horario tradicional, y otras van de agosto a junio. El tercer calendario va de septiembre a junio, que es igual a los calendarios de Estados Unidos y México.

1. ¿En qué mes regresas a la escuela después de las vacaciones de verano?

   Las respuestas variarán.

2. ¿Qué otros periodos de vacaciones tienes durante el año? ¿Cuánto dura cada uno?

   Las respuestas variarán.

3. Piensa en el primer día del curso en tu escuela. ¿Qué pasa ese día? ¿Qué hacen los estudiantes? ¿Hay muchas personas en la escuela? ¿A qué hora empiezan las clases? Responde en un párrafo breve.

   Las respuestas variarán.

4. ¿Por qué crees que en las escuelas de Latinoamérica hay diferentes calendarios? ¿Crees que esto está relacionado con la posición geográfica de estos países? ¿Cuándo es verano en el Hemisferio Sur? ¿Y en el Hemisferio Norte? Responde en un párrafo breve.

   Las respuestas variarán.

Nombre ______ Fecha ______

Para empezar

Objetivos del capítulo

1. **¿Cómo eres tú?**
   - Hablar de cómo eres tú y de cómo son otras personas
   - Decir de dónde eres tú y de dónde son otras personas
2. **¿Qué haces?**
   - Hablar sobre las cosas que hacen tú y otras personas
   - Hablar sobre la frecuencia con la que haces ciertas cosas

Conexión geográfica (página 7)

Estos países tienen una conexión con el tema de este capítulo. Ubica y marca en el mapa los siguientes lugares. Luego, consulta la página 7 de tu Libro de texto para verifica si los ubicaste correctamente.

República Dominicana	Venezuela	Perú
España	Paraguay	Panamá
Uruguay	Honduras	Cuba

Go Online Web Code jde-0002 PHSchool.com

Nombre ______________________ Fecha ______________

1 ¿Cómo eres tú? (página 2)

Actividad A

¿Cómo son estos personajes famosos? Escribe una descripción de cada uno.

Modelo *El monstruo de Frankenstein*
Es alto, feo y desordenado. No es muy paciente.

1. Jennifer López **Las respuestas variarán.**
2. El hombre-araña ______
3. Ricky Martin ______
4. Bátman ______
5. Shakira ______
6. Supermán ______

Actividad B

Estas parejas son hermanos pero no se parecen en nada, ni en el físico ni en la personalidad. Lee las oraciones que describen a uno(a) y usa esa información para indicar cómo es el otro o la otra.

Modelo *Antonio es muy tranquilo y ordenado. (Rosa)*
Rosa es muy nerviosa y desordenada.

Respuestas posibles:

1. Mario es serio y deportista. (Erika)
   Erika es graciosa y no deportista.
2. Rocío es paciente y trabajadora. (Tomás)
   Tomás es impaciente y perezoso.
3. Santiago es sociable y muy talentoso. (Josefina)
   Josefina es tímida no muy talentosa.
4. Julia es alta y graciosa. (Francisco)
   Francisco es bajo y serio.

Nombre ______________________ Fecha ______________

Gramática • Repaso (página 3)

Adjetivos

Recuerda que los adjetivos describen personas, lugares y cosas. En español, los adjetivos deben tener el mismo número y género que los nombres a los que describen y normalmente, se colocan después del nombre.

Masculino		Femenino	
Singular	**Plural**	**Singular**	**Plural**
serio	serios	seria	serias
deportista	deportistas	deportista	deportistas
trabajador	trabajadores	trabajadora	trabajadoras
paciente	pacientes	paciente	pacientes
joven	jóvenes	joven	jóvenes

*Fíjate en que *jóvenes* requiere un acento en la forma plural.

Gramática interactiva

Analiza

- Subraya los adjetivos que tienen la misma forma en masculino que en femenino. ¿Cuál es la terminación de estos adjetivos?

-ista, -ente y -n

Los adjetivos que tienen la misma forma en femenino y en masculino se llaman invariables. Escribe otros tres adjetivos invariables.

Respuestas posibles:

importante, inteligente,

fácil, difícil.

Actividad C

Escribe en tu cuaderno frases para describir a las siguientes personas de las ilustraciones. Describe tanto el físico como la personalidad.

1. el chico de la ilustración a **Respuesta posible: Es estudioso, serio y trabajador.**
2. las dos chicas de la ilustración b **Respuesta posible: Una es baja y rubia. La otra es alta y morena.**
3. un chico y una chica de la ilustración c **Respuesta posible: Son deportistas y atléticos.**

Nombre ______ Fecha ______

Gramática • Repaso

El verbo *ser* (página 5)

Gramática interactiva

Analiza

En los ejemplos del verbo *ser* con nombres, subraya las terminaciones de los complementos que están después del verbo *estar* y escribe una *F* si la terminación indica género femenino, y una *M* si indica género masculino; una *S* si la terminación indica singular y una *P* si indica plural.

Compara la terminación del complemento de cada frase con su sujeto. ¿Qué conclusión sacas?

El complemento concuerda en género y número con el sujeto.

Ya has aprendido a usar el verbo *ser* con adjetivos para describir cómo es una persona.

Esas chicas **son bonitas.**

También has aprendido a usar *ser* + *de* para indicar de dónde es alguien.

Son de Buenos Aires.

Recuerda que *ser* es un verbo irregular. Aquí tienes sus formas en el presente:

(yo)	**soy**	(nosotros) (nosotras)	**somos**
(tú)	**eres**	(vosotros) (vosotras)	**sois**
Ud. (él) (ella)	**es**	Uds. (ellos) (ellas)	**son**

El verbo *ser* también se puede usar con nombres para decir algo sobre el sujeto. Tanto los nombres como los adjetivos deben concordar en género y número con el sujeto.

Margarita es maestra. **FS**

Carlos es médico. **MS**

Margarita y Dolores son amigas. **FP**

José y Fernando son maestros. **MP**

Margarita y Carlos son hermanos. **MP**

Actividad D

Completa las oraciones a continuación de una forma lógica, utilizando la forma apropiada del verbo **ser** para cada sujeto y los complementos necesarios.

1. Mis amigos y yo **Las respuestas variarán.**
2. Usted ______
3. Mi mamá y mi papá ______
4. Yo ______
5. Tú ______

Nombre ______ Fecha ______

Ampliación del lenguaje

Gentilicios Mira la tabla de adjetivos gentilicios (que indican nacionalidad) en la página 6 de tu libro de texto. Fíjate en cómo se forman y después, usa esa información para contestar:

1. ¿Cómo se forma el gentilicio para los países que acaban en *-ía*? Busca los ejemplos en la tabla para ayudarte a determinarlo.

   Se añade *-no(a)* al nombre del país: Bolivia: boliviano.

2. ¿Cuál de estos gentilicios es igual para hombres y mujeres?

   El gentilicio *-ense:* Nicaragua: nicaragüense.

Conexiones Las ciencias sociales (página 6)

Actividad E

Estados Unidos es un país de inmigrantes donde hay gente de todas partes del mundo. Un grupo importante de los inmigrantes está formado por hispanohablantes. La población hispana representa más de 35 millones de personas, o el 13 por ciento de la población total. Es muy diversa porque hay hispanohablantes de muchos países hispanos. Lee la gráfica de población en la página 6 de tu libro de texto y contesta las siguientes preguntas.

¿Por qué razones crees que el grupo de inmigrantes de México es el más numeroso?

Respuesta posible: México es muy grande y es un país vecino de los Estados Unidos.

¿Qué país es un estado asociado de los Estados Unidos? ¿Se refleja esto en la tabla?

Puerto Rico. Se refleja en la tabla porque es el segundo grupo más numeroso.

¿Qué otros países crees que se incluyen en la categoría de "otros países hispanos", aparte de los que ya están en la tabla?

Respuestas posibles: Panamá, Honduras, Venezuela, Chile, entre otros.

¿Qué razones puede tener un hispano para querer venir a Estados Unidos como inmigrante?

Respuestas posibles: Tener un mejor nivel de vida, un mejor empleo, entre otros.

Nombre ______ Fecha ______

2 ¿Qué haces? (página 8)

Actividad F

Piensa en las cosas que te gusta hacer durante las diferentes estaciones del año. Completa la tabla indicando por lo menos dos actividades para cada estación.

Primavera (marzo, abril, mayo) *montar a bicicleta* **Las respuestas variarán.**	**Verano** (junio, julio, agosto) *nadar*
Otoño (septiembre, octubre, noviembre)	**Invierno** (diciembre, enero, febrero)

Actividad G

Aquí tienes una lista de características de algunos estudiantes de tu escuela. Para cada uno, sugiere una actividad de vacaciones teniendo en cuenta lo que sabes sobre la persona.

Modelo *Flor es atlética, impaciente y deportista.*
practicar deportes, montar en monopatín, nadar y correr

1. Manuel es reservado, estudioso y paciente.
   Las respuestas variarán pero deben ser lógicas.
2. Rosana es atrevida, extrovertida y simpática.
3. Azucena es tímida, deportista e impaciente.
4. Antonio y Rosa son guapos, atléticos y antipáticos.

¿Recuerdas?
Puedes hablar acerca de actividades para pasar el tiempo usando los verbos regulares y las expresiones siguientes:

bailar	montar en bicicleta
caminar	montar en monopatín
cantar	nadar
comer	pasar tiempo
correr	patinar
dibujar	practicar deportes
escribir cuentos	tocar la guitarra
escuchar música	tomar el sol
esquiar*	usar la computadora
leer revistas	

*En el presente, *esquiar* lleva un acento en la *i* de todas las formas, excepto en las formas de *nosotros* y *vosotros: esquío, esquías, esquía, esquiamos, esquiáis, esquían.*

Nombre ______ Fecha ______

Gramática • Repaso (página 9)

El tiempo presente de los verbos regulares

Recuerda que en español hay tres tipos de verbos regulares. Los infinitivos de estos verbos terminan en *-ar, -er,* y en *-ir.* Para formar el tiempo presente de un verbo regular, se elimina la terminación *-ar, -er,* o *-ir* del infinitivo y se añade la terminación correspondiente del presente. El presente se usa para hablar de lo que uno hace o está haciendo en el momento actual.

(yo)	**hablo**	(nosotros) (nosotras)	**hablamos**
(tú)	**hablas**	(vosotros) (vosotras)	**habláis**
Ud. (él) (ella)	**habla**	Uds. (ellos) (ellas)	**hablan**

(yo)	**como**	(nosotros) (nosotras)	**comemos**
(tú)	**comes**	(vosotros) (vosotras)	**coméis**
Ud. (él) (ella)	**come**	Uds. (ellos) (ellas)	**comen**

(yo)	**vivo**	(nosotros) (nosotras)	**vivimos**
(tú)	**vives**	(vosotros) (vosotras)	**vivís**
Ud. (él) (ella)	**vive**	Uds. (ellos) (ellas)	**viven**

Gramática interactiva

Analiza
Subraya la terminación de la forma *yo* de los verbos de la tabla. La parte no subrayada se llama el radical o la raíz. Escribe el radical de los tres verbos aquí.

habl
com
viv

Luego encierra en un círculo el radical de la forma *nosotros* de los verbos de la tabla.

Nombre ______________________ Fecha ______________

Actividad H

En tu cuaderno contesta las siguientes preguntas con oraciones completas.
Las respuestas variarán.

1. ¿Cuál es la actividad que haces todos los fines de semana?
2. ¿Qué es lo primero que haces siempre cuando empiezas las vacaciones?
3. ¿Adónde vas a veces para pasar tu tiempo libre?
4. ¿Cómo es tu local favorito en tu ciudad?

Actividad I

¡Enrique! Lee este artículo de una revista sobre el cantante Enrique Iglesias y luego, en tu cuaderno, contesta las preguntas.

Lectura interactiva

Encuentra

- Subraya todas las formas de verbo *ser* que aparecen en el artículo sobre Enrique Iglesias.
- ¿En qué tiempo(s) está conjugado el verbo *ser* en este párrafo? **El presente.**

ENRIQUE IGLESIAS

El cantante Enrique Iglesias es de España pero ahora vive en Miami. Su padre es el famosísimo cantante Julio Iglesias, pero los jóvenes de todo el mundo conocen a Enrique por sus canciones populares como "Bailamos", "Be With You" y "Hero". Por primera vez en la historia de la música latina, recibe en 1996 el premio Grammy como Mejor Artista Latino con su primer disco. Enrique dice que la inspiración de su música viene de la música rock norteamericana y por las influencias latinas, caribeñas y europeas. Dice que "soy y voy a ser siempre latino, pero mi música no lo es". Cuando no está escribiendo música o cantando en conciertos, le gusta practicar deportes acuáticos, pasar tiempo con su perro, Grammy, y ver la tele, especialmente los programas musicales. Sus amigos dicen que es gracioso, independiente, romántico y optimista.

1. ¿Quién es el padre de Enrique? **Julio Iglesias.**
2. ¿Qué le gusta hacer a Enrique en su tiempo libre? **Le gusta practicar deportes acuáticos, pasar tiempo con su perro y ver la tele.**
3. ¿Cómo crees tú que es Enrique? **Las respuestas variarán.**

Nombre ______________________ Fecha ______________

Presentación escrita (página 13)

Tarea

Escribe un poema con forma de diamante. El poema va a describirte a ti mismo(a).

Estrategia

Organizar los pensamientos Sigue las pautas de un organizador gráfico con forma de diamante a medida que escribes tu poema. Esto te ayudará a organizar tus ideas y a mejorar tu escritura.

1. **Antes de escribir**
   Sigue estas instrucciones para escribir tu poema. Trata de hacer que algunas de las palabras al final de las líneas rimen, por ejemplo, *estudioso* y *perezoso*.
   1. Escribe tu nombre.
   2. Escribe dos adjetivos que no te describan.
   3. Escribe tres adjetivos que te describan.
   4. Escribe cuatro actividades que haces todos los días.
   5. Escribe tres actividades que tú y tus amigos hacen en el verano.
   6. Escribe dos actividades que nunca haces.
   7. Escribe "¡Así soy yo!"
2. **Borrador**
   Usa la información anterior y escribe tu poema con forma de diamante.
3. **Revisión**
   Muéstrale tu poema a un(a) compañero(a) para que revise lo siguiente:
   - ¿El poema incluye toda la información de la parte de Antes de escribir?
   - ¿Usaste las formas correctas para los verbos y los adjetivos?
   - ¿Hay algo que debes cambiar o eliminar?

   Determina cuáles de las sugerencias de tu compañero(a) quieres usar y prepara tu versión final.
4. **Publicación**
   Pon tu poema en una hoja de papel grande (tamaño folio) o en una cartulina. Decora la hoja o cartulina con fotos, dibujos y otras cosas que ayuden a describir cómo eres tú.
5. **Evaluación**
   Quizá tu profesor(a) te dé los criterios de cómo va a ser evaluado tu poema. Probablemente, tu presentación del poema será evaluada teniendo en cuenta:
   - si has seguido todos los pasos de forma apropiada.
   - el uso adecuado de verbos y adjetivos.
   - lo interesante que resulta.

Nombre ____________________ Fecha ____________

A ver si recuerdas... (páginas 16–17)

En este capítulo, vamos a hablar sobre la escuela. Completa la tabla siguiente para comprobar cuánto sabes ya sobre la escuela. Escribe tantas palabras como conozcas en cada columna.

Clases	Lugares en la escuela	Materiales escolares	Cosas en la sala de clases
español	la sala de clases	los libros	el escritorio

Las respuestas variarán. Algunos estudiantes quizá incluyan en sus tablas palabras y expresiones que no aparecen en el libro de estudiante, pero que han aprendido como parte de su herencia cultural, por ejemplo, *clase de castellano, el aula, los deberes, el casillero y el gis.* Algunos estudiantes quizá se refieran a las clases como *asignaturas* y a los materiales escolares como *útiles.*

Fondo cultural (página 16)

Simón Silva Algunos temas que Simón Silva refleja en sus pinturas incluyen el duro trabajo de los campesinos, escenas familiares, la amistad y, en general, la vida de los chicanos en California. Silva también ha escrito e ilustrado libros sobre las familias de los campesinos en California, como *Cosecha de la vida.* Puedes ver algunos cuadros de Silva en su propio sitio Web.

1. ¿Qué temas trata Simón Silva en sus pinturas?

   Algunos de los temas que trata incluyen el duro trabajo de los campesinos, escenas familiares, la amistad y, en general, la vida de los chicanos en California.

2. Mira el cuadro de Silva y la fotografía de los estudiantes en la página 16 de tu libro de texto. ¿En qué se parecen y se diferencian los estudiantes del cuadro de los de la fotografía?

   Respuestas posibles: Los estudiantes de la fotografía están en un parque de la ciudad y los del cuadro están en la celebración del Día del maestro. Los estudiantes del cuadro llevan puestas camisas rojas y los de la fotografía camisas blancas.

Nombre ____________________ Fecha ____________

Capítulo 1A

¿Qué haces en la escuela?

Objetivos del capítulo

- Describir objetos y actividades en la sala de clases
- Hablar sobre las reglas de la escuela
- Expresar ideas afirmativas y negativas
- Comparar las costumbres y las reglas de la escuela en otros países con las de tu escuela

Conexión geográfica (página 17)

Estos países y estados tienen una conexión con el tema de este capítulo. Ubica y marca en el mapa los siguientes lugares. Luego, consulta la página 17 de tu libro de texto para verificar si los ubicaste correctamente.

México	Chile	Venezuela	Cuba
Texas	Argentina	España	Illinois

Go Online Web Code jde-0002 PHSchool.com

Capítulo 1A Nombre ____ Fecha ____

A primera vista (páginas 18–19)

Actividad A

Escribe las sílabas en el orden correcto para formar palabras relacionadas con la escuela. Luego, completa las siguientes frases usando estas palabras.

ten - ción - a **atención** pe - ri - to - men - ex **experimento**

les - te - ma - ria **materiales** pe - res - tar **respetar**

lo - bio - gía **biología** for - me - in **informe**

1. ¡Qué alegría! Hoy tenemos laboratorio de **biología**.
2. Estamos haciendo un **experimento** sobre la luz solar y las plantas.
3. La maestra nos pide que usemos con cuidado los **materiales** del laboratorio.
4. También nos dice que es muy importante **respetar** las reglas para evitar accidentes.
5. Yo presto **atención** porque quiero sacar buenas notas en la clase.
6. Además, es más fácil escribir un buen **informe** si recuerdo todo lo que la maestra explica.

Actividad B

En la escuela, haces trabajos o proyectos especiales en cada clase. También, hay que seguir ciertas reglas. ¿Cómo es esto en tu escuela? Completa la tabla siguiente. Usa los infinitivos en tu tabla.

Clases	Lo que hago en la clase	En la clase hay que…	En la clase se prohíbe…
Las respuestas variarán.			

Capítulo 1A Nombre ____ Fecha ____

Videohistoria (páginas 20–21)

Todos nos ponemos algo nerviosos la víspera (el día antes) del primer día de escuela. Esteban no es una excepción. ¿Cómo contarías tú la historia de Esteban? Usa en tus respuestas las palabras y expresiones que aparecen en tu libro.

Actividad C

Recuerda que una historia tiene tres momentos principales: planteamiento, nudo y desenlace.

1. **Planteamiento:** Es el principio de la historia; aquí se introducen los personajes, la situación o el lugar de la historia. ¿Quién es el personaje principal de la videohistoria? ¿Dónde ocurre la historia?

   Respuestas posibles: El personaje principal es Esteban.

   La historia ocurre en la escuela de Esteban.

2. **Nudo:** Es la parte más importante; aquí se explica lo que les ocurre a los personajes. ¿Qué pasa en la videohistoria? ¿Qué hace Esteban? ¿Y los otros personajes?

   Respuestas posibles: La noche anterior al primer día de clases, Esteban sueña que es el profesor. Algunos estudiantes llegan tarde. Otros no están en su asiento cuando empieza la clase. Una estudiante quiere ir al armario en busca del libro. La mamá de Esteban es una de sus estudiantes.

3. **Desenlace:** Es el final de la historia. ¿Cómo acaba la historia de Esteban? ¿Qué te parece este final? ¿Por qué?

   Respuestas posibles: Esteban se despierta. Algunos estudiantes responderán que les gusta el final porque es sorprendente.

Escribe un resumen de la videohistoria en una hoja aparte basándote en tus respuestas a la actividad anterior y usando las palabras y expresiones del recuadro de abajo. Un resumen tiene que ser corto e incluir sólo las cosas más importantes. Cuando termines, revisa tu borrador para verificar que tu resumen sigue un orden lógico.

alguno	conocer	dar un discurso	llegar tarde	nadie

Los resúmenes deben tener planteamiento, nudo y desenlace e incluir las palabras del recuadro.

Capítulo 1A Nombre ____ Fecha ____

Manos a la obra (páginas 22–26)

Actividad D

Lee las siguientes oraciones y complétalas con una palabra o expresión aprendida en tu libro de texto para este capítulo.

1. En clase de química, vamos al ___laboratorio___ para hacer experimentos.
2. Estoy contenta porque me gusta hablar en público y mañana, tengo que ___dar un discurso___ en la clase de historia.
3. Cuando no entiendo algo, a mi profesor no le importa ___repetir___ la lección varias veces.
4. Si tengo problemas en clase, puedo ___pedir ayuda___ a un amigo o a un profesor.
5. Si estudio mucho, este semestre voy a ___sacar una buena nota___.
6. Ahora voy a terminar de escribir mi ___informe___ sobre historia.
7. Si no te despiertas pronto, vas a ___llegar tarde___ a la escuela.
8. Por favor, préstame ___las tijeras___. Tengo que cortar esta cartulina.
9. ¡Ay! Me olvidé el ___carnet de identidad___ en casa. ¿Crees que me dejarán entrar?
10. Estoy leyendo esta poesía tantas veces porque la quiero ___aprender de memoria___ y no olvidarla nunca.

Actividad E

Ayer acompañé a mi prima a comprar materiales escolares. ¿Qué piensas que ella necesitará para el año escolar? Responde con oraciones completas.

1. ¿Qué necesitará para un proyecto de arte? Respuesta posible: Necesitará pinceles, papel y lápices de colores.
2. ¿Qué materiales tendrá que llevar a clase todos los días? Respuesta posible: Tendrá que llevar libros y cuadernos.
3. ¿Dónde puede anotar las reglas de la escuela? Respuesta posible: Puede anotar las reglas en el cuaderno.

Capítulo 1A Nombre ____ Fecha ____

Actividad F

Escribe una definición breve para cada una de estas palabras. Si conoces alguna otra palabra para ese mismo objeto, escríbela. Fíjate en el modelo.

Modelo pizarra **Definición:** *Tabla negra donde el profesor escribe.*
Otra palabra: *pizarrón*

Respuestas posibles:

1. **Bolígrafo** Definición: Con lo que se escribe en el cuaderno.
   Otra palabra: birome, esférico, lapicero
2. **Grapadora** Definición: Objeto para unir hojas de papel.
   Otra palabra: engrapadora, corchetera
3. **Carpeta** Definición: Cuaderno de hojas sueltas.
   Otra palabra: carpeta de argollas, portafolios
4. **Asiento** Definición: Lugar para sentarse.
   Otra palabra: silla
5. **Mochila** Definición: Bolsa para llevar cosas a la espalda.
   Otra palabra: morral, talego
6. **Tiza** Definición: Con lo que se escribe en la pizarra.
   Otra palabra: gis
7. **Asignatura** Definición: Materia que se estudia.
   Otra palabra: clase

Capítulo 1A Nombre ______ Fecha ______

Gramática • Repaso

Verbos con cambios en el radical (página 27)

El radical de un verbo es la parte del infinitivo que queda después de eliminar las terminaciones *-ar, -er* o *-ir*. Por ejemplo, el radical de *empezar* es *empez-*. En los verbos irregulares, el radical presenta cambios en todas las formas del presente, excepto en las formas *nosotros(as)* y *vosotros(as)*.

Ya has aprendido tres tipos de verbos irregulares. Para repasarlos, aquí están las formas del presente de *poder (o → ue), empezar (e → ie)* y *pedir (e → i)*.

—Si no **puedes** contestar una pregunta, ¿qué haces?

—Generalmente le **pido** ayuda a otro estudiante o al profesor.

poder (o → ue)

(yo)	puedo	(nosotros) (nosotras)	podemos
(tú)	puedes	(vosotros) (vosotras)	podéis
Ud. (él) (ella)	puede	Uds. (ellos) (ellas)	pueden

empezar (o → ie)

(yo)	empiezo	(nosotros) (nosotras)	empezamos
(tú)	empiezas	(vosotros) (vosotras)	empezáis
Ud. (él) (ella)	empieza	Uds. (ellos) (ellas)	empiezan

pedir (e → i)

(yo)	pido	(nosotros) (nosotras)	pedimos
(tú)	pides	(vosotros) (vosotras)	pedís
Ud. (él) (ella)	pide	Uds. (ellos) (ellas)	piden

Gramática interactiva

Identifica formas

- Encierra en un rectángulo el radical de los verbos en infinitivo.
- Subraya las terminaciones en los verbos conjugados.
- Encierra en un círculo los cambios en los radicales de los verbos conjugados.

¿Recuerdas?

Otros verbos con cambios en el radical que siguen los modelos anteriores son:

o → ue	*u → ue*	*e → ie*	*e → i*
almorzar costar dormir	jugar	entender pensar preferir querer	servir repetir

Capítulo 1A Nombre ______ Fecha ______

Actividad G

Ahora completa las formas que faltan en las tablas siguientes.

(yo)	almuerzo	(nosotros) (nosotras)	almorzamos
(tú)	almuerzas	(vosotros) (vosotras)	almorzáis
Ud. (él) (ella)	almuerza	Uds. (ellos) (ellas)	almuerzan

(yo)	entiendo	(nosotros) (nosotras)	entendemos
(tú)	entiendes	(vosotros) (vosotras)	entendéis
Ud. (él) (ella)	entiende	Uds. (ellos) (ellas)	entienden

Actividad H

Completa la carta con la forma apropiada de los verbos en paréntesis.

Querido Carlos:

No sé porque Paco y José Luis no __quieren__ *(querer / almorzar)* trabajar con nosotros. Yo __pienso__ *(preferir / pensar)* que es una idea estupenda hacer ese mural en el patio de la escuela. Aunque Paco y José Luis __prefieren__ *(dormir / preferir)* trabajar con otro grupo, yo creo que tú __puedes__ *(poder / entender)* convencerlos para que nos ayuden. Ernesto y yo ya tenemos algunos materiales de pintura, pero hay otros que __cuestan__ *(costar / pensar)* mucho, y el maestro de arte dice que él no __pide__ *(poder / pedir)* más materiales hasta que no estemos bien organizados.

Saludos,

Mario

Ampliación del lenguaje

Ortografía: ¿*m* o *n*?

M
Se escribe *m* delante de *p* y *b*.

relámpago	hombre
empezar	ambos
impresionar	embargo

N
Se escribe *n* delante del resto de las consonantes.

repelente	andar
inmediatamente	brincar
invierno	enfadado

Gramática

Palabras afirmativas y negativas (página 31)

Ya sabes muchas palabras afirmativas y negativas.

Afirmativas	Negativas
alguien	nadie
algo	nada
algún, alguno(s), alguna(s)	ningún, ninguno, ninguna
siempre	nunca
también	tampoco

Alguien y *nadie* son pronombres (sustituyen a un nombre) y pueden desempeñar las mismas funciones que un nombre.

Alguien me dijo que Pedro está enfermo.
Le voy a regalar este libro a **alguien**.
No he visto a **nadie** en el patio.
Nadie me regaló esta mochila; la compré yo.

Alguno / alguna / algunos / algunas / ninguno / ninguna concuerdan en número (singular o plural) y género (masculino o femenino), con el nombre al que se refieren.

—¿Ustedes van al laboratorio de computadoras en **algunas** clases?
—No, no vamos al laboratorio en **ninguna** clase.

Cuando *alguno* y *ninguno* van antes de un nombre masculino singular, cambian a *algún* y *ningún*.

—¿Vas a dar **algún** discurso en la clase de inglés?
—No, no voy a dar **ningún** discurso.

También y *tampoco* son adverbios (modifican al verbo) y por eso son invariables.

A Clara le gusta mucho la clase de arte. La clase de historia también le gusta.
A Carlos y Javier también les gustan las clases de arte y de historia.
Antonio no saca buenas notas.
Rosario y Violeta tampoco sacan buenas notas.

¿Recuerdas?
Para hacer una oración negativa por lo general se pone *no* delante del verbo.
- **No** sacamos buenas notas en la clase de álgebra.

Algunas veces también se puede usar una palabra negativa después del verbo.
- **No** estudiamos **nunca** los sábados por la noche.

Gramática interactiva

Identifica funciones
- En los ejemplos con *alguien* y *nadie,* subraya estas palabras cuando funcionan como sujeto.
- En los ejemplos con *alguno(a)* y *ninguno(a),* subraya la palabra con la que concuerda la palabra negativa o positiva en cada frase.
- Encierra en un círculo todas las palabras variables que encuentres en los ejemplos. ¿Por qué se dice "algunas clases"?
  Porque *clases* es femenino y plural.
- Encierra en un círculo todas las palabras invariables que encuentres en los ejemplos. ¿Por qué son invariables?
  Porque son adverbios y por eso no cambian.

Actividad I

Cuatro estudiantes están comparando sus horarios de clases. Éstas son las asignaturas que tienen a primera hora de la mañana. Observa los horarios y completa el párrafo usando las palabras afirmativas y negativas que has estudiado en la página 31 de tu libro.

Marta 

	LUNES	MARTES	MIÉRCOLES	JUEVES	VIERNES
8:00–8:45	Inglés	Ciencias	Inglés	Inglés	Arte

Gabriela 

	LUNES	MARTES	MIÉRCOLES	JUEVES	VIERNES
8:00–8:45	Inglés	Inglés	Inglés	Inglés	Inglés

Joaquín 

	LUNES	MARTES	MIÉRCOLES	JUEVES	VIERNES
8:00–8:45	Español	Inglés	Español	Español	Arte

Felipe 

	LUNES	MARTES	MIÉRCOLES	JUEVES	VIERNES
8:00–8:45	Arte	Ciencias	Inglés	Ciencias	Español

Todos los estudiantes tienen clase de inglés por la mañana. __Nadie__ tiene clase de matemáticas. __Ningún__ estudiante tiene clase de educación física por la mañana. __Algunos__ estudiantes tienen clase de ciencias. Gabriela no tiene clase de ciencias, Joaquín __tampoco__. Gabriela y Joaquín no tienen __ninguna__ clase de ciencias por la mañana. Gabriela __siempre__ tiene clase de inglés por la mañana. Marta sólo tiene inglés __algunos__ días. En la semana, los chicos tienen __alguna__ clase de español por la mañana y las chicas no tienen __ninguna__ clase de español.

Actividad J

Otras palabras positivas y negativas son *siempre* y *nunca.* Estas palabras indican tiempo o momento en que se hace o no se hace algo. Son adverbios, y por lo tanto invariables. (**Siempre** entrego la tarea a tiempo. **Nunca** llego tarde a la escuela.)

Ahora, escribe en tu cuaderno un párrafo corto usando algunas de las frases anteriores. Recuerda que *alguno* y *ninguno* cambian a *algún* y *ningún* delante de nombres masculinos en singular.

Modelo Siempre llego a la escuela a las 8:15. Las clases empiezan a las 8:30. Algunos estudiantes llegan tarde. Yo nunca llego tarde...

Las respuestas variarán.

¡Ojo!
No es habitual usar las palabras *ningunos* y *ningunas.* Por lo general, se prefiere la forma en singular, *ningún* y *ninguna.*

Capítulo 1A Nombre ______________________ Fecha ______________

Lectura cultural

Actividad K

Tu escuela tiene un programa de amigos por correspondencia con una escuela secundaria de España. Una de las estudiantes españolas te ha escrito el siguiente mensaje de correo electrónico. A medida que lees, compara lo que cuenta Rosario sobre su escuela con las cosas en tu escuela.

untitled 2

Send Now | Send Later | Link | Insert Hyperlink | Categories

To: Click here to add recipients

Cc:

Subject:

Attachments: none

Hola,

Me llamo Rosario Díaz y estudio en el Instituto Manuel de Falla en Elche, Alicante. El instituto es el nombre que tienen en mi país los centros públicos de enseñanza secundaria. Las clases empiezan a las ocho y media y terminan a las dos y cuarto. Cada día tenemos seis clases y un descanso a mitad de la jornada para comer. Cada asignatura la da un profesor diferente. Cada clase dura unos 55 minutos, pero la clase de lengua, que es los martes, miércoles y jueves por la tarde, me parece más larga que todas las demás. Yo creo que es porque a esa hora ya estoy cansada, y además, la lengua no es mi asignatura favorita.

El curso escolar empieza en septiembre y termina en junio. Tenemos vacaciones en Navidad, en Semana Santa y en verano. Al final de cada período de clase, antes de las vacaciones, nos dan las notas. Antes de las vacaciones de verano, los estudiantes y los profesores organizamos un viaje de fin de curso. Estos viajes son muy interesantes y divertidos. Todos los estudiantes participamos en la organización de actos y ventas para recaudar dinero para el viaje, y luego, todos juntos elegimos el destino. Este año, vamos a hacer un recorrido de una semana por Andalucía porque queremos ver los monumentos árabes que hemos estudiado en la clase de historia.

¿Y tú que haces en tu escuela? ¿Tienes los mismos horarios que yo? ¿Cuándo tienes vacaciones? ¿En vuestra escuela tenéis viajes de fin de curso?

Un saludo,

Rosario

Actividad L

Ahora, usando el mensaje de Rosario como guía, escribe una respuesta a Rosario.

1. Empieza presentándote y diciendo a qué escuela vas.
2. Habla de las semejanzas y diferencias entre tu escuela y la escuela de Rosario.
3. Despídete.

Las respuestas variarán.

Capítulo 1A Nombre ______________________ Fecha ______________

Conexiones La literatura (página 25)

Actividad M

El escritor cubano José Martí, además de poesía, escribió ensayos y artículos periodísticos. Martí escribía para expresar no sólo sus sentimientos; él buscaba reflejar los sentimientos y las esperanzas de los pueblos americanos. Fue un escritor, pensador, político y filósofo. En 1994, la Conferencia General de la UNESCO *(United Nations Educational, Scientific and Cultural Organization)* creó el Premio Internacional José Martí para reconocer y recompensar a aquellos que con sus actividades contribuyen a la unidad de los países de América Latina y a la conservación de sus tradiciones culturales y valores históricos. El 28 de enero de 2003 organizó un acto especial para celebrar el 150 aniversario del nacimiento de José Martí. En este acto se reconoció la labor de Martí como precursor de la defensa del derecho de los pueblos a gozar de una educación que respete su diversidad.

1. ¿Qué otras actividades, además de la escritura de la poesía, llevó a cabo Martí?
   Además de escribir poesía, Martí escribió ensayos y artículos periodísticos. También se dedicó a la política y a la filosofía.
2. ¿Qué hizo la UNESCO en 1994? ¿Con qué propósito?
   Creó el Premio Internacional José Martí con el propósito de reconocer y recompensar a los que contribuyen a la unidad de América Latina y a la conservación de tradiciones culturales y valores históricos.

El español en el mundo del trabajo

(página 33)

Saber hablar español te permite ser profesor(a) de la materia. ¿Qué otras oportunidades de trabajo puedes tener si hablas español? Da al menos dos ejemplos.

Modelo Agente de viajes: *Si tengo que hacer una reservación en un país hispano, me puedo comunicar directamente en el idioma español.*

Trabajo	Descripción de tus tareas
Las respuestas variarán. :	
:	

Capítulo 1A Nombre ________ Fecha ________

¡Adelante! (páginas 34–35)

Lectura 1

Estrategia
Usar títulos y subtítulos La lectura de los títulos de un artículo te ayudará a anticipar el contenido del mismo.

Actividad N

Antes de leer, haz la actividad en la caja que está al margen. Luego, lee los consejos para estudiar mejor que publicó la revista española *Okapi*. Si hay alguna palabra que no recuerdas, consulta las glosas del artículo en las páginas 34 y 35 de tu libro de texto. Al terminar la lectura haz la otra actividad al margen.

Lectura interactiva

Usa títulos y subtítulos
Antes de leer el artículo, dale una ojeada. Luego encierra en un círculo el título y subraya los subtítulos.

Predice de qué trata el artículo.

Respuestas posibles: Este artículo ofrece consejos sobre cómo estudiar mejor: qué hacer cuando estudio, cosas que puedo hacer para organizarme y cosas que puedo hacer para estudiar mejor y sacar buenas notas.

Verifica la lectura
Después de leer, verifica si tus predicciones fueron acertadas.

Reglas de oro para estudiar mejor

¿Qué debes hacer a la hora de estudiar?

Para estudiar mejor necesitas una buena organización del trabajo y unos hábitos saludables. Siempre debes ser positivo. Repite frases como: "yo puedo hacerlo" o "yo soy capaz". Cuida tus libros y otros materiales. Generalmente una persona constante, organizada y trabajadora tiene buenos resultados en los estudios.

¿Cómo puedes organizarte para estudiar?

Establece un horario fijo para estudiar y planifica tu tiempo. Tienes que pasar suficiente tiempo para llegar al punto de máxima concentración. También debes planear unos pequeños descansos de 5 a 10 minutos. Y si no entiendes algo, pide ayuda: ¡Tus padres o tus hermanos mayores te pueden ayudar!

¿Cómo puedes estudiar mejor y sacar buenas notas?

Tienes que cuidarte. Debes comer bien y dormir lo suficiente. Por ejemplo, no es bueno estudiar muy tarde por la noche antes de un examen. Debes estar tranquilo, sin estar ni nervioso ni ansioso. La tranquilidad emocional te ayuda a pensar mejor. También tienes que cuidar tu vista: cuando lees, el libro debe estar a 35–40 cm de distancia de tus ojos y siempre debes usar una buena lámpara.

Capítulo 1A Nombre ________ Fecha ________

Actividad Ñ

¿Cuál es la idea principal en cada uno de los párrafos del artículo?

1. Respuesta posible: Para estudiar mejor es necesario que me organice bien y tenga buenos hábitos de trabajo.
2. Respuesta posible: Para organizarme a la hora de estudiar necesito tener un horario fijo y planificar mi tiempo.
3. Respuesta posible: Para estudiar mejor y sacar buenas notas necesito tener buena salud, comer bien, dormir lo suficiente, estar tranquilo y cuidarme la vista.

Actividad O

Imagina que eres el (la) director(a) de la revista *Okapi* y en respuesta a tu artículo recibes muchas cartas de los lectores. ¿Cómo responderías a las siguientes preguntas?

1. Comparto mi cuarto con mi hermanito menor y no tengo mucho lugar para hacer las tareas. ¿Qué lugar sería el más tranquilo para hacer las tareas de la escuela?
   Las respuestas variarán.
2. Mi casa queda lejos de la escuela; por eso, cuando llego a la casa estoy muy cansado. ¿Cuál piensas que sería la mejor hora para hacer las tareas de la escuela?
   Las respuestas variarán.
3. Me cuesta trabajo organizarme para hacer las tareas escolares. ¿Tienes algunos consejos para que me pueda organizar mejor?
   Las respuestas variarán.

Capítulo 1A Nombre ____ Fecha ____

Lectura 2

Estrategia
Identificar el tipo de texto
Fijándote en la estructura de un texto, puedes anticipar parte de su contenido.

Actividad P

Antes de leer el texto siguiente, haz la primera actividad al margen. Después lee el texto y haz el resto de las actividades en la caja. Fíjate que las partes de esta carta son: membrete, saludo, párrafo de introducción, lista de propósitos, despedida y firma.

Lectura interactiva

Identifica el tipo de texto
Observa el texto y traza líneas para separar cada una de sus partes. Luego, identifica cada una de esas partes usando las letras siguientes: *M*, membrete; *S*, saludo; *I*, párrafo de introducción; *L*, lista de propósitos; *D*, despedida; *F*, firma. Teniendo en cuenta las partes que has indicado, ¿qué tipo de texto es?

una carta de bienvenida

Encuentra
En cualquier tipo de texto, el párrafo de introducción suele presentar la idea principal de todo el texto. Subraya la idea principal en el párrafo de introducción. Luego resúmela en tus propias palabras.

Respuestas posibles: El propósito de la escuela secundaria Benito Juárez es dar las bases para que los estudiantes triunfen en su educación después de la secundaria.

Escuela secundaria Benito Juárez
Avenida Américas, 527
México, D.F. - México M

Bienvenido(a) a la escuela, S

En nuestra escuela queremos proporcionarte las bases para que puedas continuar con éxito tu educación, ya sea en una carrera técnica o universitaria y para que puedas incorporarte a la vida cotidiana con una actitud positiva y responsable. Nuestros planes de estudio incluyen talleres de actividades artísticas y culturales, así como talleres de computación y tecnología, en los que te prepararás para tu futuro profesional. I

Nuestros propósitos son: L

- Ampliar los conocimientos de los estudiantes y desarrollar sus capacidades.
- Promover el pensamiento crítico (capacidad para razonar y analizar).
- Ampliar la capacidad de comunicación del estudiante.
- Fomentar la lectura como instrumento para la adquisición de conocimientos y de desarrollo personal.
- Desarrollar la sensibilidad artística y la creatividad.
- Fomentar actitudes de respeto y tolerancia ante opiniones y puntos de vista diferentes.
- Preparar a los alumnos para continuar sus estudios en la opción que ellos escojan.

Puedes hablar con el (la) consejero(a) a los estudiantes para que te ayuden a elegir los cursos y actividades extracurriculares más apropiados para ti.

Atentamente, D

José Palacios Ríos F

Capítulo 1A Nombre ____ Fecha ____

Actividad Q

Completa las siguientes actividades sobre el texto.

1. ¿A quién va dirigido el texto?

   El texto va dirigido a los nuevos alumnos de la escuela secundaria Benito Juárez.

2. ¿Qué tipos de talleres ofrecen en la escuela?

   Ofrecen talleres de actividades artísticas y culturales y talleres de computación y tecnología.

3. Fíjate en los siguientes verbos que aparecen en la lectura. Escribe al lado de cada verbo la letra del significado con el que asocias cada verbo. Si no sabes su significado, recuerda que lo puedes descifrar si te fijas en el contexto.

Verbos:	**Significados:**
a promover	a. hacer que algo mejore con el tiempo
b ampliar	b. aumentar, hacer mayor
b desarrollar	
a fomentar	

4. Lee otra vez la lista de propósitos. ¿Cuál te parece el más importante de la lista? ¿Por qué?

   Las respuestas variarán.

Capítulo 1A Nombre ____________ Fecha ____________

La cultura en vivo (página 36)

Actividad R

Lee este artículo sobre el escudo de México y responde a las preguntas en tu cuaderno.

El águila, la serpiente y el nopal

Una leyenda cuenta que el dios del Sol les indicó a los aztecas el lugar donde debían construir una ciudad que "sería la reina y señora de todas las demás de la Tierra". Les dijo que reconocerían el lugar al ver un águila sobre un nopal comiendo una serpiente.

En 1325, los mexicas (descendientes de los antiguos aztecas) encontraron el águila de la leyenda. Estaba sobre un nopal en una isla del lago Texcoco. Allí fundaron Tenochtitlán, donde hoy está la ciudad de México.

Los habitantes de la ciudad tomaron como escudo la imagen del acontecimiento. Para los antiguos mexicanos, el águila era un animal sagrado, símbolo del Sol, y la serpiente era el símbolo de la Tierra. El águila con la serpiente en el pico representaba la unión del Sol y la Tierra. Por último, el nopal representaba el alimento de los habitantes de la región.

Después de la conquista, los pobladores de la ciudad de México les pidieron a los reyes de España que les permitieran conservar su escudo, pero rodeado de pencas de nopal, como símbolo de los tlatoanis (guerreros mexicas) vencidos durante la conquista.

1. ¿Cuáles fueron los primeros elementos del escudo mexicano?

   Un águila parada sobre un nopal que nace en una isla y con una serpiente en el pico.

2. ¿Qué representaba cada uno de los elementos del escudo mexicano?

   El águila representaba el dios del Sol. La serpiente representaba la Tierra. El nopal representaba el alimento de los habitantes de la región.

3. ¿Cuáles fueron los últimos elementos añadidos al escudo? ¿Qué representan?

   Los últimos elementos que se añadieron al escudo son unas ramas de laurel y de encina que sirven como representación de las glorias y de los héroes de México.

Capítulo 1A Nombre ____________ Fecha ____________

Presentación oral (página 37)

Director(a) por un día

Tarea

Te han invitado a ser el (la) director(a) de tu escuela por un día. Tu primera tarea es crear algunas reglas de la escuela nuevas y mostrarlas en un cartel. ¡Sé creativo(a)! Después de que termines tu cartel, preséntalo a la clase.

Lluvia de ideas

Antes de preparar una presentación, piensa en todas las ideas posibles para tu proyecto. Haz una lista con *todas* esas ideas, sin pensar si son buenas o malas. Después revisa la lista y toma las mejores ideas para tu presentación.

1. **Preparación**
   Haz una lista de seis reglas nuevas de la escuela. Incluye tres cosas que los estudiantes deben hacer y tres cosas que está prohibido hacer. Incluye también una explicación corta, en la que expliques por qué los estudiantes deben o no deben obedecer las reglas nuevas. Quieres que la escuela sea un lugar en el que los estudiantes se sientan apoyados y así aprendan mejor. Luego haz un cartel en el que ilustres las reglas nuevas.

2. **Práctica**
   Repasa tu presentación varias veces, usando las ilustraciones del cartel. Puedes usar tus notas cuando repasas la presentación, pero no cuando la hagas en público. Asegúrate de:

   - incluir tres cosas que los estudiantes deben hacer y tres cosas que no pueden hacer.
   - usar frases completas.
   - hablar con claridad.

   Modelo *Éstas son mis reglas nuevas: Todos los estudiantes deben hacer preguntas si no entienden algo, porque hacer preguntas es la mejor manera de aprender. Y hay que... ¡Se prohíbe hablar inglés en la clase de español! Y tampoco deben...*

3. **Presentación**
   Explica a tus compañeros de clase las nuevas reglas de la escuela, usando los elementos visuales de tu cartel.

4. **Evaluación**
   Quizá tu profesor(a) te dé los criterios de cómo va a ser evaluada tu presentación. Probablemente, tu presentación será evaluada teniendo en cuenta:

   - lo completa que es tu presentación.
   - lo fácil que resulta entenderte.
   - la claridad con que los elementos visuales de tu cartel ilustran tus reglas.

Capítulo 1A Nombre

Repaso del capítulo (página 40)

Vocabulario y gramática

Repaso del capítulo

Para preparar el examen, revisa si...
- conoces el vocabulario nuevo y la gramática.
- puedes realizar las tareas de la página 29.

para hablar acerca de lo que haces en clase

aprender de memoria	to memorize
contestar	to answer
dar un discurso	to give a speech
discutir	to discuss
explicar	to explain
hacer una pregunta	to ask a question
el informe	report
el laboratorio	laboratory
la palabra	word
pedir ayuda	to ask for help
el proyecto	project
sacar una buena nota	to get a good grade

para hablar acerca de reglas en la sala de clases

a tiempo	on time
entregar	to turn in
llegar tarde	to arrive late
prestar atención	to pay attention
la regla	rule
respetar	to respect
se prohíbe...	it's forbidden...

para nombrar objetos de la escuela

el armario	locker
el asiento	seat
el carnet de identidad	I.D. card
la cinta adhesiva	transparent tape
la grapadora	stapler
los materiales	supplies, materials
las tijeras	scissors

palabras negativas y afirmativas

alguien	someone, anyone
algún, alguna, algunos, -as	some, any
nadie	no one, nobody
ningún, ninguno, -a	no, none, not any

otras palabras útiles

conocer	to know
lo que	what
sobre	on, about

para expresar posesión o relación

almorzar *(o → ue) to have lunch*

almuerzo	almorzamos
almuerzas	almorzáis
almuerza	almuerzan

empezar *(e → ie) to start, to begin*

empiezo	empezamos
empiezas	empezáis
empieza	empiezan

entender *(e → ie) to understand*

entiendo	entendemos
entiendes	entendéis
entiende	entienden

repetir *(e → i) to repeat*

repito	repetimos
repites	repetís
repite	repiten

● **Más práctica**
Practice Workbook Puzzle 1A-8
Practice Workbook Organizer 1A-9

Capítulo 1A Nombre Fecha

Preparación para el examen (página 41)

En el examen vas a...	Éstas son las tareas que te pueden ser útiles para el examen...	Si necesitas repasar...
1 Escuchar Escuchar y entender a unos estudiantes mientras describen lo que deben y lo que no deben hacer en clase.	Escucha a dos estudiantes que comparan sus clases de español. (a) ¿Cuáles dos cosas hacen los estudiantes en ambas clases? (b) ¿Cuáles dos cosas son diferentes? (c) ¿Cuál de las dos clases prefieres? ¿Por qué?	**págs. 18–21** *A primera vista*
2 Hablar Preguntar y responder a afirmaciones acerca de las actividades que se hacen en la sala de clases.	Tu profesor(a) les ha pedido a ti y a tu compañero(a) que investiguen las actividades más comunes en la sala de clases. Cada uno de ustedes va a hacer un cuadro con una lista de sus clases, en la parte de arriba. Luego piensen en cinco o seis actividades y escríbanlas en una columna al lado del cuadro. Escriban una *X* al lado de las actividades que ustedes hacen en cada clase. Por último, describan con qué frecuencia hacen estas actividades. *Doy discursos en las clases de historia, español e inglés. Hablo sólo español en la clase de español todos los días.*	**pág. 22** Actividad 4 **pág. 23** Actividades 5–6 **pág. 24** Actividad 7 **pág. 28** Actividades 15–16 **pág. 29** Actividad 17 **pág. 32** Actividad 21
3 Leer Leer y entender una lista de reglas típicas de la sala de clases.	Lee las reglas que están abajo. Escribe los números del 1 al 5 y luego escribe una *P* para aquellas afirmaciones que pienses que fueron idea de un(a) profesor(a) y una *E* para las que crees que fueron escritas por un estudiante. 1. Se prohíbe hacer la tarea a tiempo. 2. Hay que pedir ayuda si no entiendes. 3. Hay que prestar atención. 4. Se prohíbe traer libros a la clase de literatura. 5. Hay que dormir en las clases.	**pág. 31** Actividad 19 **pág. 33** Actividad 23 **pág. 37** *Presentación oral*
4 Escribir Escribir un párrafo acerca de tu clase favorita.	En un párrafo corto, describe tu clase favorita. Incluye: (a) lo que haces en clase; (b) la clase de tarea para casa que tienes.	**pág. 26** Actividad 12 **pág. 27** Actividad 14 **pág. 29** Actividad 17
5 Pensar Demostrar conocimiento de los escudos de armas.	Estás haciendo una búsqueda sobre *los escudos de armas,* antes de crear uno para una asignación. Una lista de sitios Web ofrece ejemplos históricos de países hispanohablantes. Basándote en lo que has aprendido, ¿qué tipos de adornos esperas encontrar en ellos? ¿Dónde se muestran esos escudos?	**pág. 36** *La cultura en vivo*

Go Online PHSchool.com Web Code jdd-0107

Nombre ______ Fecha ______

A ver si recuerdas... (páginas 42–43)

¿Qué cosas haces o te gustaría hacer en tu tiempo libre? ¿Por qué te gusta esa actividad?

Completa la tabla siguiente según tus gustos personales. Escribe al menos dos actividades por cuadro. **Las respuestas variarán.**

	En el invierno	En el verano	Me gusta porque...
Actividades en el interior			
Actividades al aire libre			

Fondo cultural (página 44)

Antonio Berni Vuelve a mirar el cuadro del pintor argentino Antonio Berni que aparece en la página 44 de tu libro de texto. Este cuadro es un buen ejemplo del estilo realista de Berni y en él se puede ver cómo pintó a cada jugador de fútbol como individuo. El fútbol es el deporte más popular en Argentina y en otros países hispanohablantes. Es común que los chicos de los barrios organicen sus propios equipos y campeonatos.

¿Conoces algún deporte que sea tan popular o más que el fútbol para los hispanohablantes?

Respuesta posible: El béisbol es popular en los países hispanos del Caribe.

¿Puedes nombrar a algún jugador hispanohablante de este deporte?

Las respuestas variarán.

¿Con qué equipo juega?

Las respuestas variarán.

Comparte tus respuestas con la clase.

Nombre ______ Fecha ______

Capítulo 1B

¿Qué haces después de las clases?

Objetivos del capítulo

- Hablar sobre las actividades extracurriculares
- Comparar personas y cosas
- Decir lo que las personas conocen o saben hacer
- Decir con quién o con qué están familiarizadas las personas
- Preguntar y decir cuánto tiempo hace que ocurre algo
- Entender las perspectivas culturales con respecto a las actividades extracurriculares

Conexión geográfica (página 45)

Estos países tienen una conexión con el tema de este capítulo. Ubica los puntos cardinales en el mapa: Norte, Sur, Este y Oeste. Luego, contesta las siguientes preguntas.

1. ¿En qué dirección viajarás si vas de Argentina a Colombia? **hacia el norte**
2. ¿Venezuela está al norte o al sur de Nicaragua? **al sur**
3. ¿Cuba está al oeste o al este de Texas? **al este**
4. ¿El océano Atlántico está al oeste o al este de Argentina? **al este**

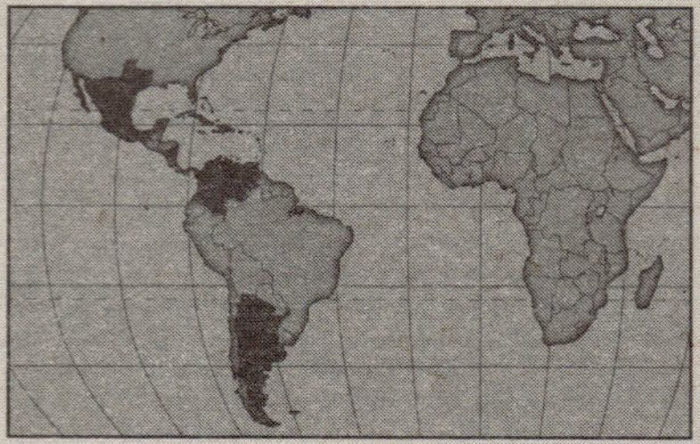

Go Online PHSchool.com Web Code jde-0002

Capítulo 1B Nombre ______ Fecha ______

A primera vista (páginas 46–47)

Actividad A

En las ilustraciones siguientes puedes ver a varios alumnos de secundaria haciendo actividades extracurriculares. Observa las ilustraciones y responde a las preguntas con frases completas.

1. ¿Qué es Rosario? **Rosario es bailarina.**
2. ¿Qué hace? **Ella baila ballet.**
3. ¿Dónde crees que está ella? **Ella está en el auditorio.**

4. ¿Qué es Pancho? **Pancho es músico.**
5. ¿Qué hace? **Él toca el violín.**
6. ¿Dónde crees que está él? **Él está en un concierto.**

7. ¿Qué son Patty y Luis? **Patty y Luis son animadores.**
8. ¿Qué hacen? **Ellos animan a su equipo.**
9. ¿Dónde están ellos? **Ellos están en un partido de fútbol.**

Actividad B

Actualmente, en todas las escuelas estadounidenses hay actividades extracurriculares en las que participan un gran número de estudiantes. Responde a las preguntas siguientes con frases completas.

1. ¿Qué actividades extracurriculares hay en tu escuela? Nombra todas las que puedas.
   Las respuestas variarán.
2. ¿Qué otras actividades te gustaría hacer? Nombra por lo menos tres y explica por qué te gustan.
   Las respuestas variarán.

Capítulo 1B Nombre ______ Fecha ______

Videohistoria (páginas 48–49)

Actividad C

Lee las siguientes frases que dicen los chicos de la *Videohistoria* de este capítulo y luego explica con tus propias palabras qué quieren decir con cada frase.

1. Angélica: "Voy a ser miembro del equipo de fútbol en primavera".
   Respuesta posible: Angélica va a formar parte del equipo de fútbol.
2. Esteban: "¿A alguien le interesa asistir a la reunión conmigo esta tarde?"
   Respuesta posible: Esteban pregunta si algún (alguna) otro(a) chico(a) tiene interés en ir a la reunión.
3. Lisa: "Vamos a ensayar hoy".
   Respuesta posible: El coro va a preparar las canciones.

Actividad D

¿Con cuál de los chicos o chicas de la *Videohistoria* te identificas más tú? ¿Por qué? Explícalo en un párrafo corto en tu cuaderno, usando las palabras de la caja.

asistir a la reunión	ensayar	interés	tomar lecciones	volver	una voz

Las respuestas variarán.

Actividad E

Observa la secuencia 5 de la *Videohistoria*. Angélica es animadora. ¿Crees que para un equipo deportivo es importante tener buenos animadores? Explica tu respuesta en tu cuaderno. **Las respuestas variarán.**

Capítulo 1B Nombre ____________ Fecha ____________

Manos a la obra (páginas 50–52)

Actividad F

Lee las siguientes definiciones y escribe junto a cada una la palabra o expresión del vocabulario que corresponda.

1. Para este pasatiempo necesitas una cámara y otros materiales. **fotografía**
2. Aquí puedes practicar deportes como el jockey, la natación o las artes marciales. **club atlético**
3. Para destacarte en este juego tienes que tener buena concentración. Se juega sobre una mesa. **ajedrez**
4. Para pertenecer a este grupo de gente te tiene que gustar la música, pero no necesitas buena voz. **la banda, la orquesta**
5. Esto es algo que debes hacer si quieres hacer una búsqueda en línea. **navegar en la Red**

Actividad G

Aquí tienes las descripciones de varios estudiantes que van a asistir a tu escuela el semestre próximo. Lee las descripciones y elige una actividad extracurricular para cada persona. Explica por qué crees que les va a gustar esa actividad.

MARIAM: Es muy atlética y sociable. No tiene mucha paciencia y le gustan las actividades que requieren mucho movimiento. Le gusta mucho trabajar en equipo.

Actividad recomendada: **Respuesta posible: algún deporte**

Explicación: **Es muy atlética y le gusta trabajar en equipo.**

ROSARIO: Es simpática y extrovertida. Le encanta cantar, bailar, saltar y pasar el tiempo con sus amigas. Es muy abierta y le gustan mucho las actividades al aire libre.

Actividad recomendada: **Respuesta posible: clase de baile, club de artes marciales**

Explicación: **Le gusta saltar y le gustan las actividades al aire libre.**

Capítulo 1B Nombre ____________ Fecha ____________

PEDRO: Es reservado y muy creativo. No tiene mucha disciplina y le gusta pasar las horas frente a su computadora. Necesita una actividad que le ayude a moverse un poco más.

Actividad recomendada: **Respuesta posible: hacer gimnasia, club de artes marciales**

Explicación: **No tiene mucha disciplina y necesita una actividad que le ayude a moverse.**

Actividad H

Busca toda la información que puedas sobre tu deporte favorito o sobre tu actividad extracurricular favorita. Después usa la gráfica a continuación para incluir los datos que encontraste y compártelos con la clase. **Las respuestas variarán.**

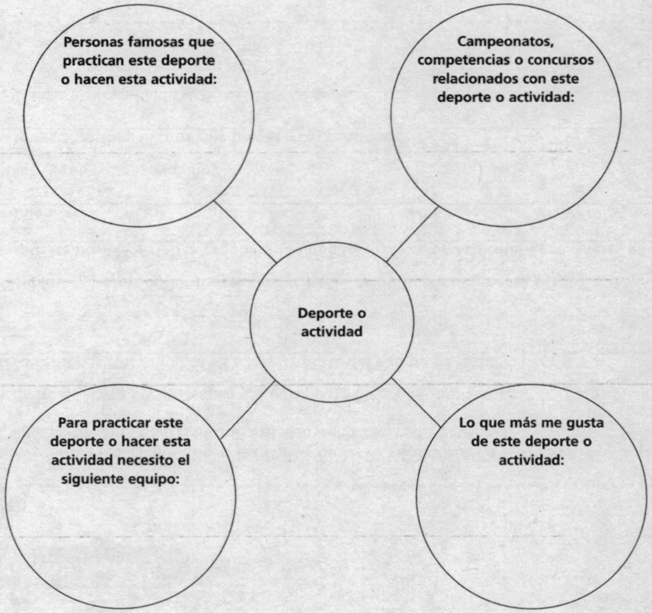

Gramática

Comparaciones (página 53)

Para comparar personas o cosas que son iguales una a otra se usa:

tan + *adjetivo* + como

En mi club, levantar pesas es tan popular como correr. AJ

Alfredo es tan artístico como Catalina. AJ

tan + *adverbio* + como

Carlos estudia tan frecuentemente como Luisa. AV

Para decir que las cosas *no* son iguales, se puede usar la forma negativa.

En el club atlético, levantar pesas no es tan popular como correr. AJ

tanto, -a + *nombre* + como
tantos, -as + *nombre* + como

Tanto concuerda en género y número con lo que se compara.

Hay tantas actrices en el ensayo como actores. N

Aquí tienes algunos ejemplos más de comparaciones, de igualdad. Léelos fijándote en qué comparan:

María no es tan talentosa como su hermana. AJ

Luisa llega tan tarde como Clara. AV

No es tan divertido jugar a los bolos como jugar al ajedrez. AJ

Pablo es tan alto como Carlos. AJ

Víctor tiene tantos libros como Aurora. N

Gramática interactiva

Identifica términos
Fíjate en los ejemplos de la tabla y subraya los siguientes elementos:

- Subraya con una línea los dos términos de la comparación en cada ejemplo *(tan / tanto / como)*.
- Subraya con dos líneas la palabra con la que va *tan* o *tanto* en cada frase y escribe *AJ* para los adjetivos, *AV* para los adverbios y *N* para los nombres.

Reflexiona
Los adjetivos modifican a los nombres; los adverbios modifican a los verbos y a otros adverbios, y además son invariables. Teniendo esto en cuenta, encierra en un rectángulo las formas de *tan* o *tanto* que son adjetivos y encierra en un círculo las que son adverbios.

¿Recuerdas?

Ya conoces diferentes formas para comparar cosas y personas.

más + *adjetivo* + que — **mayor que / menor que**
menos + *adjetivo* + que — **mejor que / peor que**

También sabes cómo decir que alguien o algo es "el más" o "el menos", "el mejor" o "el peor".

el / la / los / las + *nombre* + más / menos + *adjetivo* + de
el / la / los / las + mejor(es) / peor(es) + *nombre* + de

- Cecilia cree que hacer gimnasia es la actividad más divertida de la escuela.

Actividad I

Ana, Arturo, Sergio y Amparo son cuatro hermanos que asisten a tu escuela este curso. Aunque son hermanos son muy diferentes entre sí. Usa los datos de la tabla siguiente para escribir dos comparaciones para cada uno de ellos en tu cuaderno.

Modelo Ana es **tan** estudiosa **como** Sergio pero es **más** extrovertida **que** él.

ANA	ARTURO	SERGIO	AMPARO
Mide 1 m 65 cm.	Mide 1 m 57 cm.	Mide 2 m.	Mide 1 m 73 cm.
Estudia todas las tardes de seis a ocho y media.	Nunca estudia después de las clases.	Estudia los fines de semana, cinco horas cada día.	Estudia todas las mañanas entre las ocho y las doce.
Hace muchos deportes y participa en actividades extracurriculares.	Pasa mucho tiempo leyendo libros.	Pasa mucho tiempo en la piscina practicando natación.	Le gusta el fútbol y es animadora del equipo de su escuela.
Le gusta mucho la música y tiene más de 100 CD.	Canta en el coro de la escuela. Sólo tiene 2 CD.	Sergio sueña con ser bailarín. Tiene 5 CD de baile.	Amparo también quiere ser bailarina y tiene 5 CD.

Las respuestas variarán.

Actividad J

Piensa en las cosas que sabes sobre tu escuela y sobre tus compañeros de clase, y termina cada una de estas oraciones de una forma lógica.

Modelo Nuestra escuela tiene tantas...
Nuestra escuela tiene tantas animadoras en el equipo de fútbol como las demás escuelas de la ciudad.

1. Mi profesor(a) de español es tan **Las respuestas variarán.**
2. El gimnasio de nuestra escuela tiene tantos ____________
3. Nuestro equipo de natación gana tantas ____________
4. La orquesta de la escuela ensaya tan ____________
5. Nuestro club atlético tiene tantos ____________

Gramática interactiva

Identifica formas
Subraya los radicales de los verbos de las tablas.

En el primer párrafo de la caja se dice que tanto *saber* como *conocer* siguen el patrón de los verbos regulares en *-er* pero que ambos tienen una forma irregular. Encierra en un rectángulo la forma irregular de cada verbo.

Gramática • Repaso

Saber y conocer (página 56)

Ya has estudiado las formas del presente de *saber* y *conocer*. Tanto *saber* como *conocer* siguen el patrón de los verbos regulares terminados en *-er* en el presente, pero ambos tienen una forma irregular.

(yo)	sé	(nosotros) (nosotras)	sabemos
(tú)	sabes	(vosotros) (vosotras)	sabéis
Ud. (él) (ella)	sabe	Uds. (ellos) (ellas)	saben

- *Saber* significa que conoces los hechos y la información. También puedes usar *saber* con el infinitivo de otro verbo para decir que conoces la manera de hacer algo.

  ¿**Sabes** si tenemos tarea para mañana?
  ¿**Sabes** quién es el director de la banda?
  Sé jugar al ajedrez.

(yo)	conozco	(nosotros) (nosotras)	conocemos
(tú)	conoces	(vosotros) (vosotras)	conocéis
Ud. (él) (ella)	conoce	Uds. (ellos) (ellas)	conocen

- *Conocer* significa que sabes quién es una persona o que estás familiarizado con un lugar o una cosa.

  ¿**Conoces** al profesor de esta clase?
  No, no lo **conozco**.
  ¿**Conoces** el club atlético de la calle Ocho?

¿Recuerdas?
Se usa el *a personal* con el *verbo conocer* para decir que se conoce a alguien.
- Guillermo **conoce a** mi primo Tomás.

Actividad K

Imagínate que hace unos días te mudaste con tu familia a otra ciudad. En la escuela, Carlos, el chico que se sienta a tu lado, te ofreció ayudarte si necesitas alguna información sobre la ciudad o la escuela. Completa la nota siguiente con las formas adecuadas de los verbos *conocer* o *saber* para enviársela por correo electrónico a Carlos.

untitled 2

To: Click here to add recipients
Cc:
Subject:

Hola Carlos:

¿Cómo estás? Quiero hacerte una preguntita porque como tú sabes, yo todavía no conozco la ciudad. Necesito ir a una biblioteca para buscar unos libros, pero no sé a qué biblioteca debo ir. Mi hermano y yo conocemos una biblioteca que está cerca de mi casa, pero sabemos que sólo tiene libros de tecnología. Mis padres tampoco saben dónde está la biblioteca pública. Yo necesito libros de literatura. Voy a escribir un informe sobre poesía. ¿Tú conoces la poesía de Martí? ¡A mí me encanta! Me sé de memoria varios de sus poemas. ¿Tú sabes si en la escuela hay algún club literario?

Arturo y tú conocen a casi todo el mundo en la escuela, ¿verdad? A mí me gustaría conocer a más gente que comparta mis aficiones, pero sé que aún es pronto.

Bueno, por favor, a ver si puedes ayudarme.

Muchas gracias y hasta luego.

Capítulo 1B Nombre Fecha

Lectura cultural (página 59)

Actividad L

Vuelve a leer en la página 59 del libro del estudiante el artículo sobre la cantante cubana Celia Cruz. Luego, elige uno de los personajes famosos a continuación y escribe una breve reseña sobre esa persona en tu cuaderno. Al terminar, haz una presentación a la clase de la información que has conseguido. Recuerda que hay páginas Web donde puedes encontrar la historia, la biografía y las anécdotas de tus estrellas favoritas.

Cristina Aguilera	Enrique Iglesias	Salma Hayek	Shakira	Andy García

Usa las siguientes preguntas como guía para desarrollar tu artículo:

1. ¿Por qué es famosa esta persona? **Las respuestas variarán.**
2. ¿De qué país es?
3. ¿Cuáles son sus obras más populares?
4. ¿Es conocida internacionalmente o sólo en los Estados Unidos?

Ampliación del lenguaje

Uso de la mayúscula

Los nombres de los países se escriben con mayúscula inicial. Sin embargo, los adjetivos que indican el lugar de origen se escriben con minúscula inicial.

Cuba	cubano(a)
Perú	peruano(a)

Actividad M

Elige uno de los temas que siguen y escribe en tu cuaderno por lo menos un párrafo para responder a la pregunta. Usa comparaciones en tus respuestas.

1. ¿A qué personaje latino famoso te gustaría conocer y por qué?
2. ¿A qué deportista latino famoso te gustaría entrevistar?
3. ¿Has leído un libro de algún / alguna escritor(a) latinoamericano(a) que te gustaría recomendar a tus compañeros(as)?
4. ¿Qué tipo de música latina es la que más te gusta?
5. ¿Qué país de América Latina es el que más te gustaría conocer?
   Las respuestas variarán.

Capítulo 1B Nombre Fecha

Conexiones La computación (página 60)

Actividad N

El correo electrónico

En casi todo el mundo el correo electrónico forma parte de la vida diaria de millones de personas, pues se ha convertido en una de las formas de comunicación de mayor uso. Es rápido, conveniente y confiable. Muchos de los usuarios envian simples mensajes de texto para recordar una tarea pendiente, saludos, tratar asuntos con familiares, amigos, socios, compañeros. También nos sirve para enviar archivos que se anexan *(attach)* a un mensaje. Estos archivos pueden contener fotografías, hojas de cálculo, resúmenes e imágenes. Con un micrófono, incluso puedes enviar mensajes de voz. Además, usar el correo electrónico es muy fácil: estudiantes e instructores son capaces de aprender a usarlo después de un pequeña explicación.

1. ¿Qué ventajas tiene el correo electrónico sobre otros medios de comunicación personal?
   Respuestas posibles: El correo electrónico es rápido, conveniente y confiable. En muchos casos, es muy económico o gratis (bibliotecas públicas).
2. ¿Qué tipo de mensajes podemos enviar a través del correo electrónico?
   Respuestas posibles: mensajes de texto, fotografías, hojas de cálculo, resúmenes, imágenes y hasta mensajes de voz.
3. ¿Es difícil aprender a usar el correo electrónico? ¿Por qué? Explica tu respuesta.
   Respuestas posibles: No es difícil aprender a usar el correo electrónico. Después de una pequeña explicación cualquier persona aprende fácilmente.

El español en la comunidad

(página 61)

La comunidad hispanohablante está creciendo rápidamente en los Estados Unidos y tiene influencia sobre muchos aspectos de la cultura y economía norteamericanas. Da un paseo por tu vecindario y presta atención a los carteles escritos en español. Luego, haz una lista de los carteles que veas en español. Si no encuentras carteles en español en tu vecindario, investiga en otros lugares como supermercados, bancos u oficinas del gobierno.

Actividad Ñ

Responde a las preguntas en tu cuaderno. Luego comparte tu lista y tus conclusiones sobre la misma con el resto de la clase. **Las respuestas variarán.**

1. ¿Cuáles son los dos temas más comunes de los carteles?
2. ¿Qué conclusión puedes sacar de la respuesta de la pregunta 1? Explica.

Capítulo 1B Nombre ____ Fecha ____

¡Adelante! (páginas 62–63)

Lectura 1

Estrategia

Predecir Vas a leer una página del sitio Web de una escuela de danza. Usando tus conocimientos previos sobre danza y escuelas, puedes tratar de predecir qué información encontrarás en la página.

Actividad O

Lee la siguiente página Web de La Escuela de Baile Internacional. Si hay alguna palabra que no recuerdas, consulta las glosas del anuncio en las páginas 62 y 63 de tu libro de texto.

Lectura interactiva

Predice
Antes de leer la página Web, escribe tres cosas que crees que encontrarás en ella.

1. **Respuestas posibles:**
2. **información sobre tipos**
3. **de baile, sobre horarios,**
   sobre cursos.

Verifica la lectura
Después de leer verifica si tus predicciones fueron acertadas. Subraya en el texto las frases que confirmen tus predicciones.
Las respuestas variarán.

La Escuela Internacional de Baile te ofrece una gran variedad de clases de bailes tradicionales y contemporáneos. Razones para hacerse miembro hoy mismo:

- Puedes participar en una actividad sana y deportiva que te ayuda a entender las ricas tradiciones y costumbres de varios países hispanohablantes.
- Si no tienes pareja para bailar, ¡no te preocupes! Puedes conocer a otros jóvenes simpáticos de varias escuelas que vienen a aprender estos bailes.
- Puedes ir a competiciones internacionales en Francia, los Estados Unidos y Japón, y hasta ganar muchos premios.

Tenemos los siguientes cursos:

Tango Ven a aprender este baile romántico de Argentina que se hizo famoso por las composiciones musicales de Gardel y Piazzolla.

Merengue Impresiona a tus amigos moviendo las caderas al ritmo del merengue, baile tradicional del Caribe.

Flamenco Aprende los pasos de este misterioso baile de Andalucía.

Swing Baila toda la noche con tu pareja este baile muy popular de los Estados Unidos.

Actividad P

Fíjate en la frase de presentación de la escuela que dice: "...ofrece una gran variedad de bailes tradicionales y contemporáneos". Si te fijas en el contexto en que las palabras aparecen en una lectura, puedes descifrar su significado. Vuelve a leer el texto y trata de definir con tus propias palabras el significado de la palabra *tradicional.*

¿De qué palabra del texto crees que procede?

Respuesta posible: *Tradicional* significa que algo se lleva a cabo de la misma manera en la que se viene haciendo desde hace mucho tiempo. Procede de la palabra *tradición* (*tradiciones* en el texto).

Capítulo 1B Nombre ____ Fecha ____

Actividad Q

El texto que acabas de leer puede dividirse en dos partes. Explica cuáles son y cuál es la idea principal de cada una de ellas.

Las respuestas variarán.

Actividad R

¿Qué otros tipos de baile puedes nombrar además de los que se mencionan en la lectura? Escribe por lo menos el nombre de tres y una frase sobre cada uno de ellos.

1. **Las respuestas variarán.**
2. ____
3. ____

Actividad S

El baile como expresión artística es una forma de identidad de una comunidad y sirve para unir generaciones y para conservar tradiciones. ¿Sabes bailar algún baile típico hispano? Escribe un párrafo corto en tu cuaderno explicando las características principales de este baile. Trata de incluir toda la información que puedas sobre los puntos siguientes:

- origen
- descripción de los principales movimientos
- tipo de música e instrumentos con que se acompaña el baile
- ropa especial que se usa para bailarlo
- tu opinión personal sobre ese baile

Comparte tu párrafo con el resto de la clase.

Las respuestas variarán.

Lectura 2

Actividad T

Antes de leer el texto siguiente, lee la primera actividad que está al margen y sigue las instrucciones para la lectura. Después de leer, haz el resto de las actividades.

> **Estrategia**
> **Identificar la intención del escritor**
> Antes de leer un texto puedes darle una ojeada a los títulos, ilustraciones, disposición del texto en la página y frases que pueden darte pistas sobre la intención del escritor: informar, convencer, contar una historia, expresar sus sentimientos, etc.

> **Lectura interactiva**
>
> **Identifica la intención del escritor**
> A medida que leas, subraya en el texto las frases que te ayudan a identificar la intención del escritor.
>
> **informar**
>
> Después de leer, vuelve a mirar el texto y subraya algunas palabras o expresiones que sirven para cumplir mejor la finalidad que el escritor se ha propuesto. Explica por qué elegiste esas palabras o expresiones.
>
> **Porque las palabras como nombres propios y los detalles nos dan una información más precisa.**
>
> **Divide el texto**
> Teniendo en cuenta el contenido, de manera general, ¿en cuántas partes dividirías el texto? Indícalo con líneas.

El Ballet Folklórico de México

Amalia Hernández es una de las mayores figuras de la danza en México. Ella se inspira en el folklor mexicano y lo recrea (vuelve a crear) con diversas técnicas de la danza clásica y moderna. La creatividad artística y el esfuerzo de Amalia Hernández se materializaron en el establecimiento del Ballet Folklórico de México, y de su escuela de danza para la preparación de bailarines profesionales.

La escuela tiene un plan de estudios de cinco años. Previo a éste, existen los grados infantil I, para niños de 6 a 9 años, y II, para niños de 9 a 13 años. Después de este curso, los estudiantes de 14 años en adelante pueden continuar con el programa de los tres años. Al término de este periodo, el alumno recibe el diploma de bailarín ejecutante (que está cualificado para bailar ante el público). Asimismo, existe la posibilidad de continuar con uno o dos años más de estudio para convertirse en maestro.

El programa de estudios abarca clases de folklor y ballet clásico, aunque en ocasiones se imparten cursos de danza moderna. El ingreso del estudiante a la compañía no es automático: el aspirante (persona que quiere entrar en la compañía) tiene primero que formar parte de un grupo de suplentes (sustitutos), en donde recibe una preparación especial, sin costo alguno, y aprende el repertorio. Para lograrlo, no es indispensable haber terminado la carrera, depende más bien de las habilidades del bailarín.

Actividad U

Responde a estas preguntas.

1. ¿Cuál es el tema principal del texto?
   __ los maestros del Ballet X el plan de estudios del Ballet __ las actuaciones del Ballet
2. Según el texto, en México la danza es una manifestación estética...
   __ poco importante. X muy importante y antigua. __ que surgió hace poco tiempo.
3. ¿Cuántos años dura el plan de estudios de la Escuela del Ballet Folklórico?
   X cinco __ tres __ diez
4. ¿Qué debe hacer el aspirante para entrar a formar parte de la compañía de Ballet?
   __ pasar un examen __ pagar mucho dinero X recibir una preparación

Actividad V

Vuelve a mirar las líneas con las que dividiste el texto. ¿Por qué has usado esa división? ¿Cuál es el tema o idea principal en cada una de las partes en las que has dividido el texto? Escribe una frase completa para cada parte.

Respuestas posibles:

1. Introducción: La danza siempre ha sido importante en México.

2. Presentación de Amalia Hernández: La labor de Amalia Hernández ha sido de gran importancia para la danza en México.

3. Estudios en la escuela de danza: La escuela de danza tiene un plan de estudios completo para los niños y jóvenes que tengan interés y talento para la danza.

Actividad W

¿Te gustaría pertenecer a un cuerpo de danza como el del Ballet Folklórico? ¿Por qué? ¿Conoces a alguien que baila en un grupo escolar o comunitario? ¿Tomas clases de baile en la escuela? Escribe un párrafo corto en tu cuaderno para responder a las preguntas.

Las respuestas variarán.

Perspectivas del mundo hispano (página 64)

Actividad X

Lee el texto siguiente y responde a las preguntas a continuación.

Secundaria

En España, la Enseñanza Secundaria Obligatoria (E.S.O.) es obligatoria y gratuita para los jóvenes de 12 a 16 años. Está dividida en dos ciclos de dos cursos cada uno.

En el primer ciclo, el currículo es común para todos los estudiantes. En el segundo ciclo hay materias optativas (para elegir). La posibilidad de elegir les da a los estudiantes mayor libertad para planificar su educación y comenzar ya su especialización.

En la tabla se muestran las materias de E.S.O. que todas las escuelas o centros de educación tienen la obligación de ofrecer en el último curso; además de éstas, los centros pueden ofrecer otras materias optativas adicionales.

El programa de estudios de la E.S.O. busca preparar a los estudiantes para los nuevos retos del mundo actual, nuevas tecnologías y nuevas carreras profesionales, sin olvidar los campos de la educación tradicional como la formación moral o ética y los conocimientos sobre cultura clásica.

Cuarto Curso—Materias	Horas semanales
Comunes	
Matemáticas	3
Ciencias Sociales, Geografía e Historia	4
Lengua Castellana y Literatura	3
Lengua y Literatura de la Comunidad Autónoma	3
Lengua Extranjera	3
Religión o Actividades Alternativas	2
Vida Moral y Reflexión Ética	2
Electivas (el alumno tiene que elegir dos de las materias siguientes): Física y Química, Biología y Geología, Educación Plástica y Visual, Tecnología, Música	2 2
Optativas (el alumno debe elegir tres de las siguientes): Segunda Lengua Extranjera, Cultura Clásica, Iniciación Profesional (Taller de Artesanía, Imagen y Expresión, Procesos de Comunicación, Taller de Teatro)	2 2 2
TOTAL	30

1. ¿Cuántos ciclos y cuántos cursos tiene la educación secundaria en España?

   Tiene dos ciclos. Los cursos son cuatro en total, dos en cada ciclo.

2. ¿Cuántas materias y cuántas horas de clase hay en el último curso?

   En total hay doce materias, y las horas de clase son treinta.

3. ¿Qué opinas de la posibilidad de elegir entre ciertas materias de estudio? ¿Crees que los estudiantes de escuela secundaria están preparados para comenzar a decidir su futuro académico y profesional?

   Las respuestas variarán.

Presentación escrita (página 65)

Mis actividades extracurriculares

Tarea

Tu maestro(a) te ha pedido que expliques por qué has elegido tus actividades extracurriculares y que propongas una nueva que te parezca interesante.

Estrategia

Personalizar Para personalizar tu presentación, piensa por qué disfrutas haciendo ciertas actividades y cuáles son los elementos que las hacen atractivas para ti.

1. **Antes de escribir**
   Explica por qué encuentras tus actividades atractivas o por qué son un reto para ti. Anota también cuánto tiempo hace que participas en esas actividades.
   Piensa en alguna actividad que ahora no haces pero que te gustaría hacer. Describe brevemente en qué consiste esa actividad. Explica que es lo que te atrae de esta actividad y por qué podría resultar interesante también para otros estudiantes.

2. **Borrador**
   Usa tu lista y tus notas para escribir un borrador. Intenta personalizar tanto como sea posible, diciendo lo que piensas sobre las actividades y por qué las haces.

3. **Revisión**
   Lee tu párrafo y revisa la ortografía, el uso de *hace* + expresiones de tiempo y formas verbales.

   Muéstrale tu párrafo a un(a) compañero(a) y responde a los puntos siguientes:
   - ¿Es fácil de entender?
   - ¿Proporciona información sobre tus actividades?
   - ¿Hay algo que debas añadir o cambiar? ¿Hay algún error?

   Vuelve a escribir tu párrafo haciendo todos los cambios necesarios.

4. **Publicación**
   Haz una copia final de tu párrafo para entregársela a tu profesor(a) o para incluirla en tu portafolios.

5. **Evaluación**
   Quizá tu profesor(a) te dé los criterios de cómo va a ser evaluada tu presentación. Probablemente, tu presentación será evaluada teniendo en cuenta:
   - la cantidad de información sobre ti mismo(a) que proporcionas.
   - el uso del vocabulario.
   - la precisión en el proceso de escritura.

Repaso del capítulo (página 68)

Vocabulario y gramática

Repaso del capítulo

Para preparar el examen, revisa si...
- conoces el vocabulario nuevo y la gramática.
- puedes realizar las tareas de la página 49.

para hablar acerca de las actividades extracurriculares

las actividades extracurriculares	extracurricular activities
el ajedrez	chess
el club *pl.* los clubes	club
el club atlético	athletic club
el equipo	team
la fotografía	photography
el fotógrafo, la fotógrafa	photographer
los jóvenes	young people
el miembro	member
ser miembro	to be a member
el pasatiempo	pastime
la práctica	practice
la reunión *pl.* las reuniones	meeting

para hablar acerca de las actividades deportivas

el animador, la animadora	cheerleader
las artes marciales	martial arts
hacer gimnasia	to do gymnastics
el hockey	hockey
jugar a los bolos	to bowl
la natación	swimming

para hablar acerca de música y teatro

la banda	band
el bailarín, la bailarina	dancer
la canción *pl.* las canciones	song
el (la) cantante	singer
el coro	chorus, choir
ensayar	to rehearse
el músico, la música	musician
la orquesta	orchestra
la voz, *pl.* las voces	voice

para hablar acerca de acciones con actividades

asistir a	to attend
ganar	to win, to earn
grabar	to record
participar (en)	to participate (in)
tomar lecciones	to take lessons
volver *(o → ue)*	to return

para hablar y describir actividades en Internet

crear una página Web	to create a Web page
estar en línea	to be online
hacer una búsqueda	to do a search
navegar en la Red	to surf the Web
visitar salones de chat	to visit chat rooms

otras palabras útiles

entre	among, between
el interés	interest
la oportunidad *pl.* las oportunidades	opportunity

para hablar de cuánto tiempo hace que algo ha estado sucediendo

¿Cuánto tiempo hace que...?	How long...?
Hace + *tiempo* + que	It has been...

para hacer comparaciones

tan + *adj.* + como	as + *adj.* + as
tantos(as) + *nombre* + como	as much / many + *noun* + as

saber *to know (how)*

sé	sabemos
sabes	sabéis
sabe	saben

conocer *to know, to be acquainted with*

conozco	conocemos
conoces	conocéis
conoce	conocen

● **Más práctica**

Practice Workbook Puzzle 1B-8
Practice Workbook Organizer 1B-9

Preparación para el examen (página 69)

En el examen vas a...	Éstas son las tareas que te pueden ser útiles para el examen...	Si necesitas repasar...
1 Escuchar Comprender a unos jóvenes mientras hablan acerca de lo que hacen después de la escuela.	Escucha a dos jóvenes describiendo lo que hacen después de la escuela. Intenta entender: (a) lo que les gusta hacer; (b) por qué les gusta hacerlo; (c) cuánto tiempo hace que participan en esa actividad.	**págs. 46–49** *A primera vista* **pág. 51** Actividad 7 **pág. 57** Actividad 17 **pág. 59** Actividad 20
2 Hablar Hablar acerca de tus actividades extracurriculares y cuánto tiempo hace que las haces.	Imagina que conoces a un(a) nuevo(a) compañero(a) de clase de Venezuela que asiste a tu escuela. Habla con él/ella y (a) cuéntale algunas cosas que haces después de la escuela y que tú creas que le pueden interesar; (b) pregúntale si quiere hacerlas contigo.	**pág. 51** Actividad 6 **pág. 52** Actividad 8 **pág. 54** Actividad 13 **pág. 58** Actividad 18 **pág. 59** Actividades 19–20
3 Leer Leer y entender una carta escrita por un estudiante acerca de un problema en la escuela.	Lee la siguiente carta a un consultorio de una revista. ¿Qué problema describe el escritor? ¿Cómo se compara él con su hermano? Mi hermano mayor es muy estudioso y deportista. Pero yo... ¡no! A mí me interesa visitar a mis amigos en los salones de chat en la Red. Según mis amigos, soy increíble con mi computadora. ¡Todos mis profesores piensan que soy tan estudioso y deportista como mi hermano! Mis padres dicen que debo ser como mi hermano. No me gusta.	**pág. 53** Actividad 11 **pág. 57** Actividad 16 **págs. 62–63** *Lectura*
4 Escribir Escribir un párrafo corto acerca de tus actividades extracurriculares.	Estás llenando una solicitud para conseguir un trabajo y tienes que responder a estas preguntas: *¿En qué actividades extracurriculares participas? ¿Cómo te van a ayudar estas actividades en este trabajo?* Escribe un párrafo corto para describir tus actividades extracurriculares y explica por qué te gustan.	**pág. 50** Actividad 4 **pág. 52** Actividades 8–9 **pág. 57** Actividad 16 **pág. 59** Actividad 19 **pág. 65** *Presentación escrita*
5 Pensar Demostrar un conocimiento de las diferencias entre las escuelas de E.E.U.U. y las de España.	El padre de tu amigo(a) va a ser trasladado a España por un año, por lo que tu amigo(a) asistirá a una escuela en Madrid. Basándote en este capítulo, ¿qué le dirías a tu amigo(a) acerca de las diferencias que probablemente encontrará en su nueva escuela?	**pág. 64** *Perspectivas del mundo hispano*

Go Online Web Code jdd-0118 PHSchool.com

Nombre ______________________ Fecha ______________________

A ver si recuerdas... (páginas 70–71)

Las personas nos vestimos de forma diferente para ocasiones diferentes. Completa la tabla siguiente escribiendo prendas de ropa y complementos (corbatas, carteras, cinturones, etc.) que usarías en cada ocasión.

Una fiesta de quince años	Una actividad al aire libre
Respuestas posibles: traje o vestido formal; zapatos formales, corbata, aretes, collares.	**Respuestas posibles: camiseta o camisa deportiva; vestido deportivo; zapatillas deportivas, sandalias, botas, pañuelo; jeans, pantalones cortos.**

Fondo cultural (página 72)

En 1935, Diego Rivera pintó baile en Tehuantepec. El istmo de Tehuantepec está ubicado en el sur de México, cerca de Guatemala. El traje típico de las tehuanas, como se les llama a las mujeres de la región, consiste en una falda larga y amplia, y una blusa bordada. Para las fiestas, las tehuanas también usan un tocado de encaje sobre la cabeza. Vuelve a leer el *Fondo cultural* en la página 70 de tu libro de texto y responde a las siguientes preguntas.

1. ¿Qué prenda tradicional usan los hombres del campo en México y otros países hispanohablantes?
   Los hombres del campo usan sombrero.
2. ¿Conoces alguna prenda de ropa tradicional de un país hispanohablante o de los Estados Unidos? ¿Cómo es?
   Las respuestas variarán.
3. ¿Quiénes usan esa prenda? ¿En qué ocasiones la usan?
   Las respuestas variarán.

Nombre ______________________ Fecha ______________________

Capítulo 2A

¿Cómo te preparas?

Objetivos del capítulo

- Describir cómo te preparas para un evento especial
- Hablar sobre las rutinas diarias
- Describir personas y objetos
- Expresar posesión
- Entender las perspectivas culturales con respecto a la ropa

Conexión geográfica (página 73)

Ubica las siguientes ciudades en el mapa. Verifica tus respuestas en los mapas de las páginas xvi a xxix de tu libro de texto.

1. Lima
2. Buenos Aires
3. La Paz
4. Nueva York

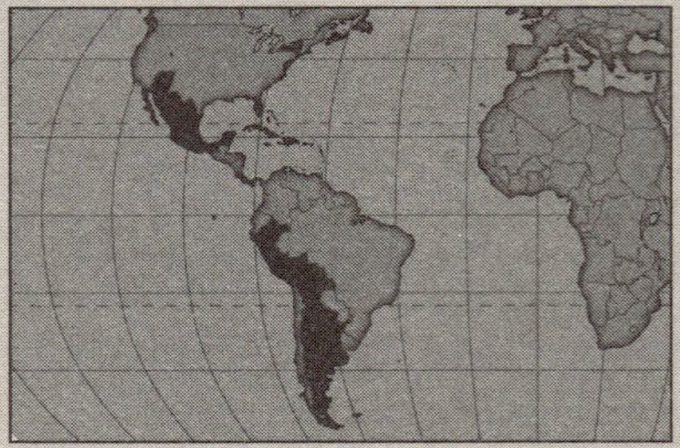

Go Online Web Code jde-0002 PHSchool.com

Capítulo 2A Nombre ______ Fecha ______

A primera vista (páginas 74–75)

Actividad A

Expresa las frases siguientes usando una sola palabra del vocabulario.

1. perfume suave **agua de colonia**
2. quitarse el agua o la humedad **secarse**
3. cortarse la barba **afeitarse**
4. objetos de metal y piedras preciosas **joyas**
5. para controlar el mal olor **desodorante**
6. para secarse el cuerpo **toalla**

Actividad B

En las siguientes tablas, escribe en las columnas de la izquierda tres cosas que haces todas las mañanas; en las columnas de la derecha, escribe algunos detalles junto a cada actividad. Luego, escribe en tu cuaderno tres frases comparando tus rutinas, por ejemplo: *"De lunes a viernes me despierto a las siete, pero los fines de semana me despierto a las diez".*
Las respuestas variarán.

De lunes a viernes	
Cosas que hago	Detalles

Los fines de semana y las vacaciones	
Cosas que hago	Detalles

Ampliación del lenguaje

Ortografía: *r* y *rr*

Se escribe *r:*
- al principio y final de una palabra
  rata repisa risa mar comer salir
- después de las consonantes *l, n, m y s*
  alrededor honrar rumrum Israel
- después de las consonantes *b, d, p y t*
  brazo dragón preciosa tren

Se escribe *rr* solamente para representar el sonido fuerte de la *r* entre vocales:
perro carreta carroza arreglo

Capítulo 2A Nombre ______ Fecha ______

Videohistoria (páginas 76–77)

Actividad C

Fíjate en la *Videohistoria* de las páginas 76 y 77 de tu libro de texto. Termina este diálogo entre Raúl y Gloria después de la obra. Usa en tu diálogo las palabras y expresiones que aparecen en tu libro. **Las respuestas variarán.**

Raúl: ¡El espectáculo fue un desastre!

Gloria: No fue un desastre. El público se divirtió mucho.

Raúl: ______

Gloria: ______

Raúl: ______

Gloria: ______

Actividad D

En la *Videohistoria,* Raúl y Tomás se disfrazan para participar en una obra de teatro. ¿Has participado en una obra de teatro? ¿Te has disfrazado para algún evento de tu escuela o de tu comunidad? Si nunca lo has hecho, imagina que te encuentras en una situación parecida a la de los chicos de la *Videohistoria* y usa tu imaginación para responder a las siguientes preguntas. Usa frases completas. **Las respuestas variarán.**

1. ¿Qué haces antes de empezar a prepararte?
2. ¿Qué tipo de ropa vas a ponerte?
3. ¿Qué otras cosas tienes que hacer? ¿peinarte? ¿maquillarte?
4. ¿Cómo te sientes con tu disfraz? ¿cómodo(a) o ridículo(a)? Explica.

Capítulo 2A Nombre ______ Fecha ______

Manos a la obra (páginas 78–79)

Actividad E

La Sra. Romas tiene un problema. Su hijo pequeño, Carlitos, siempre está haciéndole preguntas en el momento menos oportuno, como justo antes de irse a trabajar. Lee el diálogo y completa los espacios en blanco con la palabra apropiada del vocabulario.

CARLITOS: Mamá, ¿qué es esa cosa que te pones en la cintura?

MAMÁ: Carlitos, esto es un __cinturón__. Así no se me caen los pantalones.

CARLITOS: Ah... ¿y qué es esa máquina que echa aire?

MAMÁ: Es un __secador__ para el pelo, para secarlo más deprisa.

CARLITOS: ¿Por qué te peinas? ¿No vas al sitio ese donde trabaja la tía Carmen para peinarte?

MAMÁ: Sí, ese sitio es un __salón de belleza__ pero no puedo ir todos los días allí.

CARLITOS: ¿Y eso que te pones en las orejas? ¿Por qué esos son amarillos y los que están encima de la mesa son blancos?

MAMÁ: Estos son __aretes__. Unos son amarillos porque son de __oro__, pero los que están en la mesa son __plata__.

CARLITOS: Ah... ¿y qué te estás haciendo en las manos ahora? ¿Por qué están de colores?

MAMÁ: No me estoy haciendo nada en las manos... simplemente __me pinto las uñas__. Y ahora te toca a ti, ven abre la boca.

CARLITOS: Deja Mamá, que ya soy muy mayor. Yo __me cepillo__ los dientes yo sólo.

Actividad F

Relaciona cada verbo de la primera columna con una palabra de la segunda columna.

__f__	1. lavarse	a. barba
__c__	2. cepillarse	b. desodorante
__d__	3. secarse	c. dientes
__e__	4. pintarse	d. cuerpo
__a__	5. afeitarse	e. uñas
__b__	6. ponerse	f. cara

Capítulo 2A Nombre ______ Fecha ______

Actividad G

Haz una encuesta a dos de tus compañeros(as) sobre la última vez que asistieron a una fiesta de quince años u otra fiesta familiar. Anota la información en la tabla siguiente. Para cada persona, indica qué se celebraba, dónde, que música o entretenimiento había, qué comieron y qué hicieron después. Luego elige la fiesta que más te gustó y escribe un párrafo corto para explicar en tus propias palabras cómo fue la fiesta. Utiliza la información de tu tabla. **Las respuestas variarán.**

Nombre de tu compañero(a)	Detalles de la fiesta o evento	
	Evento	
	Lugar	
	Música	
	Comida	
	Actividades	
	Evento	
	Lugar	
	Música	
	Comida	
	Actividades	

______

______

______

______

¿Recuerdas?

Los adverbios indican cómo se realiza una acción:
Caminé *despacio.*
Muchos adverbios se forman al añadirle el sufijo *-mente* a la forma femenina de un adjetivo.
general — generalmente
rápida — rápidamente
Nota que los adjetivos que llevan tilde en la tercera sílaba la conservan cuando se les añade el sufijo *-mente.*

Capítulo 2A Nombre ______ Fecha ______

Gramática

Verbos reflexivos (página 80)

Gramática interactiva

Identifica formas

- Vuelve a leer los ejemplos de verbos reflexivos y encierra en un círculo todos los pronombres reflexivos, incluyendo tus propios ejemplos. Encierra en un círculo todos los pronombres reflexivos, incluyendo tus propios ejemplos.
- Luego, subraya el sujeto de los verbos reflexivos. Si el sujeto no se ha expresado en la oración, escríbelo al lado.

Los verbos reflexivos se usan para expresar lo que las personas hacen para sí mismas. Por ejemplo, lavarse las manos o cepillarse el cabello son acciones reflexivas, porque la persona que está haciendo la acción también la recibe.

Antes de ir a una cita, (yo) me ducho y me arreglo el pelo.

Tú ya sabes que un verbo reflexivo se reconoce porque el infinitivo lleva la terminación *se*.

ducharse **arreglarse**

Los pronombres reflexivos en español son *me, te, se, nos* y *os*. Cada pronombre corresponde a un sujeto diferente. Estas son las formas del presente del verbo reflexivo *secarse:*

(yo)	**me seco**	(nosotros) (nosotras)	**nos secamos**
(tú)	**te secas**	(vosotros) (vosotras)	**os secáis**
Ud. (él) (ella)	**se seca**	Uds. (ellos) (ellas)	**se secan**

Algunos verbos tienen formas y usos reflexivos y no-reflexivos. Un verbo se usa en la forma no reflexiva si la acción la recibe otra persona o cosa.

Lavo el coche a menudo.
Me lavo el pelo todos los días. yo

Cuando se usa un verbo reflexivo con partes del cuerpo o con ropa, se usa el artículo definido.

¿Siempre te pintas las uñas? tú
Felipe se pone los zapatos.

Escribe dos ejemplos más del uso del artículo definido con partes del cuerpo o con ropa.
Las respuestas variarán.

El pronombre reflexivo puede ir delante del verbo conjugado o unido al infinitivo.

Me voy a duchar. yo Te tienes que vestir para la fiesta. tú
Voy a ducharme. yo Tienes que vestirte para la fiesta. tú

Escribe un ejemplo del pronombre reflexivo en delante del verbo conjugado y otro unido al infinitivo.
Las respuestas variarán.

Actividad H

En el texto siguiente, Ricardo, un estudiante de secundaria, explica su rutina por la mañana. Lee el texto y luego elige dos verbos, uno en forma reflexiva y otro en forma no reflexiva. A continuación escribe cada verbo y una frase en la que se use ese mismo pero de forma opuesta. **Las respuestas variarán.**

Por la mañana me levanto temprano. Me ducho y me afeito. Luego me seco bien y me visto. Un poco más tarde despierto a mi hermanita. Mi mamá baña a mi hermana por las noches. Por la mañana yo la preparo para ir a la escuela: le lavo la cara y la peino. Ella se cepilla los dientes mientras yo me arreglo el pelo. Luego, los dos nos ponemos los zapatos.

1. Verbo en forma reflexiva en el texto ______ Frase con la forma no-reflexiva ______
2. Verbo en forma no-reflexiva en el texto ______ Frase con la forma reflexiva ______

Gramática

Adjetivos posesivos

Recuerda que los adjetivos posesivos tienen una forma larga después del nombre. Estas formas se usan para dar énfasis.

mío/mía míos/mías	nuestro/nuestra nuestros/nuestras
tuyo/tuya tuyos/tuyas	vuestro/vuestra vuestros/vuestras
suyo/suya suyos/suyas	suyo/suya suyos/suyas

Estos adjetivos posesivos pueden usarse sin nombre.
¿Estas chaquetas son **suyas?**
Sí, son **nuestras.**

Ampliación del lenguaje

Complementos predicativos

En general, los verbos *ser* y *estar* no añaden significado a la oración; más bien actúan como elementos de unión entre el sujeto y el complemento llamado predicativo. Por esta razón, *ser* y *estar* se llaman verbos predicativos.

Mauricio (sujeto) es (V) mi primo (c. predicativo).

Mauricio (sujeto) es (V) alto (c. predicativo).

Observa que el predicativo concuerda en género y número con el sujeto.

Gramática interactiva

Identifica formas
Lee los ejemplos 1 y 2 de cada verbo.

En cada uno de estos ejemplos, subraya con una línea el sujeto y con dos líneas el complemento predicativo.

Si el sujeto no está expresado en la oración, escríbelo al lado.

Reflexiona
Vuelve a escribir las oraciones 1 y 2. Usa la misma persona, pero si está en singular, ponla en plural, y viceversa. Fíjate en las formas verbales y en las concordancias.

Gramática • Repaso

Los verbos *ser* y *estar* (página 86)

Los verbos *ser* y *estar* tienen distintos usos.

(yo)	**soy**	(nosotros) (nosotras)	**somos**
(tú)	**eres**	(vosotros) (vosotras)	**sois**
Ud. (él) (ella)	**es**	Uds. (ellos) (ellas)	**son**

Se usa *ser* para hablar acerca de:

1. qué es una persona o cosa (Lola y yo **somos** actores.)
   Yo soy actor (actriz).
2. cómo es una persona o cosa (**Son** muy simpáticos.) **Ellos (Él) es muy simpático.**
3. de dónde es una persona o cosa (**Son** de Nicaragua.)
4. el material del que está hecha una cosa (Este anillo **es** de oro.)
5. a quién pertenece algo (**Es** el anillo de Juana.)

(yo)	**estoy**	(nosotros) (nosotras)	**estamos**
(tú)	**estás**	(vosotros) (vosotras)	**estáis**
Ud. (él) (ella)	**está**	Uds. (ellos) (ellas)	**están**

Se usa *estar* para hablar acerca de:

1. cómo es encuentra una persona o cosa en un momento determinado (**Estás** muy cansada.) **Tú**
   (Ustedes) están muy cansadas o (Vosotras) estáis muy cansadas.
2. cómo se siente alguien (Alicia y Carlos **están** entusiasmados.)
   Alicia está entusiasmada o Carlos está entusiasmado.
3. dónde se halla una persona o cosa (Alfonso **está** en el

Actividad I

Lee el siguiente párrafo que escribió Enrique y subraya cada forma de *ser* o *estar* que encuentres. Después, en una hoja aparte, escribe una oración indicando por qué se usa ser o estar en cada una de esas oraciones. Compara tus respuestas con las de un(a) compañero(a) para ver si llegaron a las mismas conclusiones.

Mi rutina diaria es bastante sencilla. En mi casa somos muchos hermanos y tenemos que hacer turnos por las mañanas para ducharnos, peinarnos y desayunar. Cuando nos levantamos, mi hermano mayor ya está en el piso de arriba. Tiene que estudiar mucho y por eso siempre está sólo allí. Arturo, Antonio y yo estamos en el mismo cuarto. Es un lugar bastante amplio, pero como mis hermanos son tan desorganizados y dejan todo desordenado, el cuarto parece que es más pequeño de lo que realmente es. Bueno, como iba diciendo, mi rutina es sencilla. Me preparo antes de salir de casa y voy a la escuela. Por las tardes estoy participando en unos ensayos con el coro de la escuela. Es un coro bastante pequeño, pero está muy bien. Ahora estamos listos para dar un concierto. Va a ser una cosa pequeña, sólo vamos a cantar dos canciones, pero como el concierto es en el teatro, pues esperamos que venga mucha gente. Todos estamos muy emocionados.

Actividad J

Describe a cuatro de tus familiares, amigos(as) o compañeros(as) de clase utilizando las formas apropiadas de los verbos *ser* y *estar* + adjetivo. Explica la descripción.

Modelo Mi papá es muy listo.
¡Se graduó de la escuela secundaria a los 16 años!
Julio está aburrido.
No le interesa la película.

1. **Las respuestas variarán.** ______
2. ______
3. ______
4. ______

Capítulo 2A Nombre ____________ Fecha ____________

Lectura cultural (página 84)

Al igual que en los Estados Unidos, en los países hispanohablantes los cumpleaños son eventos muy importantes que se celebran con una fiesta a la que se invitan familiares y amigas. Pero para las chicas hispanas, la llegada de los quince años es una ocasión muy especial. Esta celebración suele comenzar con una ceremonia religiosa seguida de una recepción elegante en la casa o en un salón de fiestas.

Actividad K

Imagina que una amiga tuya va a cumplir 15 años y sus padres le ofrecen las siguientes opciones para celebrarlo. Ayúdala a elegir una manera de celebrar sus quince años y explica en un párrafo corto por qué escogiste esa opción.

1. Una gran fiesta en la casa
2. Una fiesta íntima sólo para amigos
3. Una fiesta elegante en un salón especial
4. Un regalo muy especial
5. Un viaje

Las respuestas variarán, pero deben incluir razones lógicas.

Actividad L

El periódico de tu escuela te ha pedido que escribas un artículo sobre una fiesta típica de tu familia. Tu abuelo u otro familiar acaba de cumplir años y tú decides escribir sobre ese evento. Ten en cuenta las siguientes preguntas para tu artículo.

1. ¿Cómo se llama tu familiar y cuántos años cumple?
2. ¿Dónde se celebró la fiesta?¿Quiénes asistieron a la fiesta?
3. Qué tipo de comida sirvieron? ¿Qué hicieron en la fiesta?
4. Te gustan las fiestas familiares? ¿Por qué?

Las respuestas variarán, pero deben incluir los detalles pedidos y el uso correcto del tiempo pretérito de los verbos que conocen.

Capítulo 2A Nombre ____________ Fecha ____________

Conexiones La salud (página 83)

Realizar una actividad física de manera habitual es una excelente forma de mejorar nuestra calidad de vida. Pero además ayuda a tener un sueño más profundo y a descansar mejor. Diferentes estudios han demostrado que las personas que caminan durante 30 minutos o más todos los días tienen un 30% de posibilidades de evitar problemas del sueño. Las personas que practican un deporte al menos una vez por semana reducen los problemas del sueño en un 37%. Según los investigadores, esto se debe a que el deporte, además de reducir el estrés, tiene un efecto calmante que ayuda a dormir mejor.

Actividad M

1. Explica con tus propias palabras qué entiendes por el término "calidad de vida".
   Las respuestas variarán, pero deben referirse al conjunto de condiciones en las que vive una persona: salud, alimentación, vivienda, educación, esparcimiento, entre otros.
2. Según el artículo, ¿de qué maneras podemos evitar los problemas del sueño?
   Respuestas posibles: podemos caminar 30 minutos o más todos los días, o practicar un deporte al menos una vez por semana.
3. ¿Cómo crees que mejora la vida de una persona que duerme bien?
   Las respuestas variarán, pero deben referirse a que la persona tiene más energía, se concentra mejor, está más alerta, sufre menos de estrés, entre otros.

El español en la comunidad (página 85)

Imagina que tu primo(a) que vive en América Latina te pregunta cómo son las celebraciones de los hispanohablantes en los Estados Unidos. En tu cuaderno, escribe una carta a tu primo(a) en la que describas una celebración en una comunidad hispanohablante. Puedes hablarle sobre la celebración del Cinco de Mayo en Texas, el Desfile Puertorriqueño de Nueva York, el Festival de la Calle Ocho de Miami o de cualquier otra. Incluye en tu carta los puntos siguientes.

- ¿Qué se celebra? ¿Dónde se celebra el evento?
- ¿Hay música? ¿Qué tipo de música?
- ¿Qué personas asisten al evento? ¿Usan alguna vestimenta especial?
- ¿Le recomendarías a tu primo(a) que asistiera a esta celebración? ¿Por qué?
  Las respuestas variarán.

¡Adelante! (páginas 90–91)

Lectura 1

Estrategia

Identificar la actitud del escritor
Muchas veces, un escritor expresa su opinión o su sentimiento personal acerca del tema sobre el que escribe. Para reflejar esto, algunos escritores usan frases en primera persona.

Actividad N

Antes de leer el artículo, lee la primera actividad que está al margen y sigue las instrucciones de lectura. Luego, lee el artículo. Si hay alguna palabra que no recuerdas, consulta las glosas en las páginas 90 y 91 de tu libro de texto. Al terminar la lectura haz el resto de las actividades al margen.

Lectura interactiva

Identifica la actitud del escritor
Al leer el artículo, subraya las frases que te ayuden a entender cómo se siente el escritor respecto al evento.

Identifica ideas principales y detalles.
Lee con atención el cuarto párrafo y encierra en un círculo la idea principal.

Luego, subraya con dos líneas algunos detalles que apoyen esta idea.

El *teatro Colón*: Entre bambalinas

Pasar una noche en el Teatro Colón de Buenos Aires siempre es un evento especial y hoy es muy especial para mí. Vamos a presentar la ópera *La traviata* y voy a cantar en el coro por primera vez. ¡Estoy muy nervioso!

Pero, ¿qué me dices? ¿No conoces el Teatro Colón? Pues, es el teatro más importante de toda Argentina, quizás de toda América del Sur. Lleva casi 150 años ofreciendo ópera al público argentino y *La traviata* fue la ópera que se presentó en la inauguración del teatro el 27 de abril de 1857. Por eso estamos todos muy entusiasmados.

¿Te gustaría saber cómo ser miembro de los grupos que se presentan aquí? La mejor manera es presentarse a una audición para la escuela de teatro. Se llama el Instituto Superior de Arte y funciona dentro del teatro. En el Instituto puedes estudiar canto, danza, dirección de orquesta y otras especialidades para la ópera. Si estudias en el Instituto, puedes llegar a ser miembro del coro o del cuerpo de baile. Para músicos con talento también está la Orquesta Académica del Teatro Colón. Esta orquesta está formada por jóvenes de entre 15 y 25 años de edad. La orquesta hace sus presentaciones en el teatro o en las principales ciudades del país. Aquí en el teatro siempre buscan jóvenes con talento.

Si no te gusta actuar ni cantar, pero te encanta el teatro, puedes estudiar otra especialidad. Por ejemplo, si te gusta el arte, puedes aprender a hacer los escenarios. O si te interesa la tecnología, puedes estudiar la grabación o el video. En el teatro hay talleres para todos los elementos de una presentación. Hay talleres para los decorados, la ropa, los efectos especiales electromecánicos, la grabación y el video.

Bueno, tengo que irme. ¡Ahora mismo empieza el "show" y tengo que ponerme el maquillaje!

Actividad Ñ

Basándote en lo que acabas de leer, responde a las preguntas siguientes:

1. ¿Qué actividades artísticas se pueden estudiar en el Instituto Superior de Arte?
   Respuesta posible: Se puede estudiar canto, danza, dirección de orquesta y otras especialidades para la ópera.
2. ¿Qué actividades técnicas o de apoyo se pueden estudiar?
   Respuesta posible: Se puede estudiar escenografía, grabación, video y efectos electromecánicos.
3. ¿Cómo resumirías el contenido de todo el texto en una sola frase?
   Respuesta posible: Los jóvenes interesados en las artes escénicas pueden encontrar oportunidades de desarrollar su talento en las escuelas y talleres del Teatro Colón.

Actividad O

Busca en tu comunidad información sobre algún teatro importante o alguna escuela de actuación, teatro, cine o música. Después prepara un informe corto para presentarlo al resto de la clase. No te olvides de incluir en tu informe los puntos siguientes:

- qué requisitos hay que cumplir para inscribirse
- qué cursos o talleres se imparten
- cuántas personas participan en ellos
- qué hay que hacer para inscribirse en la escuela
- qué hay que hacer para ser elegido para participar en una presentación
- qué presentaciones públicas ofrecen

Las respuestas variarán.

Lectura 2

Estrategia
Usar el contexto Fijándote en el contexto, puedes averiguar el significado de algunas palabras.

Actividad P

Teatro Escolar es el nombre de un programa cultural mexicano dedicado al teatro y a los jóvenes. Antes de leer el artículo sobre el Teatro Escolar, haz la actividad que está al margen.

Lectura interactiva

Usa el contexto
Algunas palabras tienen un significado general y otro más específico. Por ejemplo, *función* significa "utilidad", pero en el primer párrafo la frase *de teatro* nos ayuda a adivinar que significa "evento".

Busca sinónimos
Busca en el texto sinónimos de las siguientes palabras. Subráyalas y escribe su número en el margen.

1. apoyo
2. organización
3. capturar
4. obra de teatro
5. tipo de expresión

Teatro Escolar

En 1992 en Nuevo León, México, tuvo lugar la primera representación de Teatro Escolar. Durante los años siguientes, no hubo representaciones, hasta que en 1996 volvió a celebrarse el evento de Teatro Escolar. Desde entonces, todos los años se representan unas cien
4 funciones de teatro dirigidas a estudiantes de secundaria.

El objetivo del programa es hacer un teatro específico para adolescentes, un teatro que refleje sus inquietudes y que al mismo tiempo sea instructivo. En algunas ocasiones se han presentado obras con temas relacionados con lo que los chicos estudian en la escuela como El Quijote o Sor Juana. La novedad en la presentación de temas y personajes clásicos
3 es su adaptación al público adolescente. Se trata de atraer el interés de los chicos, buscando siempre la unión entre el tema de la obra y el mundo de los adolescentes.

El programa de Teatro Escolar cuenta con el apoyo del Consejo para la Cultura y las Artes de Nuevo León
2 (CONARTE), que es un organismo público que apoya el desarrollo cultural, y la Secretaría de Educación Estatal.
1 El respaldo de estos dos organismos es muy importante ya
5 que ayuda a promocionar un género al cual se dedican muy pocos artistas y creadores y que puede ser una magnífica herramienta para despertar los intereses culturales de los adolescentes, crear una vía de expresión para sus problemas y necesidades y ofrecer una educación.

Actividad Q

1. ¿Cuál es el principal público del Teatro Escolar?

   Respuesta posible: El principal público está formado por adolescentes y estudiantes de secundaria.

2. ¿Qué es el CONARTE?

   Respuesta posible: Es el Consejo para la Cultura y las Artes de Nuevo León, un organismo público que apoya la cultura y las artes.

3. ¿Cuáles son algunas de las características del Teatro Escolar?

   Respuesta posible: Intenta hacer un teatro específico para jóvenes; un teatro que refleje las inquietudes de estos jóvenes y que al mismo tiempo sea instructivo.

4. Nombra a dos personajes históricos sobre los que se representaron obras en el Teatro Escolar. Di si son reales o ficticios y con qué país los relacionas.

   Sor Juana Inés de la Cruz, fue una escritora mexicana.

   Don Quijote es un personaje español de ficción.

5. ¿Crees que debe existir un tipo de teatro para cada tipo de público? ¿Qué opinas del Teatro Escolar? ¿Por qué?

   Las respuestas variarán pero las razones deben ser lógicas.

6. Como has visto, cada grupo de teatro puede tener una orientación diferente. El Teatro Campesino surgió en 1965 en California, para dar a conocer la situación de los campesinos chicanos. Después ha ido evolucionando pero sin olvidar su origen chicano. Si quieres saber más sobre el Teatro Campesino, puedes visitar su sitio Web. ¿Hay algún grupo de teatro especial en tu comunidad? ¿Qué opinas de este tipo de teatro? Escribe un párrafo corto para contestar estas preguntas.

   Las respuestas variarán, pero las opiniones deben ser respaldadas lógicamente.

Capítulo 2A Nombre ______ Fecha ______

La cultura en vivo (página 92)

En la página 92 de tu libro de texto, leíste sobre el poncho, prenda de vestir típica de gran parte de América Latina. Como ampliación de esa lectura lee el texto siguiente. Luego, contesta en una hoja de papel las siguientes preguntas sobre la lectura.

Ponchos

Se cree que el poncho nació en la zona del noroeste de Argentina y en la costa peruana. Los indígenas americanos ya usaban el poncho antes de la llegada de los españoles.

Además de la lana de oveja y de llama, se usan otros materiales, como el algodón. Los colores y los dibujos varían de una región a otra. Hay ponchos lisos, a rayas de colores diferentes o con franjas gruesas de colores a los lados. Muchas veces, el borde del poncho se adorna con flecos.

En Argentina, el poncho fue una prenda esencial para los gauchos de las llanuras. El poncho les servía de abrigo durante el día y de manta durante la noche. Los gauchos le daban un nombre distinto a cada tipo de poncho, el *calamaco* era un poncho grueso de lana de oveja, de color rojo; el *pampa* era similar al *calamaco* pero no rojo; el poncho *patria* era de paño (*tela gruesa*) azul, con la parte interior de color rojo.

En México sigue siendo muy popular un poncho conocido como *sarape*. Éste es una especie de manta de lana o de algodón con listas de colores vivos. La *ruana* es un poncho de algodón de color blanco típico de Colombia. En el altiplano andino se usa un poncho más corto que el que se usa en la región de la Pampa.

Actividad R

1. ¿Qué título le pondrías al texto? ¿Por qué?
   a. Los gauchos argentinos b. Historia del poncho c. La moda prehispana
   b. Historia del poncho, porque es un título más general que incluye a los otros.
2. Busca en un mapa de las Américas las zonas geográficas que se mencionan en el texto. ¿El uso del poncho se concentra en una región determinada?
   No, el uso del poncho se halla extendido por gran parte de las Américas.
3. ¿Qué materiales y tejidos suelen usarse para hacer los ponchos?
   Los ponchos pueden hacerse con lana de oveja o de llama, o con algodón.
4. Busca alguna prenda de vestir o cualquier otro objeto tradicional que usas tú o algún miembro de tu familia. Pregunta a tus familiares o consulta otras fuentes para saber desde cuándo existe ese objeto y cuál es su lugar de origen. Escribe un párrafo corto sobre este objeto y después léeselo a tus compañeros de clase.
   Las respuestas variarán.

Capítulo 2A Nombre ______ Fecha ______

Presentación oral (página 93)

Tarea

Tú eres un estudiante de intercambio en México. La familia con la que te hospedas desea conocer los eventos especiales de tu comunidad, en los cuales participas. Muéstrales fotografías de un evento típico especial al que hayan podido asistir tú y tus amigos.

Estrategia

Tomar notas Al preparar una presentación es de gran ayuda tomar notas. Estas notas pueden ayudar a organizar tus pensamientos. Usar una lista de tarjetas con tus notas te puede ayudar a mantener el curso de la presentación.

1. **Preparación**
   Trae de tu casa una fotografía o una ilustración de una revista sobre un evento especial al que pueden haber asistido los estudiantes de secundaria. Puede ser una fiesta de cumpleaños, de graduación, etc. Responde a las siguientes preguntas por ti y tus demás compañeros:
   - ¿Qué tipo de evento es? ¿Qué ropa llevas?
   - ¿Qué haces para prepararte?
   - ¿Cómo estás? ¿entusiasmado(a)? ¿nervioso(a)? ¿contento(a)?
   - ¿Quiénes están invitados?
   - ¿Qué comidas van a preparar?
   - ¿Hay música? ¿Es para bailar o sólo para escuchar?

   Puedes tomar notas para ayudarte a recordar lo que quieres decir.
2. **Práctica**
   Repasa tu presentación varias veces e intenta:
   - Dar la información que más puedas para cada punto.
   - Usar oraciones completas.
   - Hablar con claridad.

   Modelo *Cuando voy a un concierto llevo ropa nueva pero no me gusta ponerme zapatos nuevos. Prefiero zapatos cómodos. Para prepararme me ducho, me peino, me pongo agua de colonia y me visto. Mis amigos y yo siempre estamos entusiasmados porque nos encanta escuchar música.*
3. **Presentación**
   Muestra tu fotografía y da la información acerca del evento.
4. **Evaluación**
   Quizá tu profesor(a) te dé los criterios de cómo va a ser evaluada tu presentación. Probablemente, tu presentación será evaluada teniendo en cuenta:
   - lo completa que es tu presentación.
   - la cantidad de información que comunicas.
   - lo fácil que resulta entenderte.

Capítulo 2A Nombre ____________

Repaso del capítulo (página 96)

Vocabulario y gramática

Repaso del capítulo

Para preparar el examen, revisa si...
- conoces el vocabulario nuevo y la gramática.
- puedes realizar las tareas de la página 69.

para hablar sobre prepararse

acostarse *(o → ue)*	to go to bed
afeitarse	to shave
arreglarse (el pelo)	to fix (one's hair)
bañarse	to take a bath
cepillarse (los dientes)	to brush (one's teeth)
despertarse *(e → ie)*	to wake up
ducharse	to take a shower
levantarse	to get up
lavarse (la cara)	to wash (one's face)
pedir prestado, -a (a)	to borrow (from)
pintarse (las uñas)	to paint, to polish (one's nails)
ponerse	to put on
prepararse	to get ready
secarse	to dry
vestirse *(e → i)*	to get dressed

para hablar acerca de las cosas necesarias para prepararse

el agua de colonia	cologne
el cepillo	brush
el cinturón *pl.* **los cinturones**	belt
el desodorante	deodorant
la ducha	shower
el gel	gel
las joyas (de oro, de plata)	(gold, silver) jewelry
los labios	lips
el maquillaje	make-up
el peine	comb
el pelo	hair
el salón de belleza *pl.* **los salones de belleza**	beauty salon
el secador	blow dryer
la toalla	towel
las uñas	nails

para hablar acerca de un evento especial

la audición *pl.* **las audiciones**	audition
la boda	wedding
la cita	date
el concurso	contest
un evento especial	special event

para hablar acerca de cómo te sientes

entusiasmado, -a	excited
nervioso, -a	nervous
tranquilo, -a	calm

otras palabras y expresiones útiles

antes de	before
cómodo, -a	comfortable
depende	it depends
elegante	elegant
lentamente	slowly
luego	then
por ejemplo	for example
rápidamente	quickly
te ves (bien)	you look (good)

verbos reflexivos

me acuesto	nos acostamos
te acuestas	os acostáis
se acuesta	se acuestan

ser *to be*

soy	somos
eres	sois
es	son

estar *to be*

estoy	estamos
estás	estáis
está	están

adjetivos posesivos

mío, -a, -os, -as	nuestro, -a, -os, -as
tuyo, -a, -os, -as	vuestro, -a, -os, -as
suyo, -a, -os, -as	suyo, -a, -os, -as

Más práctica
Practice Workbook Puzzle 2A-8
Practice Workbook Organizer 2A-9

Capítulo 2A Nombre ____________ Fecha ____________

Preparación para el examen (página 97)

En el examen vas a...	Éstas son las tareas que te pueden ser útiles para el examen...	Si necesitas repasar...
1 Escuchar Escuchar y entender a unos jóvenes mientras hablan sobre lo que hacen el fin de semana y cómo comparan esto con lo que hacen durante la semana de clases.	Todo el mundo hace cosas diferentes durante el fin de semana. La mayoría de las personas duermen hasta tarde, visten de manera informal y hacen cosas que no tienen tiempo de hacer durante la semana. Al escuchar lo que dice cada persona, determina si está hablando del fin de semana o de un día de la semana. Debes estar preparado(a) para explicar tu elección.	**págs. 74–77** *A primera vista* **pág. 78** Actividad 5 **pág. 82** Actividad 12
2 Hablar Conversar sobre tu rutina diaria.	Tus padres te han permitido hacer un viaje a México con el club de español este verano. Durante el viaje los chicos comparten habitación con otro chico y las chicas comparten habitación con otra chica. Deseas compartir la habitación con un(a) amigo(a) que quiere saber si tú tienes la misma rutina que él o ella en la mañana. Descríbele tu rutina a tu amigo(a).	**pág. 78** Actividad 5 **pág. 79** Actividad 7 **pág. 82** Actividades 12–13 **pág. 83** Actividad 15 **pág. 84** Actividades 16–17
3 Leer Leer y entender afirmaciones que las personas hacen sobre rutinas diarias típicas y otras "no tan típicas".	En tu opinión, ¿cuáles enunciados describen una rutina diaria típica? ¿Cuál es la más inusual? (a) Antes de bañarme, me pongo el maquillaje. (b) Después de ponerme el desodorante, me ducho. (c) Antes de lavarme el pelo, me seco con una toalla. (d) Antes de arreglarme el pelo, me ducho.	**págs. 74–77** *A primera vista* **pág. 80** Actividad 8 **pág. 83** Actividad 14 **pág. 85** Actividad 18 **págs. 90–91** *Lectura*
4 Escribir Escribir un párrafo corto sobre un evento especial que se celebra cada año.	Después de hacer una breve descripción de un evento especial, intercambia tu párrafo con el de un(a) compañero(a) para ver si él o ella puede adivinar qué tipo de evento es. En tu descripción debes incluir: (a) la época del año en la que tiene lugar el evento; (b) cómo te sientes los días antes del evento; (c) cómo sueles vestir para esta ocasión. Da todas las pistas que puedas.	**pág. 78** Actividades 4–5 **pág. 84** Actividad 17 **pág. 86** Actividad 19
5 Pensar Demostrar un conocimiento de las condiciones de vida de las personas de los indígenas del *altiplano* en los Andes.	Quizás has vestido un *poncho* durante un lluvioso partido de fútbol o mientras vas de cámping. Explica el origen de los ponchos, cómo se hacen y por qué son necesarios para las personas de la región.	**pág. 92** *La cultura en vivo*

Go Online PHSchool.com Web Code jdd-0208

Nombre ______________________ Fecha ______________

A ver si recuerdas... (páginas 100–101)

Uno de los objetivos de este capítulo es describir prendas de ropa. Piensa en lo que sabes de las ropas que se usaban en las primeras épocas de la historia de los Estados Unidos, por ejemplo, en 1776, el año de la Independencia, y las que se usan hoy en día. Completa el diagrama siguiente para hallar lo que tienen en común las ropas del pasado y las de la actualidad.

La ropa en el pasado **Características comunes** **La ropa en la actualidad**

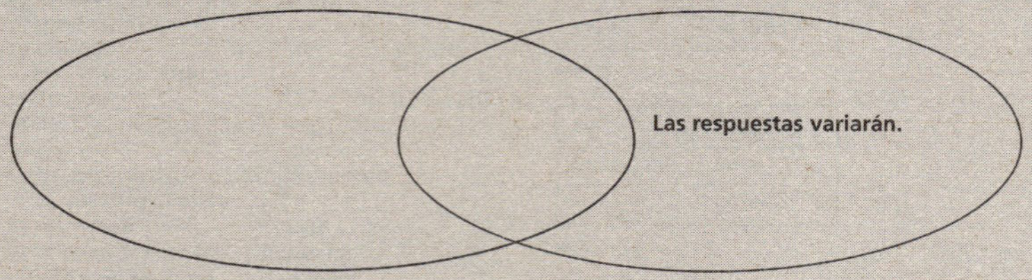

Fondo cultural (página 100)

La Infanta Margarita de Austria En 1659, Diego Velázquez pintó un retrato de la Infanta Margarita Teresa con el fin de que el prometido de la princesa y sus familiares pudieran verla en Austria, ya que ella vivía en España. La Infanta lucía un elegante y elaborado vestido azul con blanco que reflejaba que se trataba de la hija de un rey. Fíjate en el retrato de la Infanta Margarita de Austria en la página 100 de tu libro de texto. Los retratos nos dan mucha información, además de indicar cómo son el rostro y la figura de una persona.

1. ¿Qué información te dan la ropa, los accesorios, el peinado, etc., de una persona?
   Respuesta posible: Me indican su estilo y colores favoritos, su manera de ser (ordenada o desordenada) y su nivel económico.
2. ¿De qué manera te arreglas para hacerte una fotografía para un carnet de identidad?
   Respuesta posible: Me peino, me pongo maquillaje/una corbata y me visto con ropa formal.
3. ¿Cuáles crees que son las ventajas de la ropa actual en comparación con la ropa antigua?
   Respuestas posible: La ropa actual es más informal, cómoda y ligera.

Nombre ______________________ Fecha ______________

Capítulo 2B

¿Qué ropa compraste?

Objetivos del capítulo

- Describir la ropa y la moda
- Hablar sobre las compras
- Describir eventos en el pasado
- Señalar objetos específicos
- Evitar las repeticiones cuando se comparan objetos similares
- Entender las perspectivas culturales con respecto a las fiestas

Conexión geográfica (página 101)

Identifica los países que se describen a continuación. Están entre los lugares sombreados.

1. El país que está en el extremo sur de las Américas. Argentina
2. El país que es una isla. Cuba
3. El país que tiene frontera con los Estados Unidos. México
4. El país hispanohablante que está en Europa. España
5. El país que está en Centroamérica. Costa Rica

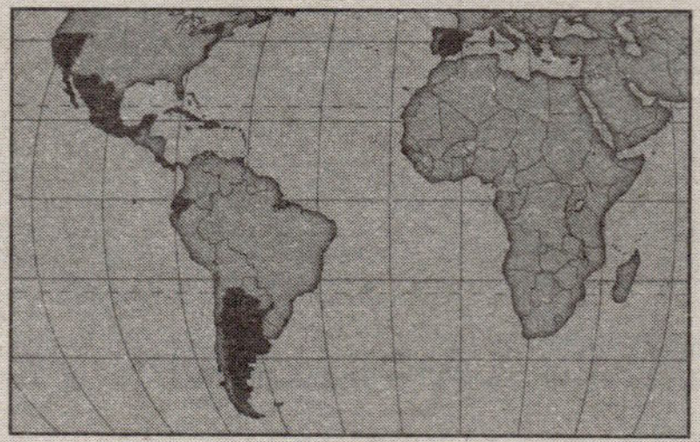

Go Online PHSchool.com Web Code jde-0002

Capítulo 2B Nombre ______ Fecha ______

A primera vista (páginas 102–103)

Actividad A

1. ¿De cuántas formas puedes pagar tus compras en una tienda?
   Respuestas posibles: en efectivo, con cheques personales, con cheques de viajero, con tarjeta de crédito, con tarjeta de débito, con cupones de regalo
2. ¿Qué nos indica cuál es el tamaño de la ropa? ¿Y el de los zapatos?
   La talla nos indica el tamaño de la ropa; el número nos indica el tamaño de los zapatos.
3. ¿Qué dos cosas puedes decir de un artículo que se vende a un precio más bajo del normal?
   Se puede decir que está en liquidación o que es una ganga.
4. Escribe el nombre de al menos dos materiales que se emplean para hacer ropa.
   Respuestas posibles: algodón, cuero, lana, seda, lino

Ampliación del lenguaje

Sufijos

Algunas tiendas se especializan en vender un tipo de producto. Para formar el nombre de ese tipo determinado de tienda, muchas veces, se elimina la *s* del plural del producto y se añade *-ría*. Por ejemplo: la tienda de *flores* se llama *florería*. Otras veces, tienes que buscar la raíz de la palabra y añadir *-ería*. Por ejemplo: la tienda de *helados* se llama *heladería*.

Actividad B

Trata de escribir el nombre de las tiendas que venden los siguientes productos.

perfumes	**perfumería**	frutas	**frutería**
papeles	**papelería**	pescado	**pescadería**
libros	**librería**	zapatos	**zapatería**

Capítulo 2B Nombre ______ Fecha ______

Videohistoria (páginas 104–105)

Actividad C

Fíjate en la *Videohistoria* de las páginas 104 y 105 de tu libro de texto. Gloria contó la anécdota así:

> Salí a pasear con unos amigos. Había liquidaciones fabulosas. Les conté que recientemente me había comprado una blusa. Fuimos al mercado. Vi algunas blusas muy bonitas. Las compré y las pagué en efectivo.

Ahora cuenta tú la misma anécdota desde el punto de vista de Tomás y Raúl. Añade más detalles sobre la historia de los que da Gloria. Usa en tus respuestas las palabras y expresiones que aparecen en tu libro.

Las respuestas variarán pero deben incluir un resumen de la *Videohistoria*, detalles nuevos y las palabras del vocabulario.

Actividad D

Fíjate en la actitud de cada uno de los chicos a lo largo de la *Videohistoria* y luego responde a las preguntas siguientes. Explica tus respuestas con frases completas.

1. ¿A cuál de los tres amigos le gusta más ir de compras?
   Respuesta posible: Parece que a Gloria le gusta ir de compras más que a Tomás y Raúl.
2. ¿Crees que Gloria compra lo primero que ve o que elige bien lo que compra?
   Respuesta posible: Gloria elige bien; se fija en la talla, la tela y el diseño.

Actividad E

¿Qué ropa está de moda? Escribe tres frases para describirla. Habla del material, los colores, el estilo y el tamaño. Luego describe en un párrafo corto cómo es la ropa que te gusta a ti.

Las respuestas variarán.

Manos a la obra (páginas 106–109)

Actividad F

Este verano vas a trabajar en una compañía muy importante dedicada a las ventas internacionales. En esa compañía todos los empleados usan ropa formal todos los días excepto los viernes. Tú sólo tienes un conjunto de ropa formal y necesitas ir de compras.

1. Haz una lista de la ropa básica que necesitas comprar. Sigue el modelo que tienes en la lista y añade todas las prendas y artículos necesarios.

ROPA	MATERIAL	COLOR	ESTILO
Corbata	De seda	Roja	Formal, serio
Las respuestas variarán.			

2. Ahora usa elementos de tu lista para indicar qué te puedes poner para cada una de estas ocasiones y explica por qué te vas a vestir así.

   a. Para la entrevista con tu futuro jefe:
   Las respuestas variarán pero los estudiantes deben elegir una ropa formal y profesional.

   b. Para tu primer día de trabajo:
   Las respuestas variarán pero los estudiantes deben elegir una ropa formal y profesional.

   c. Para el primer viernes de trabajo:
   Las respuestas variarán pero los estudiantes deben elegir una ropa informal.

   d. Para un día de campo con los compañeros de trabajo:
   Las respuestas variarán pero los estudiantes deben elegir una ropa informal.

Actividad G

Tus tíos acaban de abrir una pequeña tienda de ropa en un barrio hispano. Ellos quieren hacer un anuncio para su tienda, pero no saben mucho español. Te han pedido que les ayudes. Quieren que el anuncio sea creativo y que incluya toda la información de la lista de abajo. Lo más importante es escribir algo para llamar la atención de los posibles clientes. Mira el modelo y ayúdales a preparar su anuncio.

Modelo *¡Visite nuestra tienda para ver nuestras fabulosas blusas de algodón! Se va a ver guapísima con estas blusas.*

blusa	camisa	liquidación	cupón de regalo
ganga	precio	claro/oscuro	algodón/cuero/lana
cheque personal		estilo/estar de moda	

Las respuestas variarán, pero deben incluir el vocabulario y el uso correcto de los verbos que ya conocen.

Actividad H

Responde a estas preguntas según tu propia opinión. Usa frases completas.

1. ¿Qué tipo de ropa crees que refleja mejor tu personalidad? Explica por qué.
   Las respuestas variarán pero las razones deben ser lógicas.

2. ¿Alguna vez has comprado ropa usada? Explica por qué.
   Las respuestas variarán pero las razones deben ser lógicas.

Gramática • Repaso

El pretérito de los verbos regulares (página 110)

El pretérito se usa para hablar acerca de acciones que en el pasado. Para formar el pretérito de un verbo regular, añade las terminaciones del pretérito al radical del verbo.

(yo)	**miré** **aprendí** **escribí**	(nosotros) (nosotras)	**miramos** **aprendimos** **escribimos**
(tú)	**miraste** **aprendiste** **escribiste**	(vosotros) (vosotras)	**mirasteis** **aprendisteis** **escribisteis**
Ud. (él) (ella)	**miró** **aprendió** **escribió**	Uds. (ellos) (ellas)	**miraron** **aprendieron** **escribieron**

Observa que los verbos terminados en *-ar* e *-ir* que presentan cambios en el radical en el presente, no presentan estos cambios en el pretérito.

Generalmente **me pruebo** la ropa antes de comprarla, pero ayer no **me probé** los pantalones que compré. Normalmente no **me siento** bien cuando voy de compras, pero ayer **me sentí** fenomenal en el centro comercial.

El verbo *ver* tiene terminaciones regulares en el pretérito, y a diferencia de otros verbos, no lleva acentos gráficos.

Anoche David **vio** una camisa que le gustó mucho.

- Los verbos que terminan en *-car, -gar* y *-zar* presentan cambios en la forma *yo* del pretérito:

buscar	c → qu	yo busqué
pagar	g → gu	yo pagué
almorzar	z → c	yo almorcé

¿**Pagaste** mucho por tu suéter nuevo?
No, no **pagué** mucho. Lo encontré en una liquidación.

Gramática interactiva

Analiza
Lee las formas verbales de la tabla y subraya la raíz de cada forma verbal. Después, compara la raíz que subrayaste con la raíz de la misma forma en el presente de indicativo. ¿Hay algún cambio ortográfico que se dé en el presente y en el pretérito?

No, las raíces de estos verbos no cambian al conjugarlos en el pretérito.

Actividad I

Completa el siguiente párrafo con la forma apropiada del pretérito de los verbos entre paréntesis, para saber qué hizo esta chica el fin de semana pasado.

Ayer me **encontré** *(encontrar)* con una amiga. Primero nosotras **almorzamos** *(almorzar)* en un restaurante. (Nosotras) No **pagamos** *(pagar)* mucho porque era barato. Después fuimos de compras. Me **probé** *(probar)* un vestido y **escribí** *(escribir)* el precio en mi libreta para recordarlo. Luego, **miramos** *(mirar)* otras cosas. Siempre me pruebo la ropa antes de comprarla, por eso **decidí** *(decidir)* volver otro día, porque no había tiempo. Mi amiga **encontró** *(encontrar)* algunas cosas que le gustaron y las **compró** *(comprar)*. A mí me **gustó** *(gustar)* mucho su selección.

Actividad J

Alfredo va al centro comercial para comprar un regalo para su hermana. Lee lo que cuenta Alfredo de su visita al centro comercial mientras busca el regalo.

Hoy es sábado y voy al centro comercial para comprarle un regalo a mi hermana. Primero entro en la tienda de ropa y miro una blusa de seda, pero al final no le compro una blusa porque e la ya tiene muchas. Después, en el departamento de chicos, veo unos pantalones en oferta. Me pruebo unos de color negro y ¡me encantan!, así que decido comprarlos. Pago los pantalones y camino un poco por el centro comercial. Por fin, en una joyería veo unos aretes preciosos. Después de dudar un poco, elijo unos aretes con piedras verdes. ¡A mi hermana le van a gustar mucho!

En tu cuaderno escribe otra vez el relato de Alfredo pero poniendo los verbos en pasado cuando sea necesario. *(Atención: No todos los verbos del relato de Alfredo deben estar en pasado).* Empieza así: Ayer **fue** sábado y **fui** al centro comercial para comprarle un regalo a mi hermana.

Ayer fue sábado y fui al centro comercial para comprarle un regalo a mi hermana. Primero entré en la tienda de ropa y miré una blusa de seda, pero al final no le compré una blusa porque ella ya tiene muchas. Después, en el departamento de chicos, vi unos pantalones en oferta. Me probé unos de color negro y ¡me encantaron!, así que decidí comprarlos. Pagué los pantalones y caminé un poco por el centro comercial. Por fin, en una joyería vi unos aretes preciosos. Después de dudar un poco, elegí unos aretes con piedras verdes ¡a mi hermana le van a gustar mucho!

Analiza
Subraya las terminaciones de cada forma en el singular y el plural. ¿Cuál es la raíz común para cada grupo de adjetivos?

est- ______

es- ______

aquell- ______

¿Qué forma se sale de este patrón?

aquel

Gramática

Adjetivos demostrativos (página 114)

Para identificar algo o alguien que está lejos de ti y de la persona con quien estás hablando, usas la forma *aquel*.

En el siguiente cuadro se comparan los tres adjetivos demostrativos y sus significados.

Singular	Plural
este, esta ese, esa	estos, estas esos, esas
aquel, aquella	aquellos, aquellas

Todos los adjetivos demostrativos van antes del nombre y concuerdan con el nombre tanto en género (masculino y femenino) como en número (singular y plural).

Ampliación del lenguaje

Palabras de origen árabe

En español, muchas palabras que empiezan con *al-* son de origen árabe. En árabe, *al-* significa "el/la".

almacén	alcohol	alfiler	albañil	alfombra	alcoba
algodón	alquitrán	almidón	alpargata	alcacía	almohada
álgebra	alfajor	aljibe			

Otras palabras de origen árabe, aunque no empiecen con *al-* son:

azúcar	naranja	aceituna	azucena	zanahoria	berenjena

Actividad K

¿Qué tienen en común muchas palabras de origen árabe?

Respuesta posible: Son nombres de alimentos y otras cosas útiles de la casa.

Actividad L

Bárbara y Gloria están de compras. En tu cuaderno, escribe una conversación entre ellas usando las palabras que se dan en cada punto. En cada oración que escribas debes incluir al menos un adjetivo demostrativo. Mira la ilustración para ver qué adjetivo debes usar según el lugar en el que está la chica que habla y la persona o el objeto sobre el que se habla.

1. GLORIA: comprar / blusa. Me gusta el color. Y tú, ¿comprar / guantes?
1. GLORIA: **Yo voy a comprar esta blusa. Me gusta el color. Y tú, ¿vas a comprar esos guantes?**
2. BÁRBARA: No sé. guantes / ser / bonitos / pero en realidad no los necesito
2. BÁRBARA: **No sé. Estos guantes son bonitos, pero en realidad no los necesito.**
3. GLORIA: mirar / camisetas / y / bolsos en liquidación
3. GLORIA: **Mira esas camisetas y esos bolsos en liquidación.**
4. BÁRBARA: gustar / pantalones que lleva / chica
4. BÁRBARA: **Me gustan los pantalones que lleva aquella chica.**
5. GLORIA: gustar / vestidos que ella está mirando. Voy a mirarlos.
5. GLORIA: **A mí me gustan aquellos vestidos que ella está mirando. Voy a mirarlos.**
6. BÁRBARA: mirar / zapatos / y / cinturones del fondo
6. BÁRBARA: **Yo voy a mirar aquellos zapatos y aquellos cinturones del fondo.**
7. GLORIA: Está bien, pagar / blusa / y / vestido que tengo en la mano
7. GLORIA: **Está bien, yo voy a pagar esta blusa y este vestido.**

Actividad M

Lee las siguientes oraciones y determina si la palabra subrayada en cada una es un adjetivo o un pronombre demostrativo. Si es un pronombre, marca el acento correspondiente.

> **Nota**
> Recuerda que la única diferencia entre los adjetivos demostrativos y los pronombres demostrativos es que estos últimos llevan un acento gráfico, indicando que sustituyen al nombre. Por ejemplo: **Prefiero esta falda** se podría indicar diciendo **Prefiero ésta**, si la persona con quien hablas sabe a qué falda te refieres.

1. La falda que a mí me gusta es más bonita que ésta. **pronombre**
2. Aquéllos son más bonitos que estos, pero yo prefiero los verdes. **pronombre**
3. Voy a pagar en efectivo porque esta tarjeta ya no tiene dinero. **adjetivo**
4. Tu cupón de regalo tiene más valor que ésos de ahí. **pronombre**
5. Este vestido oscuro es tan elegante como aquél de la esquina. **pronombre**
6. Las telas sintéticas son más baratas que estas telas tan delicadas. **adjetivo**

Capítulo 2B Nombre ____ Fecha ____

Lectura cultural (página 117)

En este capítulo has aprendido sobre la moda y sobre algunos diseñadores de origen hispanohablante, como Narciso Rodríguez. ¿Sabías que muchas culturas indígenas siguen vistiéndose de un modo tradicional? Por ejemplo, los kunas o tules de Panamá son famosos por su vestimenta tradicional. Las mujeres llevan anillos de oro en la nariz, faldas coloridas y blusas decoradas con las famosas molas. Las molas son paneles de intrincados diseños cosidos a mano.

Actividad N

Busca en Internet toda la información que puedas sobre los kunas. Luego, imagina que vas a crear una mola. Haz un dibujo y describe el diseño y los colores que vas a usar.

Las respuestas variarán pero deben incluir el vocabulario de colores y de telas.

Actividad Ñ

En tu cuaderno, escribe un párrafo para comparar y contrastar las molas de los kunas con otro tipo de vestimenta que conozcas. Usa las preguntas siguientes como ayuda. Organiza las respuestas en la gráfica.

- ¿Quiénes usan esta ropa? **Las respuestas variarán.**
- ¿La usan en ocasiones especiales o a diario?
- ¿Qué materiales se usan para confeccionarla?
- ¿Tienen colores vivos u oscuros?

molas **otra vestimenta**

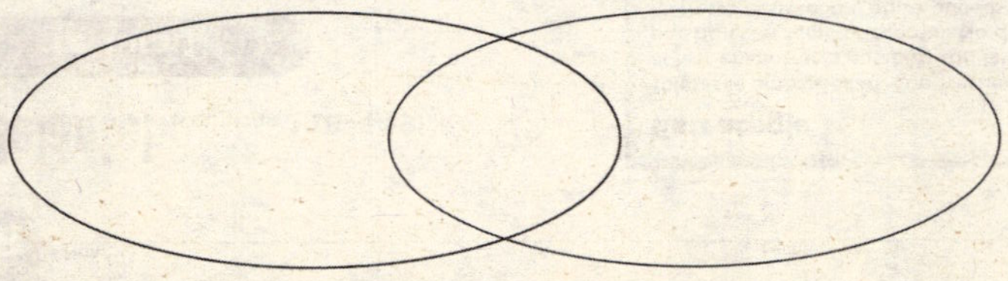

Capítulo 2B Nombre ____ Fecha ____

Conexiones La historia (páginas 112–113)

Actividad O

Toda la ropa refleja la cultura del pueblo que la usa. Por ejemplo, un pueblo de pastores tendrá prendas tradicionales de lana, mientras que otro de agricultores usará más las fibras vegetales. Busca una prenda de vestir de un país hispanohablante e investiga cómo surgió. Si no encuentras mucha información, puedes hacer tus propias hipótesis basándote en las características de la prenda y lo que conoces de la historia y la geografía del pueblo que la usa o la usaba.

Escribe un párrafo corto con tus conclusiones.

Las respuestas variarán pero deben incluir el vocabulario de colores y de telas y el uso correcto de los tiempos de los verbos que conocen.

El español en el mundo del trabajo (página 115)

Actividad P

Vuelve a leer el artículo que aparece en la página 115 de tu libro de texto sobre la importancia de hablar inglés y español. Responde a las siguientes preguntas.

1. Además de tiendas y negocios, ¿sabes de algún otro lugar en tu comunidad o estado donde se hable español?

   Las respuestas variarán.

2. ¿Cuál es la cultura hispanohablante que más influye en tu comunidad?

   Las respuestas variarán.

3. ¿Has notado algún cambio en la presencia o la influencia de los hispanohablantes en tu región o estado desde que vives ahí? Explica.

   Las respuestas variarán.

¡Adelante! (páginas 118–119)

Lectura 1

Estrategia

Tolerar la ambigüedad Con frecuencia, al leer encontrarás palabras con las que no estás familiarizado(a). No dejes que esto te detenga, quizá puedas aclarar el significado más adelante, basándote en el contexto. También es posible que llegues a entender la lectura sin saber el significado de las palabras desconocidas.

Actividad Q

Antes de leer la siguiente información sobre la historia de los jeans, lee la primera actividad que está al margen. Si hay alguna palabra que no recuerdas, consulta las glosas del artículo en las páginas 118 y 119 de tu libro de texto.

Lectura interactiva

Tolera la ambigüedad
La palabra *remache* es un buen ejemplo de cómo el contexto aclara el significado de una palabra. Encierra en un círculo cada ocurrencia de *remache*. Luego subraya las palabras o frases cercanas que te ayudan a determinar el significado.

¿Qué crees que significa *remache*?

clavo con la punta

aplastada

Los Jeans

LOS PANTALONES MÁS POPULARES DEL MUNDO
Posiblemente tienes jeans en tu armario. Muchas personas de diferentes países —desde Argentina hasta Canadá y desde Japón hasta España— llevan estos cómodos y prácticos pantalones. Se llevan en el trabajo, en la escuela y para salir de noche. Dicen que los jeans son ropa democrática porque los lleva gente de todas las clases sociales.

UN POCO DE HISTORIA
Levi Strauss, un joven alemán, llegó a los Estados Unidos con su familia en 1847 a la edad de 18 años. Después de trabajar algunos años con su familia, Strauss viajó a California para abrir una tienda de ropa y accesorios. Esta tienda se convirtió en un negocio próspero durante los siguientes 20 años y Strauss se hizo rico.

En el año 1872, recibió una carta de Jacob Davis, un sastre de Reno, Nevada, en la que le explicó el proceso que él inventó para poner remaches en las esquinas de los bolsillos de los pantalones de hombre. El uso de los remaches resultó en unos pantalones bastante fuertes para aguantar los rigores de un trabajo difícil y en unos bolsillos más resistentes al peso del oro.

Con el dinero de Strauss y la invención de Davis, los dos decidieron pedir la patente para el proceso. En 1873 recibieron la patente para poner los remaches en los pantalones y empezaron a fabricar "*overalls* a la cintura" o *waist* overalls (el antiguo nombre en inglés de los jeans) en San Francisco. Como dicen, "el resto es historia".

Actividad R

1. ¿Qué sucedió en 1847? ¿Y en 1873?
   En 1847 Levi Strauss llegó a Estados Unidos con su familia. En 1873, Strauss y Davis recibieron la patente para poner remaches a los pantalones.
2. ¿Por qué crees que los pantalones fabricados por Strauss y Davis fueron tan resistentes?
   Respuesta posible: Los remaches y la tela gruesa hicieron los pantalones muy fuertes.

Actividad S

Los jeans, más que una moda, han sido un fenómeno social y cultural que ha revolucionado la forma de vestirse de personas de todas las edades en todo el mundo. ¿Por qué crees tú que estos pantalones alcanzaron tanta popularidad? Explica.

Respuesta posible: porque son cómodos y pueden usarse en muchas ocasiones.

Actividad T

En los distintos países hispanohablantes existen muchos nombres diferentes para este tipo de pantalones. ¿Cómo los llamas tú? ¿Te parece correcto usar un nombre en inglés para una prenda de vestir cuando se puede encontrar una palabra (o palabras) equivalente(s) en español? Explica tu respuesta.

Las respuestas variarán pero las razones deben ser lógicas.

Actividad U

¿Cómo puedes diseñar una prenda ideal para un(a) estudiante de secundaria? Trabaja con un(a) compañero(a) para diseñar esta prenda. En un cuaderno, escriban un párrafo con una descripción tan detallada como sea posible. Tengan en cuenta lo siguiente.

Las respuestas variarán.

1. Material (comodidad, resistencia, abrigo)
2. Bolsillos (qué cosas se deben poder llevar en la prenda)
3. Estilo y colores
4. Precio (¿Van a poder comprarla todos los estudiantes?)

Capítulo 2B Nombre ____ Fecha ____

Lectura 2

Actividad V

Antes de leer el artículo siguiente, haz la actividad que está al margen. Luego lee el texto y haz la otra actividad al margen.

Estrategia

Usar títulos y subtítulos Usando títulos y subtítulos puedes saber enseguida de qué se trata un artículo.

Lectura interactiva

Usa títulos y subtítulos
Subraya los títulos y subtítulos. ¿Cuál crees que es el tema de este artículo?

la historia de la camiseta.

¿Cómo está organizada la lectura?

cronológicamente, o según las épocas de la camiseta

Encuentra
Busca en el artículo todas las expresiones (palabras o frases) de tiempo y subráyalas.

¿Cuáles son las palabras de transición temporal?

pronto, a partir de, actuales, hoy en día

La camiseta, prenda universal

¿Quién no tiene una camiseta? La camiseta es, junto con los jeans, el gran invento de ropa del siglo XX. Son cómodas, baratas y multiuso.

Nacimiento de la camiseta (años 40)

En 1942, durante la Segunda Guerra mundial, la Marina de los Estados Unidos ideó una prenda para sus tropas en Europa: una camiseta blanca de algodón, cuello redondo y mangas cortas. A esta prenda se le llamó T-shirt porque extendida, tenía forma de T. Más tarde comenzaron a usarla también algunos civiles.

Popularización (años 50)

El cine y la televisión contribuyeron a la difusión del uso de la camiseta. En la década de los 50, actores como Marlon Brando y Paul Newman lucieron camisetas en películas y estudios de televisión. Pero quien popularizó su uso fue James Dean. En la película *Rebelde sin causa* (1955), Dean vestía una camiseta blanca y chaqueta negra de cuero. Pronto empiezan a aparecer camisetas de todos los colores y con estampados.

Nuevos usos de la camiseta (años 60 y 70)

En las décadas de 1960 y 1970 el uso de la camiseta está extendido por todo el mundo. En esta época surge una nueva faceta de la camiseta: la camiseta como instrumento de protesta. Las camisetas se estampan con frases e imágenes relacionadas con la lucha por la igualdad de derechos de los afroamericanos, la causa feminista, y las revoluciones estudiantiles, políticas y sociales. También empiezan a usarse las camisetas como soporte publicitario.

Años de "olvido" (años 80 y 90)

En las décadas de los 80 y 90, el mundo de la moda se "olvida" un poco de la camiseta, aunque la gente sigue usándolas.

Camisetas actuales

A partir de mediados de los 90, muchos diseñadores de moda vuelven a presentar camisetas en sus colecciones. Las camisetas actuales son de todos los colores imaginables, pueden llevar estampados, nombres, dibujos, fotografías, etc. Algunos sociólogos dicen que la gente hoy en día ha convertido la camiseta en una forma de expresión.

Capítulo 2B Nombre ____ Fecha ____

1. Vuelve a leer el título. Fíjate en la palaba *universal.* ¿Qué crees que significa el título?

   Respuesta posible: El título significa que la camiseta es una prenda que se usa en todas partes del mundo.

2. Escribe una oración corta para resumir la historia de la camiseta en cada una de las épocas sobre las que se habla en el artículo.

   a. años 40: **Respuesta posible: Fue la época en la que nació la camiseta.**

   b. años 50: **Respuesta posible: El uso de la camiseta se populariza por influencia de la televisión y el cine.**

   c. años 60 y 70: **Respuesta posible: La camisetas se usan como instrumento de protesta y de demandas sociales.**

   d. años 80 y 90: **Respuesta posible: La camiseta pierde popularidad.**

   e. época actual: **Respuesta posible: La camiseta vuelve a hacerse popular y gracias a la variedad de colores y estampados, sirve como forma de expresión de quien la lleva.**

3. Escribe un párrafo corto para responder a una de las siguientes preguntas.

   a. ¿Usas camiseta con frecuencia? ¿En qué ocasiones la usas? Si las usas en varias ocasiones, ¿qué tipo de camiseta usas para cada ocasión?
   b. ¿Qué opinas de los dibujos y frases en las camisetas? ¿Por qué?
   c. ¿Existe alguna prenda de vestir que identifique a un grupo del que tú formas parte?

   Las respuestas variarán.

Capítulo 2B Nombre ______ Fecha ______

Perspectivas del mundo hispano (página 120)

Actividad W

En la mayoría de los países hispanohablantes se celebran fiestas populares con origen religioso. Algunas son fiestas patronales. Lee el texto siguiente para saber más sobre estas fiestas y luego responde a las preguntas.

Fiestas patronales

En los países hispanohablantes cada pueblo o ciudad tiene su santo patrón o patrona. Los santos patrones son santos protectores. Los días en que la iglesia católica celebra al patrón o a la patrona de un pueblo, los habitantes del lugar preparan una gran fiesta. Estas fiestas muchas veces duran varios días. En los pueblos pequeños y en los barrios de las ciudades, donde la comunidad es como una extensión de la familia, todos participan en la preparación de la fiesta.

En las fiestas patronales hay comidas, bailes, puestos de artesanías y productos típicos y fuegos artificiales. Los pueblos vecinos compiten para ver cuál hace las mejores fiestas. Lo que distingue a las fiestas patronales de otro tipo de fiesta es el aspecto religioso de las mismas. Por lo general, el día de la celebración del santo se saca la imagen del patrón del pueblo en procesión por las calles. Una procesión es un desfile religioso en el que casi siempre se toca y se canta música religiosa tradicional. También se hacen romerías, que son fiestas y comidas en el campo, cerca de un santuario o iglesia.

Muchas de estas fiestas religiosas son una evolución cristianizada de antiguas fiestas indígenas que se realizaban en épocas de siembra, de cosecha y otros momentos importantes.

1. ¿Qué quiere decir "la comunidad es como una extensión de la familia"?

   Respuesta posible: Los miembros de la comunidad se relacionan entre sí como si fueran de la misma familia. Los miembros de la comunidad se conocen unos a otros, se ayudan y colaboran en proyectos comunitarios.

2. ¿Qué elementos diferencian las fiestas patronales de otro tipo de fiestas?

   Respuesta posible: Su carácter religioso. Las fiestas patronales están dedicadas a un santo, una santa o una virgen e incluyen manifestaciones religiosas como procesiones.

3. ¿Cómo son las fiestas que se celebran en tu comunidad? ¿Qué parecidos y qué diferencias tienen con las fiestas patronales que se describen en la lectura?

   Las respuestas variarán.

Capítulo 2B Nombre ______ Fecha ______

Presentación escrita (página 121)

Encontré unas gangas

Estrategia

Usar una tabla Al escribir, es de gran ayuda tener una forma de organizar las ideas. Una tabla o un organizador gráfico son un buen medio para hacerlo.

Tarea

Recibiste 200 dólares para tu cumpleaños ($100 en efectivo y $100 en cupones de regalo) y acabas de comprar algunas prendas de ropa con ese dinero. Escríbele un mensaje de correo electrónico a tu amigo(a), describiendo tus compras.

1. **Antes de escribir**
   Piensa en lo que compraste y en otras cosas que viste pero no compraste. Completa la siguiente tabla.

¿Qué compraste?	¿Dónde?	¿Cuánto pagaste?	¿Por qué te gusta(n)?	¿Qué no compraste?	¿Por qué no lo compraste?

2. **Borrador**
   Usa tus respuestas a las preguntas anteriores y escribe un primer borrador. Puedes empezar a escribir tu mensaje de correo electrónico así:

   ¡Hola! Para mi cumpleaños recibí $200 para comprar ropa nueva. Decidí ir al centro comercial porque... Encontré... Compré... También vi... pero no lo compré porque...

3. **Revisión**
   Lee tu correo detenidamente. Revisa la ortografía, los acentos, las formas verbales del pretérito y las concordancias. Comparte tu mensaje con un(a) compañero(a). Tu compañero(a) debe verificar si:
   - Es fácil de entender tu mensaje.
   - Incluye toda la información de la tabla.
   - Hay algo que debes añadir o cambiar.
   - Hay errores.

4. **Publicación**
   Vuelve a escribir tu mensaje de correo electrónico haciendo las correcciones y los cambios necesarios. Envíaselo a tu profesor(a) o a tu amigo(a), o imprímelo y añádelo a tu portafolios.

5. **Evaluación**
   Quizá tu profesor(a) te dé los criterios de cómo va a ser evaluada tu presentación. Probablemente, tu presentación será evaluada teniendo en cuenta:
   - lo fácil que resulta entender el mensaje.
   - si la información es clara y completa.
   - la corrección de las formas de los verbos, la ortografía y la concordancia.
   - el uso del vocabulario.

Capítulo 2B Nombre

Repaso del capítulo (página 124)

Vocabulario y gramática

Repaso del capítulo

Para preparar el examen, revisa si...
- conoces el vocabulario nuevo y la gramática.
- puedes realizar las tareas de la página 89.

para hablar acerca de ir de compras

la entrada	entrance
la ganga	bargain
el letrero	sign
la liquidación *pl.* las liquidaciones	sale
el mercado	market
la salida	exit

para hablar acerca de los colores

claro, -a	light
de sólo un color	solid-colored
oscuro, -a	dark
pastel	pastel
vivo, -a	bright

para describir de qué está hecha la ropa

¿De qué está hecho, -a?	What is it made of?
Está hecho, -a de...	It is made of...
algodón	cotton
cuero	leather
lana	wool
seda	silk
tela sintética	synthetic fabric

para hablar acerca del pago de las compras

alto, -a	high
bajo, -a	low
la caja	cash register
el cajero, la cajera	cashier
el cheque (personal)	(personal) check
el cheque de viajero	traveler's check
el cupón de regalo *pl.* los cupones de regalo	gift certificate
en efectivo	cash
gastar	to spend
el precio	price
tan + *adjetivo*	so
la tarjeta de crédito	credit card

para hablar acerca de compras de ropa

apretado, -a	tight
escoger	to choose
estar de moda	to be in fashion
el estilo	style
exagerado, -a	outrageous
flojo, -a	loose
la marca	brand
mediano, -a	medium
el número	shoe size
probarse *(o → e)*	to try on
la talla	size

otras palabras y expresiones útiles

anunciar	to announce
encontrar *(o → ue)*	to find
en realidad	really
me / te importa(n)	it matters (it's important) / they matter to me / to you
inmediatamente	immediately
me parece que	it seems to me that
¿Qué te parece?	What do you think? / How does it seem to you?
recientemente	recently

el pretérito de los verbos regulares

miré aprendí escribí	miramos aprendimos escribimos
miraste aprendiste escribiste	mirasteis aprendisteis escribisteis
miró aprendió escribió	miraron aprendieron escribieron

los adjetivos demostrativos

Singular	Plural
este, esta this	estos, estas these
ese, esa that	esos, esas those
aquel, aquella that one over there	aquellos, aquellas those over there

● **Más práctica**
Practice Workbook Puzzle 2B-8
Practice Workbook Organizer 2B-9

Capítulo 2B Nombre Fecha

Preparación para el examen (página 125)

En el examen vas a...	Éstas son las tareas que te pueden ser útiles para el examen...	Si necesitas repasar...
1 Escuchar Escuchar y entender a una persona mientras habla acerca de por qué compró una prenda de ropa.	Escucha a Marta mientras explica por qué compró un vestido. Marta lo compró porque: (a) era una ganga, (b) era de buena marca, (c) le quedaba bien; (d) estaba de moda.	**págs.** 102–105 *A primera vista* **pág.** 103 Actividad 2 **pág.** 106 Actividad 4
2 Hablar Hablar sobre dónde y cuándo compraste la ropa que llevas puesta hoy.	A tu compañero(a) le gusta mucho tu ropa. Explícale: (a) dónde la compraste; (b) cuánto hace que la compraste; (c) si fue cara o si fue una ganga; (d) de qué marca es, si lo sabes. Después cambien los papeles.	**pág.** 107 Actividad 7 **pág.** 108 Act. 8–9 **pág.** 109 Act. 10–11 **pág.** 111 Actividad 14 **pág.** 112 Actividad 17 **pág.** 115 Actividad 21 **pág.** 116 Actividad 23 **pág.** 117 Actividad 24
3 Leer Leer y entender un mensaje de agradecimiento por un cupón de regalo recibido recientemente.	En días recientes, tu clase de español envió un cupón de regalo de cumpleaños a una estudiante de Argentina que estuvo el año pasado en el curso de intercambio. Lee el mensaje que ella escribió sobre lo que compró. ¡Hola! Muchas gracias por el cupón de regalo para el Almacén Palete. Compré una blusa de colores pastel que me gusta mucho y está muy de moda. También encontré un cinturón de cuero muy bonito para llevar con mis pantalones favoritos. Aquí tienen mi foto. ¿Qué les parece mi nuevo estilo? Besos, Susi	**pág.** 107 Actividad 6 **pág.** 110 Actividad 13 **pág.** 114 Actividad 19 **págs.** 118–119 *Lectura*
4 Escribir Escribir una descripción corta sobre el último día que fuiste a comprar ropa, incluyendo lo que compraste, la marca y cuánto pagaste por las prendas.	Tu abuela te envió un cheque para tu cumpleaños y quiere saber qué compraste. Describe la ropa de vacaciones que compraste y dónde lo hiciste. Incluye todos los detalles posibles. Puedes empezar así: Querida abuelita, Muchas gracias por el cheque que me enviaste para mi cumpleaños. Decidí comprarme ropa para las vacaciones...	**pág.** 107 Act. 6–7 **pág.** 109 Act. 10–11 **pág.** 110 Actividad 13 **pág.** 112 Actividad 16 **pág.** 121 *Presentación escrita*
5 Pensar Demostrar un conocimiento de lo que es *la parranda* en los países hispanohablantes.	Imagina que les preguntas a tus padres si puedes ir a *una parranda* en la casa de un(a) amigo(a) hispanohablante; ellos no saben de lo que estás hablando. Explícales qué es. ¿Con qué puedes comparar *una parranda*?	**pág.** 121 *Perspectivas del mundo hispano*

Go Online Web code jdd-0218 PHSchool.com

Nombre ____________ Fecha ____________

A ver si recuerdas... (páginas 126–127)

Piensa en lo que hiciste la semana pasada y llena este diario con los quehaceres que hiciste. Incluye los lugares a donde fuiste y las compras que hiciste. Escribe la fecha de cada día al lado del nombre. Las respuestas variarán.

lunes	
martes	
miércoles	
jueves	
viernes	
sábado	
domingo	

Fondo cultural (página 128)

Buenos Aires Es una ciudad muy internacional. A finales del siglo XIX y en la primera mitad del siglo XX llegaron muchos inmigrantes de Europa, de países como Italia, Alemania, España y Francia. Como en otras ciudades del mundo, la fusión de diferentes culturas ha dado lugar a un enriquecimiento que se refleja en las artes, especialmente en la arquitectura. En su centro histórico pueden apreciarse hermosos palacios, monumentos y avenidas.

1. ¿Hay alguna parte de tu comunidad o de una ciudad que conoces que se considera antigua o histórica? ¿Cómo es?

   Las respuestas variarán.

2. ¿Cómo es tu vecindario? ¿Qué servicios o negocios encuentras en él?

   Las respuestas variarán.

Nombre ____________ Fecha ____________

Capítulo 3A

¿Qué hiciste ayer?

Objetivos del capítulo

- Hablar sobre las actividades que hiciste y sobre dónde las hiciste
- Explicar por qué no pudiste hacer ciertas cosas
- Describir objetos que compraste y dónde los compraste
- Entender las perspectivas culturales con respecto a las compras

Conexión geográfica

Ya sabes que el ecuador separa el Hemisferio Norte del Hemisferio Sur. La línea al norte del ecuador es el Trópico de Cáncer, y la que queda a la misma distancia al sur del ecuador es el Trópico de Capricornio. Escribe los nombres de los países sombreados, cuyo territorio (o parte del mismo) cae dentro de la zona de los dos trópicos.

México, República Dominicana, Colombia, Ecuador, Chile, Bolivia

Go Online Web Code jde-0002 PHSchool.com

Capítulo 3A Nombre ____________ Fecha ____________

A primera vista (páginas 130–131)

Actividad A

Escribe las palabras del vocabulario de la lección que corresponden a las definiciones siguientes:

1. Cambiar un cheque por dinero **cobrar un cheque**
2. Especie de zapatos o botas con ruedas **patines**
3. Atender, ocuparse de alguien **cuidar**
4. Oficina de un doctor **consultorio**
5. Mujer que ejerce la medicina **médica**
6. Lugar donde se pueden comprar raquetas y una pelota **tienda de equipo deportivo**
7. Poner una carta en un buzón **echar una carta**

Actividad B

Lee los siguientes pares de palabras y determina con qué lugar se relacionan. Luego añade por lo menos dos palabras más relacionadas con el mismo lugar que no estén en el vocabulario de la lección.

Modelo gasolina, tanque — estación de servicio
otras palabras: automóvil, manguera

1. sello, buzón **el correo**
   otras palabras: **Respuestas posibles: cartero, paquete**
2. raqueta, tenis **la tienda de equipo deportivo**
   otras palabras: **Respuestas posibles: palo de golf, zapatos de tenis**
3. dinero, cheque **el banco**
   otras palabras: **Respuestas posibles: efectivo, cajero automático**
4. medicinas **la farmacia**
   otras palabras: **Respuestas posibles: jabón, cepillo de dientes, pilas**

Capítulo 3A Nombre ____________ Fecha ____________

Las respuestas variarán.

Videohistoria (páginas 132–133)

Actividad C

Inventa una excusa para responder a cada una de estas situaciones, usando las palabras y expresiones que aparecen en tu libro de texto.

Modelo Llevo casi media hora esperándote
Lo siento. Tuve que cuidar a mi hermanita hasta las tres.

1. ¿Qué te pasó? Ya se fue el autobús.
2. ¿Por qué no me ayudaste a cuidar a Anita ayer?
3. ¡El coche no tiene gasolina! ¿Qué hiciste?
4. No fuiste al parque a jugar al fútbol el sábado. ¿Adónde fuiste?
5. ¿Por qué no me compraste el jabón en la farmacia?

Actividad D

Mira las fotografías de la *Videohistoria* de las páginas 132 y 133 de tu libro de texto. Elige dos fotografías y escribe en tu cuaderno un minidiálogo diferente para ellas. Usa en tu diálogo las palabras y expresiones que aparecen en tu libro.

Modelo Fotografía 7

TERESA: ¡Ay, no se qué vestido voy a llevar al baile! No tengo ningún vestido largo.
CLAUDIA: ¿Por qué no compraste uno ayer en el centro comercial?
TERESA: Se me olvidó porque tuve que acompañar a mi abuela al dentista.

Las respuestas variarán.

Manos a la obra (páginas 134–137)

Actividad E

Adivina qué negocios se describen a continuación. Luego añade por lo menos un detalle más a cada descripción.

1. Aquí se puede sacar dinero y **Respuesta posible: cobrar cheques**
   Esto es **el banco**
2. Aquí se pueden comprar comestibles, comida preparada, jabón y **Respuesta posible: flores**
   Esto es **el supermercado**
3. Aquí se pueden comprar medicinas, revistas, dulces y **Respuesta posible: pasta dental**
   Esto es **la farmacia**
4. Aquí se pueden enviar cartas y **Respuesta posible: comprar sellos**
   Esto es **el correo**
5. Aquí se pueden comprar pelotas, ropa deportiva y **Respuesta posible: palos de golf**
   Esto es **la tienda de equipo deportivo**
6. Aquí se puede ir para recibir un examen físico y **Respuesta posible: hablar con el/la médico(a)**
   Esto es **el consultorio**

Actividad F

Haz una encuesta entre tus familiares para averiguar la siguiente información. Asegúrate de entrevistar por lo menos a tres personas de tu familia para poder sacar conclusiones con los resultados de tu encuesta. Después, añade una pregunta más.

- ¿Cuál es el banco de tu ciudad que más les gusta y por qué? ¿Qué servicios ofrece?
- ¿Qué supermercado les gusta más y por qué compran siempre allí?
- ¿Qué tiendas o centros comerciales visitan para comprar artículos deportivos?
- ¿Cuáles son los artículos deportivos más populares entre las personas de tu familia?
- ¿Qué farmacia prefiere tu familia para conseguir medicina?

Ahora completa el cuadro de la página siguiente, incluyendo los datos más importantes que descubriste al hacer tu encuesta.

Resultados de la encuesta

Las respuestas variarán.

El banco que más les gusta a mis familiares es ______ porque ______.

El supermercado en el que compran mis familiares es ______.

Compran allí porque ______.

Para comprar artículos deportivos, mis familiares van a ______ porque ______.

Los artículos deportivos más populares en mi familia son ______.

La farmacia a la que van mis familiares para conseguir medicinas es ______.

Actividad G

Tu mamá te ha dejado una lista con seis cosas que hacer, pero tú sólo tienes tiempo para hacer cuatro. Escribe una nota para decirle cuáles vas a hacer y por qué escogiste ésas.

echar las cartas en el buzón	pasar a buscar una receta del médico
cobrar un cheque	comprar un cepillo de dientes
hacer las compras en el supermercado	devolver un libro en la biblioteca

Las respuestas variarán.

Gramática • Repaso

Pronombres de objeto directo (página 138)

Gramática interactiva

Identifica formas
Lee los ejemplos que se incluyen en la explicación gramatical y para cada uno, subraya el nombre o la frase que indica quién o qué recibe la acción del verbo, el objeto directo. Haz un círculo alrededor de los pronombres de objeto directo, y une con una raya los objetos directos con los pronombres correspondientes.

Un objeto directo expresa *qué* o *quién* recibe la acción del verbo.

Devolví el libro. (*Libro* es el objeto directo.)

Para evitar la repetición del nombre que funciona como objeto directo, se usa el pronombre de objeto directo. En inglés, *him, her* e *it* son ejemplos de pronombres de objeto directo. En español, los pronombres de objeto directo son los siguientes:

Singular	Plural
lo	los
la	las

Los pronombres de objeto directo tienen el mismo género (masculino o femenino) y número (singular o plural) que los nombres a los que reemplazan. Estos pronombres van justo delante del verbo conjugado.

¿Devolviste los libros a la biblioteca? No, no los devolví.

¿Ayudaste a tu mamá en casa? Sí, la ayudé.

Cuando el verbo conjugado va seguido de otro verbo en infinitivo, el pronombre de objeto directo puede ir delante del verbo conjugado o unido al infinitivo.

— ¿Sacaste el libro sobre Simón Bolívar?

— No, no lo pude sacar. *o* No, no pude sacarlo.

Ampliación del lenguaje

El acento ortográfico

Aquí tienes un resumen de las reglas de acentuación en español. Añade otros ejemplos a las listas a continuación en tu cuaderno.

Cuando las palabras terminan en una vocal, o en *n* o *s* y el acento cae sobre la penúltima sílaba, se escriben sin acento ortográfico: *supermercado, deportivo, tarjeta, cobran.*

Cuando las palabras terminan en una consonante (menos en *n* o *s*) y el acento cae sobre la última sílaba, se escriben sin acento ortográfico: *cerrar, dental.*

Actividad H

Guillermo tiene una cita con una amiga y está preparándose rápidamente. Está un poco nervioso y no quiere llegar tarde, pero su hermana no para de molestarlo. Completa el diálogo entre los dos hermanos usando los pronombres de objeto directo que faltan. Cuando el pronombre se une al infinitivo, subraya la palabra.

GUILLERMO: ¡Marisol! ¿Dónde está el champú?

MARISOL: Yo __lo__ vi ahí, en el baño. ¿Qué te pasa? ¿Estás nervioso?

GUILLERMO: No. Es que tengo prisa, y estoy buscando las cosas para poder bañarme, pero no __las__ encuentro. ¿Ves? Tampoco encuentro la toalla.

MARISOL: ¿No __la__ ves? Está ahí. ¿Necesitas el secador?

GUILLERMO: Sí, y tampoco __lo__ veo por aquí. ¿Puedes buscar __lo__ ? Necesito el gel también.

MARISOL: Ahora mismo __los__ traigo. Y también te traigo la pasta dental.

GUILLERMO: ¿Qué? ¡No me digas que también __la__ tienes tú!

MARISOL: Ya, mira: la pasta dental, el gel y el secador. ¿Dónde pongo todo esto?

GUILLERMO: Puedes dejar __lo__ ahí mismo. Gracias. Y ahora a ver si termino de arreglarme que tengo una cita con unos amigos.

MARISOL: ¡Ja! ¿Con unos amigos? Será con Rebeca. Que yo __la__ vi ayer contigo. __Los__ vi a ustedes dos todos románticos.

GUILLERMO: ¡Ya calla, por favor!

Gramática

El pretérito de verbos irregulares: *ir* y *ser* (página 140)

En el pretérito, las formas de *ser* son las mismas que las formas de *ir*. Usamos el contexto para clarificar el significado.

El cantante Jon Secada **fue** a vivir a Miami, Florida, en 1970.

(yo)	**fui**	(nosotros) (nosotras)	**fuimos**
(tú)	**fuiste**	(vosotros) (vosotras)	**fuisteis**
Ud. (él) (ella)	**fue**	Uds. (ellos) (ellas)	**fueron**

- Fíjate que ninguna de estas formas irregulares del pretérito tiene acento.

Gramática

Verbos irregulares en el pretérito: *hacer, tener, estar, poder* (página 142)

En el pretérito, las formas de *tener, estar* y *poder* siguen un patrón similar a las del verbo *hacer.* Al igual que ocurre con *hacer*, estos verbos no llevan acentos escritos en el pretérito.

(yo)	**hice** **tuve** **estuve** **pude**	(nosotros) (nosotras)	**hicimos** **tuvimos** **estuvimos** **pudimos**
(tú)	**hiciste** **tuviste** **estuviste** **pudiste**	(vosotros) (vosotras)	**hicisteis** **tuvisteis** **estuvisteis** **pudisteis**
Ud. (él) (ella)	**hizo** **tuvo** **estuvo** **pudo**	Uds. (ellos) (ellas)	**hicieron** **tuvieron** **estuvieron** **pudieron**

¿Recuerdas?
El verbo *dar* también es irregular en pretérito: *di, diste, dio, dimos, disteis, dieron.*

Gramática interactiva
Compara
Compara la ortografía de cada verbo. ¿Cuál de los verbos tiene una variación en la ortografía? hacer
Subraya la forma que varía.

Actividad I

Completa la carta de Laura a su amigo Carlos con el pretérito de los verbos indicados.

Querido Carlos:

El semestre pasado tuve *(tener)* mucho que hacer, por eso no pude *(poder)* ir a verte. Pero como recordarás el invierno pasado fui *(ir)* a visitarte muchas veces. También fueron *(ir)* Manuel y María. ¿Te acuerdas de que nosotros fuimos *(ir)* a pasear juntos? (Nosotros) estuvimos *(estar)* de un lado para otro, incluso pudimos *(poder)* visitar el mercado al aire libre, ¿recuerdas? Todos hicimos *(hacer)* esfuerzos para encontrar la mejor ganga. Seguro que también recuerdas que hizo *(hacer)* frío y que las chicas tuvieron *(tener)* que abrigarse mucho. Este año me gustaría volver a ir al mercado. ¿Qué opinas? Escríbeme.

Un abrazo de tu amiga Laura.

Actividad J

Tu mamá dio una fiesta el lunes pasado para todos tus amigos, pero nadie pudo ir. Explícale a tu mamá lo que tuvieron que hacer tus amigos ese día para que sepa por qué no fueron a la fiesta. **Las respuestas variarán.**

Modelo *Roberto y Susana no fueron a la fiesta porque tuvieron un examen el martes.*

1. Manolo ____
2. Silvana y Carla ____
3. Alberto ____
4. Mis hermanos ____

Actividad K

¿Qué hiciste la última vez que fuiste a una boda o a un evento especial? Escribe un párrafo corto para contarlo. Incluye en tu párrafo lo siguiente. **Las respuestas variarán.**

- Lo que te pusiste, incluyendo ropa y zapatos, joyas, etc., y no olvides mencionar de qué estaba hecha cada cosa (de lana, de cuero, de algodón, etc.)
- Cómo fuiste hasta el lugar del evento, si usaste transporte público, si manejaste tú, si fuiste con tu familia o amigos...
- Qué pasó durante la celebración, qué hiciste allí, con quién hablaste, con quién bailaste, si te divertiste, etc.
- Concluye tu párrafo explicando qué fue lo que más te gustó.

Capítulo 3A Nombre ______ Fecha ______

Lectura cultural (página 144)

En el *Fondo cultural* que aparece en la página 144 de tu libro de texto has leído sobre algunos barrios famosos de ciudades de España, como el Barrio de Santa Cruz en Sevilla, España, que fue un barrio judío.

Hoy en día la diversidad de la cultura y la población de España reflejan la influencia de muchos pueblos de diferentes orígenes étnicos que vivieron allí a lo largo de miles de años.

Actividad L

Piensa en tu propia ciudad y en las culturas y grupos étnicos que forman parte de ella y que influyeron en su pasado. Usa la tabla para organizar tus ideas. Después, escribe en una hoja de papel una pequeña reseña explicando qué crees que es lo más importante que aportó cada cultura o cada grupo étnico y por qué piensas esto. Comparte tu reseña con el resto de la clase.

Grupo	Aportación
Las respuestas variarán.	

Ampliación del lenguaje

¿Sabes qué origen tienen las palabras *algodón* y *alcalde*? Puedes averiguarlo con un diccionario, pero primero, lee la siguiente entrada de *almohada*.

almohada s.f. 1 Pieza de tela rellena de un material blando y mullido, que sirve para apoyar la cabeza, esp. en la cama. *La camarera puso dos almohadas en la cabecera de la cama.* *ETIMOL. Del árabe *al-mujadda* (el lugar en que se apoya la mejilla).

Actividad M

Busca en un diccionario el origen de *algodón* y *alcalde* y explícalo aquí.

Algodón **viene del árabe "alquṭún".**

Alcalde **viene del árabe "alqáḍi".**

Capítulo 3A Nombre ______ Fecha ______

Conexiones La literatura (página 141)

En tu libro de texto leíste unos versos de amor del poeta chileno Pablo Neruda. Otro de los grandes poetas que escribió sobre el amor fue el español Gustavo Adolfo Bécquer (1836–1870). Otros sentimientos presentes en su obra son la esperanza, el dolor, el placer y el desengaño. Lee la Rima XXIII que trata sobre este tema. Responde en tu cuaderno.

Por una mirada, un mundo,
por una sonrisa, un cielo,
por un beso..., yo no sé
que te diera por un beso.

Actividad N

1. ¿En qué se parece o se diferencia el tema de estos versos del tema de los versos de Neruda? ¿Crees que en el caso de Bécquer el poeta está con su amor?
2. ¿Qué crees que el autor trató de transmitir? **Las respuestas variarán.**

Actividad Ñ

El español en la comunidad

(página 137)

La salud y el idioma están fuertemente relacionados. Además de que es importante entender la información que contiene un medicamento, es imprescindible que el médico y su paciente puedan comunicarse de forma clara. En los Estados Unidos, cada vez más hospitales y centros de salud cuentan con el servicio de intérpretes para ayudar a personas que tienen dificultades para hablar inglés. En los centros en los que este servicio no existe, muchos pacientes tienen que recurrir a un familiar o amigo para que les ayude a comunicarse con médicos y enfermeros.

1. ¿Cuáles crees que son las cualidades más importantes para ser intérprete en un hospital? Explica tu respuesta.
2. ¿En qué otra(s) situación(es) es imprescindible comunicarse fluidamente? Menciona uno o dos casos y explica tu elección.

Las respuestas variarán.

¡Adelante! (páginas 146–147)

Lectura 1

Lee el artículo sobre "Ciudades Hermanas Internacionales". Si hay alguna palabra que no recuerdas, consulta las glosas del artículo en las páginas 118 y 119 de tu libro de texto.

Estrategia

Identificar detalles de apoyo
Con frecuencia un párrafo consiste en una idea principal y, a continuación, detalles que amplían o explican la idea.

Lectura interactiva

Identifica detalles de apoyo
En el segundo párrafo, la idea principal es el proceso para unirse al programa. Subraya las palabras clave (tres verbos) del proceso.

En el tercer párrafo, la idea principal es la cooperación económica y profesional entre las ciudades. Subraya dos hechos específicos que apoyan la idea.

Ciudades Hermanas Internacionales

El programa de "Ciudades Hermanas Internacionales" fue creado por el presidente de los Estados Unidos, Dwight D. Eisenhower, en el año 1956. La misión de este programa es promover el intercambio y la cooperación entre los habitantes de ciudades en diferentes países. Hoy en día, más de 1,200 ciudades en los Estados Unidos tienen una ciudad hermana en casi 137 países. A través de la cooperación económica, cultural y educativa, el programa de Ciudades Hermanas construye puentes entre las personas y ayuda a la comprensión entre diferentes culturas.

Cualquier ciudad en los Estados Unidos puede tener una ciudad hermana. Primero es necesario encontrar otra ciudad extranjera. Esta ciudad puede tener alguna relación con la ciudad estadounidense, como tener el mismo nombre o celebrar un mismo festival. Para tener una relación oficial, hay que llenar un formulario en la comisión del programa para las Ciudades Hermanas. La organización tiene que aprobar la petición.

Entre otras cosas, el programa de Ciudades Hermanas ayuda a establecer una cooperación económica entre los países. Por ejemplo, varios productos de Toledo, España, se venden en la tienda La Salle en Toledo, Ohio. Las ciudades de Atlanta, Georgia, y de Salcedo, República Dominicana, también exploran varias posibilidades para intercambiar productos. El intercambio profesional y técnico es importante, como descubrieron los bomberos y policías de la ciudad de Phoenix, Arizona, cuando tomaron clases de español en Sonora, México.

Actividad O

Responde a las preguntas a continuación.

1. ¿Cuál es la misión de Ciudades Hermanas Internacionales?

   Respuesta posible: La misión es promover el intercambio y la cooperación entre los habitantes de ciudades en diferentes países.

2. Además de tener el mismo nombre y celebrar un mismo festival, ¿qué otras cosas pueden motivar a dos ciudades a cooperar en el programa de Ciudades Hermanas Internacionales?

   Respuestas posibles: ser del mismo tamaño, tener el mismo clima, enfrentar los mismos problemas del medio ambiente.

3. ¿Cómo piensas que se beneficiaron los bomberos y policías de Phoenix, Arizona, cuando tomaron clases de español en Sonora, México?

   Respuesta posible: Los bomberos y policías aprendieron a hablar español y a entender la cultura mexicana.

Actividad P

Piensa en ciudades o pueblos hispanohablantes que conozcas. ¿Qué ciudad crees que puede ser una ciudad hermana de la ciudad en que vives? ¿Por qué? Escribe un párrafo corto para explicar qué cosas tienen en común las dos ciudades y cómo se pueden beneficiar ambas de esta relación.

Las respuestas variarán.

Lectura 2

Haz la actividad interactiva de la derecha antes de leer la lectura.

Estrategia

Anticipar el contenido Una manera de anticipar el contenido es leer la primera oración o frase de un párrafo y predecir la información que contiene.

Lectura interactiva

Anticipa el contenido
Subraya la primera oración de los primeros tres párrafos. Apunta lo que piensas que va a tratar cada párrafo.

Respuestas posibles: el origen de la relación, lo que tienen en común, otras ciudades hermanas de Toledo, Ohio

La primera frase de los últimos tres párrafos nos dice el tema de cada párrafo. Subráyalas.

Toledo y Toledo

La ciudad de Toledo en Ohio, tiene como hermana a la ciudad de Toledo en España. El hermanamiento entre la ciudad estadounidense de Toledo y la ciudad española del mismo nombre comenzó en el año 1931.

El primer punto en común que tienen estas dos ciudades es, evidentemente, el nombre. Pero también hay lazos históricos. Por ejemplo, en algunas iglesias antiguas de Toledo, Ohio, se pueden ver influencias españolas. En la década de 1980, se organizó una gran exposición de obras de El Greco en el Museo de Toledo de Ohio. El Greco fue un gran pintor español. Su verdadero nombre era Domenikos Theotokopoulos; El Greco era un apodo, o sobrenombre, que hacía referencia a su origen griego. En 1577 El Greco llegó a España y se instaló en la villa de Toledo. Allí vivió hasta su muerte, en 1614.

Toledo, Ohio, tiene otras ciudades hermanas además de la ciudad española. En 1992, varios líderes comunitarios de la región de Ohio fundaron TSCI (Toledo Sister Cities International) un proyecto de intercambio cultural, económico y educativo para el desarrollo y la cooperación entre la ciudad de Toledo (Ohio) y sus ciudades hermanas.

En la cultura, TSCI promueve visitas de grupos musicales y folklóricos entre las ciudades hermanas.

En la economía, la asociación fomenta las importaciones y exportaciones entre las ciudades hermanas.

En la educación, TSCI creó la Joven Academia Internacional, para jóvenes de 14 a 17 años. Cada verano, la Academia recibe a estudiantes de las ciudades hermanas, para que conozcan algo de la cultura y la lengua de la otra ciudad.

Actividad Q

Responde a las preguntas siguientes usando oraciones completas.

1. ¿Cuándo comenzó el hermanamiento de la ciudad de Toledo en Ohio y la ciudad de Toledo en España?

   Comenzó en 1931.

2. ¿Cuál es el nombre de un programa de TSCI dedicado a los jóvenes?

   El nombre es Joven Academia Internacional.

3. ¿Cómo crees que se benefician los jóvenes estadounidenses que visitan Toledo, España, y los que jóvenes españoles que visitan Toledo, Ohio?

   Las respuestas variarán.

4. ¿Quién fue El Greco? ¿Por qué se le conocía con ese nombre? ¿Qué conexión tiene con Toledo, Ohio?

   Fue un gran pintor, su origen era griego, por eso se conoce como El Greco.

   Sus obras se mostraron en Toledo, Ohio.

Actividad R

Imagina que tu ciudad o comunidad es una ciudad hermana de Toledo, España y quiere enviar un grupo de artistas (cantantes, músicos, pintores, actores, bailarines) a España para representar el talento de tu ciudad o comunidad. Recomienda por lo menos tres grupos.

Modelo *Recomiendo el coro de Johnson High porque cantan bien y siempre ganan premios en concursos de coros.*

Las respuestas variarán.

Capítulo 3A Nombre ______ Fecha ______

Actividad S

La cultura en vivo (página 148)

¿Qué es lo primero que piensas cuando oyes o lees la palabra *mercado*? ¿Qué objetos esperas encontrar en un mercado? Ya sabes que en muchos pueblos y ciudades hispanohablantes los mercados al aire libre son una tradición. Lee el texto siguiente para saber más sobre uno de estos mercados. Luego, responde en tu cuaderno a las preguntas a continuación.

El Rastro de Madrid, España

En Madrid, todos los domingos por la mañana, en el centro de la capital, se organiza un mercado al aire libre que tiene más de mil puestos. Los comerciantes madrugan para instalar sus puestos. Sobre las 9:30 empiezan a llegar los primeros compradores y curiosos. Para quiénes no les gustan las multitudes, ésta es una buena hora para empezar una visita al Rastro. Alrededor de mediodía, ya son miles las personas que recorren este mercado. Algunos van en busca de objetos únicos, muchos buscan alguna ganga, mientras que otros van allí simplemente para pasear o a encontrarse con amigos.

El Rastro se extiende por varias calles alrededor de la Ribera de Curtidores. En cada zona del Rastro se encuentran mercancías diferentes: En la calle Ribera de Curtidores hay artesanía, jeans y ropa nueva hecha a mano. En la calle Rodas puedes encontrar muebles y antigüedades. En la calle Carlos Arniches se pueden comprar discos, ropa de segunda mano y objetos raros. En otros lugares encontrarás herramientas, telas, pieles, revistas y artesanía de diferentes países. También se pueden ver músicos tocando en la calle.

El Rastro funciona hasta las 2:30 o 3:00 de la tarde. Si a esa hora, o antes, tienes hambre, puedes comer en uno de los muchos restaurantes que hay alrededor del Rastro.

1. ¿Qué tipo de objetos se pueden encontrar en este mercado?
   artesanía, ropa nueva y usada, muebles, antigüedades, herramientas, telas y revistas
2. Basándote en la información del texto, ¿qué tipo de personas crees que acude a este mercado? ¿Por qué?
   Todo tipo de persona acude al mercado porque hay todo tipo de mercancía a la venta.
3. Explica si te gustaría visitar este mercado y por qué. **Las respuestas variarán.**
4. Piensa en los mercados que hay cerca de donde tu vives y escribe un párrafo sobre uno de ellos en tu cuaderno. Ten en cuenta los puntos siguientes. **Las respuestas variarán.**
   - Tipo de mercado
   - Cosas que se venden allí (productos agrícolas, objetos usados y otras cosas)
   - Habla sobre una visita a ese mercado. ¿Compraste algo?, ¿Cómo son los precios? ¿Se puede regatear?
   - Describe el ambiente (gente, música —si la había—).
   - ¿Qué es lo que más te gusta de este tipo de mercados? ¿Y lo que menos te gusta?

Capítulo 3A Nombre ______ Fecha ______

Presentación oral (página 149)

Tarea

Vas a visitar a tu mejor amigo(a) en México por una semana, durante las vacaciones de verano. Tu amigo(a) vive en Mérida, México, donde el clima es muy caliente y húmedo durante el verano. Tu amigo(a) ya te ha contado algunos de sus planes: visitar las ruinas mayas cercanas, pasar algún tiempo con amigos e ir dos días a las playa de Cancún. ¿Estás preparado(a) para ir? Explica lo que has hecho para preparar el viaje.

Preparándose para un viaje

1. **Preparación**
   Haz una lista de diez objetos que necesites para la semana de vacaciones en México. Piensa en objetos que realmente necesites para que no lleves tantas cosas. ¿Tienes esos objetos en la casa? ¿Necesitas comprarlos? ¿Adónde tienes que ir a comprarlos? ¿Crees que será mejor comprarlos antes de salir o comprarlos en México? ¿Por qué? Usa una tabla para organizar tus ideas.

Estrategia
Usar tablas Crea una tabla para ayudarte a pensar acerca de la información clave sobre la que quieres hablar. Esto te ayudará a hablar de una manera más eficaz.

Cosas que necesito	¿Ya lo / la compré?	¿Dónde?
sombrero para el sol	sí, lo compré	el almacén

2. **Práctica**
   Ensaya tu presentación varias veces. Puedes usar tus notas mientras practicas, pero no cuando hagas la presentación en público. Asegúrate de:
   - hablar de todo lo que hiciste para prepararte para el viaje.
   - usar oraciones completas.
   - hablar con claridad.

   Modelo *Para visitar a mi amigo en Mérida necesito un sombrero para el sol, pasta dental y un cepillo de dientes. No tuve que comprar la pasta dental ni el cepillo. Tengo que comprar un sombrero para el sol, pero voy a comprarlo en México porque quiero comprar algo típico de allí. También tuve que ir al banco para cobrar un cheque que mi mamá me dio.*

3. **Presentación**
   Habla acerca de tu preparación para el viaje. Si quieres, puedes traer algunos de los objetos que llevarás para mostrar algunos de tus preparativos.
4. **Evaluación**
   Quizá tu profesor(a) te dé los criterios de cómo va a ser evaluada tu presentación. Probablemente, tu presentación será evaluada teniendo en cuenta:
   - lo completa que es tu presentación.
   - la forma como has relatado la información sobre las cosas que necesitas para el viaje.
   - lo fácil que resulta entenderte.

Capítulo 3A Nombre

Repaso del capítulo (página 152)

Repaso del capítulo

Para preparar el examen, revisa si...
- conoces el vocabulario nuevo y la gramática.
- puedes realizar las tareas de la página 109.

Vocabulario y gramática

para hablar acerca de lugares en la comunidad

el banco	bank
el centro	downtown
el consultorio	doctor's/dentist's office
la estación de servicio *pl.* las estaciones de servicio	service station
la farmacia	pharmacy
el supermercado	supermarket

para hablar acerca del correo

el buzón *pl.* los buzones	mailbox
la carta	letter
echar una carta	to mail a letter
el correo	post office
enviar *(i → í)*	to send
el sello	stamp
la tarjeta	card

para hablar acerca de los objetos de una tienda de equipo deportivo

el equipo deportivo	sports equipment
el palo de golf	golf club
los patines	skates
la pelota	ball
la raqueta de tenis	tennis racket

para hablar acerca de los productos de una farmacia

el cepillo de dientes	toothbrush
el champú	shampoo
el jabón	soap
la pasta dental	toothpaste

para poner excusas

se me olvidó	I forgot

para hablar acerca de hacer los mandados

cerrar *(e → ie)*	to close
cobrar un cheque	to cash a check
cuidar a	to take care of
el dentista, la dentista	dentist
devolver *(o → ue)* (un libro)	to return
la gasolina	gasoline
llenar (el tanque)	to fill (the tank)
el médico, la médica	doctor
sacar (un libro)	to take out, to check out (a book)
se abre	opens
se cierra	closes

otras palabras y expresiones útiles

caramba	good gracious
casi	almost
¡Cómo no!	Of course!
en seguida	right away
hasta	until
por	for (how long)
pronto	soon
Hasta pronto.	See you soon.
quedarse	to stay
todavía	still
varios, -as	various, several

el pretérito de *ir (to go)* y *ser (to be)*

fui	fuimos
fuiste	fuisteis
fue	fueron

el pretérito de *tener, estar* y *poder*

tuve estuve pude	tuvimos estuvimos pudimos
tuviste estuviste pudiste	tuvisteis estuvisteis pudisteis
tuvo estuvo pudo	tuvieron estuvieron pudieron

pronombres de objeto directo: *lo, la, los, las*

● **Más práctica**
Practice Workbook Puzzle 3A-8
Practice Workbook Organizer 3A-9

Capítulo 3A Nombre Fecha

Preparación para el examen (página 153)

En el examen vas a...	Éstas son las tareas que te pueden ser útiles para el examen...	Si necesitas repasar...
1 Escuchar Escuchar y entender a unas personas que cuentan a dónde fueron y qué hicieron.	Como encargado del viaje de verano de la escuela a México, el profesor de español oyó muchas excusas de los estudiantes para explicar por qué no volvieron al autobús a tiempo, antes de salir para la próxima parada. Escucha las excusas para determinar a dónde fueron los estudiantes y por qué llegaron tarde.	**págs. 130–133** *A primera vista* **pág. 135** Actividad 6 **pág. 136** Actividad 8 **pág. 143** Actividad 21
2 Hablar Preguntar y responder si se hicieron algunas cosas que se debían hacerse.	Para evitar retrasos en la excursión, la encargada del viaje de verano a la ciudad de México ha preguntado a cada estudiante si se ha preparado desde la noche anterior. Ella quiere que tú la ayudes la próxima vez. ¿Cómo preguntarías a los estudiantes si hicieron las siguientes cosas? (a) cobrar un cheque; (b) comprar sellos; (c) enviar tarjetas a los amigos (d) ir a la farmacia a comprar jabón y pasta dental. Practica las preguntas y respuestas con un(a) compañero(a).	**pág. 134** Actividad 5 **pág. 135** Actividad 7 **pág. 136** Actividad 8 **pág. 143** Actividad 20 **pág. 149** *Presentación oral*
3 Leer Leer y entender lo que dicen unas personas sobre regalos que recibieron en el pasado.	Estás ayudando a tu compañero(a) de clase a leer los resultados de una encuesta que está haciendo para su proyecto de español. La pregunta de la encuesta fue: *¿Cuál es el regalo más loco que recibiste este año?* Mira la primera respuesta. ¿Puedes identificar cuál fue el regalo y por qué la persona pensó que era loco? Recibí un cupón (coupon) para llenar el tanque de mi coche, pero no tengo coche. Tuve que venderlo el año pasado.	**págs. 132–133** *Videohistoria* **págs. 146–147** *Lectura*
4 Escribir Responder por escrito a preguntas sobre cosas que se compraron en el pasado.	Has decidido responder a algunas de las preguntas de la encuesta de tu amigo. ¿Qué respuesta darás a la siguiente pregunta?: *¿Qué hiciste para ganar dinero el verano pasado y qué compraste con el dinero?*	**pág. 137** Actividad 11 **pág. 139** Actividad 14 **pág. 143** Actividad 22
5 Pensar Demostrar un conocimiento de la popularidad de los mercados al aire libre en los países hispanohablantes.	Los vendedores y los compradores disfrutan de los mercados al aire libre, que son muy populares en los países hispanohablantes. ¿Cómo pasan el día en el mercado? ¿Qué pueden comprar y vender?	**pág. 148** *La cultura en vivo*

Go Online Web Code jdd-0308 PHSchool.com

Nombre ______________________ Fecha ______________

A ver si recuerdas... (páginas 156–157)

Uno de los objetivos de este capítulo es aprender expresiones sobre cómo manejar y los buenos hábitos al manejar. Tanto si manejas como si no, debes saber las normas básicas de seguridad que un(a) conductor(a) debe seguir. Piensa en cuáles son las distracciones más comunes al manejar. Luego, piensa en algunos buenos hábitos que pueden ayudar a evitar accidentes. Escríbelos en la columna correspondiente de la siguiente tabla.

Distracciones comunes al manejar	Cómo evitar accidentes al manejar
comer y beber mientras uno maneja	no comer mientras uno maneja
Las respuestas variarán.	Las respuestas variarán.

Fondo cultural (página 156)

Diego Rivera, junto a David Alfaro Siquieros y José Clemente Orozco, es uno de los tres muralistas mexicanos más reconocidos en todo el mundo. En la década de 1930 Rivera visitó en varias ocasiones los Estados Unidos y realizó importantes obras. Una de ellas es el mural que se encuentra en el Instituto de Arte de San Francisco. Esta obra, pintada en 1931, muestra la construcción de una ciudad moderna e industrial.

1. Mira el cuadro de Rivera en la página 156 de tu libro de texto. ¿Qué es para Diego Rivera una ciudad moderna?

   Las respuestas variarán.

2. ¿Qué es para ti una ciudad moderna?

   Las respuestas variarán.

Nombre ______________________ Fecha ______________

Capítulo 3B

¿Cómo se va...?

Objetivos del capítulo

- Dar indicaciones para llegar a un lugar
- Dar instrucciones a un amigo para hacer una tarea
- Hablar sobre manejar y buenos hábitos para manejar
- Entender las perspectivas culturales con respecto a los vecindarios

Conexión geográfica (página 157)

Mira el mapa que aparece abajo y responde a las siguientes preguntas, utilizando los puntos cardinales. Además, puedes usar estas palabras: *noroeste, noreste, suroeste, sureste.*

¿En qué dirección tendrías que viajar para ir de Argentina a México? **noroeste**

¿De Puerto Rico a México? **oeste**

¿De Nueva York a México? **suroeste**

¿De Nueva York a España? **este**

¿De España a Nueva York? **oeste**

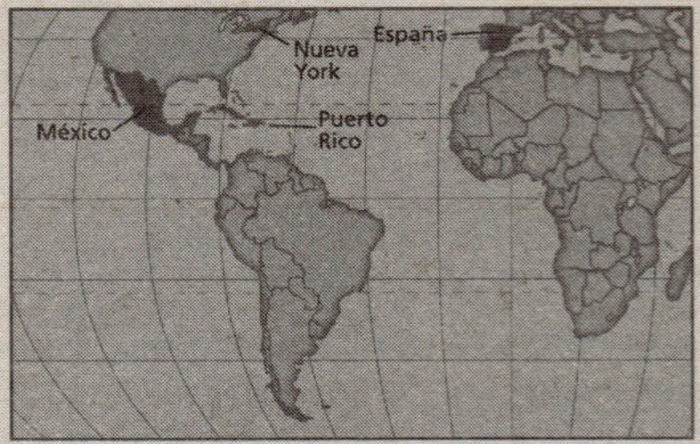

Go Online Web Code jde-0002 PHSchool.com

Capítulo 3B Nombre ____________ Fecha ____________

A primera vista (páginas 158–159)

Actividad A

Piensa en las cosas y personas con que puedes encontrarte en el centro de una ciudad. Responde a las siguientes preguntas usando palabras del vocabulario del capítulo.

1. ¿Cómo se llama una persona que camina por la calle? **peatón**
2. Tengo que ir al otro lado del río. ¿Qué debo buscar? **un puente**
3. ¿En qué lugar se unen dos o más calles? **cruce de calles**
4. Lucía dirige el tráfico. ¿Qué es ella? **policía**
5. Es más ancha que una calle. ¿Qué es? **una avenida**
6. ¿Qué documento necesita un conductor? **permiso de manejar**
7. ¿Qué hará el policía si manejas muy rápido? **poner una multa**
8. Grupo de casas o edificios en un "mismo" terreno y rodeado por calles.
   una cuadra

Actividad B

Repasa las expresiones de esta sección. Después, escribe en tu cuaderno una expresión apropiada para cada una de estas situaciones.

Modelo Antonio, no manejes tan rápido... no pongas la radio... no hables mientras manejas... no me estás haciendo caso... *¡Basta!*

1. Uy, cuánto tráfico, cuidado, un camión viene por la izquierda, uff, casi tenemos un accidente... qué peligro... cuidado que viene otro carro...
   Las respuestas variarán, pero deben usar las expresiones aprendidas en esta sección.
2. Creo que lo mejor es que tomes esa carretera y que gires a la izquierda cuando el semáforo esté en verde...
3. ¿Sabes si ésta es la plaza por donde tenemos que pasar? ¿No tienes ninguna duda? ¿Lo has mirado bien en el mapa?
4. Hay mucha agua en la carretera porque llueve mucho desde ayer. Además, como hizo frío anoche, también hay mucho hielo en las calles...

Capítulo 3B Nombre ____________ Fecha ____________

Videohistoria (páginas 160–161)

Actividad C

Escribe un resumen de la *Videohistoria* usando las siguientes oraciones. Utiliza las palabras y expresiones de la *Videohistoria* para terminar las frases.

1. Teresa y Claudia deciden ir al Bazar San Ángel **en metro**.
2. Ramón y Manolo van **a pie**. Paran para **sacar dinero** en un cajero automático.
3. Manolo **dice** que el bazar está **a veinte minutos de su casa**.
4. El camino es **complicado**, y Ramón y Manolo **se pierden**.
5. Un señor en el camino **les dice cómo llegar**.
6. Por fin **llegan al Bazar.**

Actividad D

Imagina que la historia no termina allí. Supón que cuando llegan los chicos al Bazar San Ángel no encuentran lo que necesitan. Tienen que decidir entre todos adónde pueden ir, cuál es el mejor medio de transporte para llegar al otro lugar y cuál es el mejor camino. Usa las siguientes tres frases como guía.

1. CLAUDIA: ¡Qué lástima! La ropa que tienen aquí es muy cara.
   Las respuestas variarán.
2. TERESA: Podemos ir al almacén Hermanos Rojas. Tienen ropa bonita a precios baratos.
   Las respuestas variarán.
3. RAMÓN: ¡Vamos en el metro! Es más rápido.
   Las respuestas variarán.

Capítulo 3B Nombre ______ Fecha ______

Manos a la obra (páginas 162–165)

Actividad E

Tú te has ofrecido voluntario(a) para dar una clase sobre el tráfico a un grupo de niños de tu barrio. Has decidido preparar unas adivinanzas para ellos. Aquí tienes las palabras que deben aprender los niños. Inventa una definición fácil para cada una. Después, dile las definiciones a tu compañero(a) para ver si acierta.

Modelo **el semáforo**
Definición: Luz que da permiso y niega permiso para pasar.

1. **el camión**
   Definición: **Vehículo grande que transporta mucha carga.**
2. **el peatón**
   Definición: **Persona que camina por las aceras y cruza las calles.**
3. **el cruce**
   Definición: **Lugar donde se cruzan dos (o más) calles.**
4. **el metro**
   Definición: **Tren que va rápido debajo de la ciudad.**
5. **la señal de parada**
   Definición: **Da un mandato de parar.**

Actividad F

Estás en el centro de una ciudad. Es la hora del almuerzo y hay mucha gente y mucho tráfico en la calle. Piensa en situaciones que pueden producirse y escribe en tu cuaderno seis frases sobre lo que ves y lo que ocurre. Incluye las palabras que se indican y otras.

Respuestas posibles:

1. tráfico / avenida / ancha **Hay mucho tráfico en la ancha Avenida Juárez.**
2. peatón / cruzar / peligrosa **Un peatón trata de cruzar la avenida peligrosa.**
3. camión / doblar / enfrente / peatón **Un camión dobla de repente enfrente del peatón.**
4. policía / poner una multa / conductor / camión **Un policía lo ve y le pone una multa al conductor del camión.**
5. conductor / seguir / despacio **Después el conductor sigue en camino pero maneja despacio.**
6. peatón / cruzar / tranquilamente **El peatón ya puede cruzar tranquilamente.**

Capítulo 3B Nombre ______ Fecha ______

Actividad G

Aunque el centro de una ciudad y el centro de un pueblo más pequeño tienen cosas en común, también tienen muchas diferencias. Escribe por lo menos cuatro diferencias en la tabla siguiente, usando las palabras del vocabulario cuando sea posible y añadiendo palabras nuevas relacionadas con el tema. Fíjate en el ejemplo.

Ciudad	Pueblo
mucho tráfico	poco tráfico
Las respuestas variarán.	**Las respuestas variarán.**

También se dice...

la señal de parada = la señal de alto *(Argentina, Venezuela, México)*, la señal de stop *(España, Chile)*
el permiso de manejar = la licencia de manejar *(México y Venezuela)*, el carnet de conducir *(España)*
la cuadra = la calle *(España)*
doblar = dar vuelta *(México)*, girar *(España)*, virar *(Puerto Rico)*
manejar = conducir *(España)*

Actividad H

Tu amigo(a) va a venir a visitarte, pero no sabe cómo llegar hasta tu casa. Mira el mapa y escríbele una nota para decirle lo que tiene que hacer. Usa las formas impersonales para explicarle por dónde ir. Sigue el modelo.

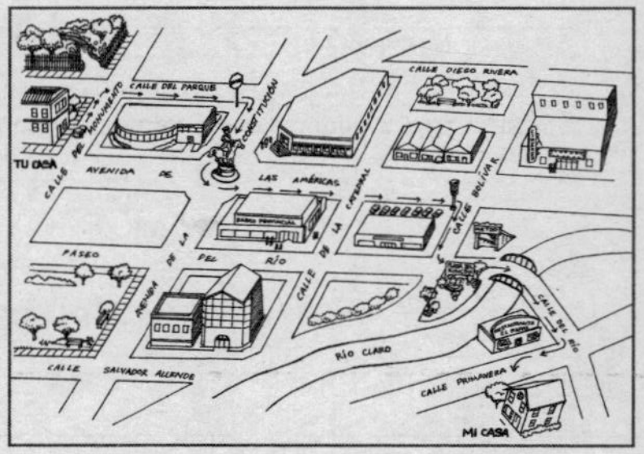

Modelo *Al salir de tu casa, hay que doblar a la izquierda...*

Las respuestas variarán.

Gramática • Repaso (página 166)

Pronombres de objeto directo: *me, te, nos*

Ya sabes que los pronombres de objeto directo reemplazan a los nombres que funcionan como objeto directo. Los pronombres de objeto directo *lo, la, los* y *las* pueden hacer referencia tanto a personas como a cosas. Los pronombres *me, te, nos* y *os* hacen referencia sólo a personas. Éstos son todos los pronombres de objeto directo.

Singular	Plural
(me)	(nos)
(te)	(os)
lo la	los las

Recuerda que el sujeto y la terminación del verbo indican quién hace la acción, y el pronombre de objeto directo indica quién recibe la acción.

¿**Me** ayudas, por favor?

Los pronombres de objeto directo, por lo general, van inmediatamente antes del verbo conjugado. Cuando el verbo conjugado va seguido de otro verbo en infinitivo, el pronombre de objeto directo puede ir delante del verbo conjugado o unido al infinitivo.

¡No **te** entiendo!

Quieren llevar**nos** al centro.

Gramática interactiva

Analiza
Haz un círculo alrededor de los pronombres que sólo se pueden referir a personas. Luego, subraya los pronombres que pueden referirse tanto a personas como a cosas.

Escribe el último ejemplo de otra manera.
Nos quieren llevar al centro.

Actividad I

Cambia las siguientes oraciones sustituyendo el pronombre de objeto directo al nombre.

Modelo El señor llenó *el tanque de gasolina.* El señor lo llenó.

1. No compré aquellos guantes. **No los compré.**
2. El conductor obedece la señal de parada. **El conductor la obedece.**
3. No conozco esa ciudad. **No la conozco.**
4. Los ladrones robaron el Banco Nacional. **Los ladrones lo robaron.**
5. ¡Perdí mi permiso de manejar! **¡Lo perdí!**
6. La Avenida Juárez cruza la Avenida Allende. **La Avenida Juárez la cruza.**

Actividad J

Lee las siguientes oraciones y piensa cómo las puedes decir de otra manera.

Modelo *¿Me* puedes indicar bien el camino? *¿Puedes indicarme bien el camino?*

1. Quizás *te* debo escribir cómo llegar hasta la plaza.
   Quizás debo escribirte cómo llegar hasta la plaza.
2. ¿No *nos* va a indicar por dónde pasan los peatones?
   ¿No va a indicarnos por dónde pasan los peatones?
3. No *les* voy a decir más veces que respeten las señales de parada.
   No voy a decirles más veces que respeten las señales de parada.
4. Quizás María *te* puede ayudar a encontrar un camino con menos tráfico.
   Quizás María puede ayudarte a encontrar un camino con menos tráfico.
5. *Nos* queremos preparar para sacar el permiso de manejar.
   Queremos prepararnos para sacar el permiso de manejar.

Actividad K

Ayer Lupe y su hermana fueron al centro de la ciudad con su tía. Completa la narración de Lupe escribiendo los pronombres de objeto directo que faltan. Si el pronombre va unido al infinitivo, subraya la palabra entera.

La tía Amelia llamó por teléfono para preguntar **nos** a mi hermana y a mí si queríamos acompañar **la**. Mi hermana enseguida dijo que sí; tú **la** conoces, le encanta salir. Bueno, yo también quería ir. Mi tía dijo que iba a pasar a buscar **nos** en una hora. Yo tenía el pelo horrible y no sabía qué hacer, afortunadamente mi hermana **me** ayudó a peinarme; y yo **la** ayudé a maquillarse. Enseguida llegó la tía con la prima Inés. Yo **la** vi desde la ventana y le dije a mi hermana: "¡Date prisa!"

Gramática (página 168)

Mandatos afirmativos irregulares con *tú*

Algunos verbos tienen mandatos afirmativos irregulares con *tú*. Para formar muchos de estos mandatos, se toma la forma del presente de *yo* y se le quita la terminación *-go*.

infinitivo	yo	mandato
poner	pongo	pon
tener	tengo	ten
decir	digo	di
salir	salgo	sal
venir	vengo	ven

—¿Qué puedo hacer hoy?

—**Haz** la tarea.

infinitivo	yo	mandato
componer	compongo	compón
sostener	sostengo	sostén
prevenir	prevengo	prevén

Los verbos *hacer, ser* e *ir* tienen formas irregulares para los mandatos con *tú*. Es necesario memorizarlas.

hacer	haz
ser	sé
ir	ve

Gramática interactiva

Analiza
En cada forma de *yo* de la primera tabla, haz un círculo alrededor de la parte que se convierte en mandato.

Encuentra formas
Usa la información de la tabla para deducir la forma yo y el mandato de los verbos de la segunda tabla. ¡Ojo, que no todos siguen el patrón!

Ampliación del lenguaje

Pronombres
Si se usa un pronombre de objeto directo con el mandato afirmativo, el pronombre se une al mandato; si ese mandato tiene dos o más sílabas, se necesita añadir un acento gráfico sobre la vocal que lleva el acento de intensidad.

Josefina, ¡**hazlo** ahora mismo!

Martín, **ayúdame**.

Actividad L

Mario está aprendiendo a manejar y tiene un amigo que le da consejos. Escribe los mandatos apropiados. Luego escribe en tu cuaderno otros dos mandatos. **Las respuestas variarán.**

1. __Sal__ *(salir)* temprano para que haya menos tráfico.
2. __Ven__ *(venir)* directamente por la Avenida Maipú.
3. __Ten__ *(tener)* cuidado cuando cruzas una calle sin semáforos.
4. __Ve__ *(ir)* despacio, no te apures.

Gramática (página 171)

El presente progresivo: formas irregulares

Algunos verbos tienen formas irregulares en el gerundio. Para formar el gerundio de los verbos en *-ir* con cambios en el radical, la *e* del infinitivo cambia a *i*, y la *o* cambia a *u*:

decir: **diciendo**
pedir: **pidiendo**
repetir: **repitiendo**
seguir: **siguiendo**
servir: **sirviendo**
vestir: **vistiendo**
dormir: **durmiendo**

En los siguientes verbos en *-er*, la *i* de *-iendo* cambia a *y*.

creer: **creyendo**
leer: **leyendo**
traer: **trayendo**

caer __cayendo__
leer __leyendo__
poseer __poseyendo__
proveer __proveyendo__

Cuando uses pronombres con el presente progresivo, puedes ponerlos antes de la forma conjugada de *estar* o añadirlos a la forma presente.

Fíjate que al añadir un pronombre a la forma del presente, es necesario agregar una tilde.

—¿Están Uds. esperando el autobús?
—Sí, **lo** estamos esperando.
o: Sí, estamos esperánd**olo**.

Gramática interactiva

Identifica el radical
Subraya el radical de cada gerundio de la parte superior de la caja.

Busca formas
Subraya la y en el gerundio de *creer, leer* y *traer*.

Escribe en la tabla el gerundio de los verbos con las líneas en blanco.

¿Recuerdas?

Para decir que una acción está pasando en este mismo momento, se usa el presente progresivo. Para formar el presente progresivo, se usa el presente de *estar* + gerundio (*-ando* o *-iendo*).

doblar → **doblando**
• Ella **está doblando** a la izquierda.

aprender → aprend**iendo**
• **Estamos aprendiendo** a manejar.

escribir → escrib**iendo**
• **Están escribiendo** una carta.

Actividad M

Observa este cuadro de Diego Rivera en la página 156 de tu libro de texto. Escribe seis frases en tu cuaderno para decir qué están haciendo algunas de las personas que ves en el cuadro. **Las respuestas variarán.**

Capítulo 3B Nombre Fecha

Lectura cultural (página 169)

Como ya sabes, el metro de la Ciudad de México es uno de los más grandes del mundo. Este medio de transporte une los puntos principales de la ciudad con los barrios de los alrededores y es rápido y económico. ¿Pero sabías que fue el primer metro en el mundo en usar un sistema de colores y pictogramas para identificar las líneas y las estaciones? Cada línea se distingue por con un color diferente, y cada estación tiene su propio pictograma que las representa. Muchos de estos pictogramas son símbolos aztecas.

Actividad N

En tu cuaderno, responde a las siguientes preguntas, teniendo en cuenta lo que acabas de leer. **Las respuestas variarán.**

1. ¿Alguna vez has ido a un lugar que usa un sistema de colores y/o pictogramas para identificar sus secciones, funciones o rutas? ¿Cómo era ese sistema?
2. ¿Alguna vez has tomado el metro? Describe tu experiencia. Si nunca has viajado en metro, ¿te gustaría hacerlo? ¿Por qué?

Actividad Ñ

¿Qué otros medios de transporte se usan para ir de un lugar a otro en las grandes ciudades? ¿Cuál te parece el más eficaz? Explica tu respuesta.

Las respuestas variarán.

Actividad O

En tu ciudad o comunidad, ¿dónde hace falta una estación de tren o de metro, o una parada de autobús? Escoge un sitio y explica por qué debe haber una estación o parada allí.

Modelo *Hace falta una parada de autobús en la Calle Mayor, enfrente de nuestra escuela. Los estudiantes tienen que caminar cinco cuadras y cruzar una avenida peligrosa para llegar a la escuela desde la parada más cercana.*

Las respuestas variarán.

Capítulo 3B Nombre Fecha

Conexiones El arte (página 173)

FRIDA KAHLO sufrió un grave accidente de tráfico cuando era una jovencita de sólo 16 años. Durante su convalecencia comenzó a pintar. Muchos de sus cuadros están basados en su propia experiencia y sentimientos. La mayor parte de su vida transcurrió con grandes padecimientos físicos debido a las lesiones que sufrió en el accidente y de las que nunca llegó a recuperarse.

Frida fue un modelo de tenacidad y dedicación al arte. A pesar de todos sus problemas físicos, ella continuó siempre pintando. Frida expuso su obra por primera vez en Nueva York, en 1938; al año siguiente expuso en París, pero no fue hasta 1953 cuando expuso en la Galería de Arte Contemporáneo de la Ciudad de México.

Actividad P

Examina el cuadro *El camión* en la página 173 de tu libro de texto. Compáralo con el cuadro de Diego Rivera (esposo de Frida Kahlo) en la página 156 de tu libro. Escribe cinco oraciones.

Modelo *En el cuadro de Rivera, la gente está trabajando mientras que la gente en el cuadro de Kahlo está viajando en autobús.*

Las respuestas variarán.

El español en el mundo del trabajo (página 173)

Hoy en día la población hispana en Estados Unidos tiene mucho poder adquisitivo. Los comerciantes tratan de atraer a este sector de la población poniendo en los escaparates carteles como "Se habla español" y contratando personal bilingüe.

Actividad Q

¿Qué tipos de negocios o servicios para la comunidad hay en tu ciudad en los que se hable español? ¿En cuáles hace falta servicio en español? Describe ambos casos en un párrafo breve.

Las respuestas variarán.

Capítulo 3B Nombre ______ Fecha ______

¡Adelante! (páginas 174–175)

Lectura 1

Estrategia

Obtener pistas por el contexto
En esta lectura puedes encontrar algunas palabras que quizá no conozcas. Usa el contexto como una ayuda para averiguar su significado.

Actividad R

Lee los siguientes consejos para manejar. Si hay alguna palabra que no recuerdas, consulta las glosas del artículo en las páginas 174 y 175 de tu libro de texto.

Lectura interactiva

Obtén pistas por el contexto
Subraya las palabras *colisiones, retrovisor y laterales.* Ahora lee las oraciones en las que aparecen esas palabras. ¿Qué palabras o frases cercanas aclaran su significado? Enciérralas en un círculo.

¿Qué es manejar a la defensiva?

Manejar a la defensiva quiere decir practicar buenos hábitos para no tener colisiones u otra clase de accidentes. También consiste en tener cuidado de todos los peligros. Se debe tener cuidado de:

- acciones peligrosas de otros conductores
- conductores que manejan muy rápido sin cuidado o sin luces por la noche
- malas condiciones del tiempo
- malas condiciones de la carretera

Distracciones al manejar

Un buen conductor siempre maneja con atención y se concentra en la carretera, sin pensar en otras cosas que pueden ser distracciones. Algunas distracciones comunes son:

- pensar en problemas personales
- leer algo en el coche o en la calle
- escuchar la radio
- conversar con los amigos
- hablar por teléfono celular

Éstas son las reglas para estar atento:

- Cuando el vehículo se está moviendo, los ojos siempre deben estar en movimiento, pasando por los instrumentos, los espejos y especialmente la carretera.
- En la ciudad se debe mirar 100 metros adelante, y en la carretera, 300 metros adelante.
- Es necesario tener buena visibilidad de los coches que vienen detrás y a los lados. Para hacerlo, deben usarse el espejo retrovisor y los espejos laterales.

Capítulo 3B Nombre ______ Fecha ______

Actividad S

Responde a las preguntas a continuación.

1. ¿Cón qué se debe tener cuidado cuando se maneja?

   Respuestas posibles: acciones peligrosas de otros conductores; manejar muy rápido, sin cuidado o sin luces de noche; manejar en malas condiciones del tiempo; malas condiciones en la carretera.

2. ¿Por qué no se debe pensar en problemas personales mientras uno maneja?

   Porque pueden ser una distracción.

3. ¿Por qué crees que se debe mirar más lejos en la carretera que en la ciudad?

   Respuesta posible: Porque uno maneja a una velocidad más alta en una carretera.

Actividad T

¿Cómo definirías con tus propias palabras la expresión "manejar a la defensiva"?

Respuesta posible: manejar para defenderse de los descuidos de los otros conductores.

Actividad U

En general, ¿cómo crees que manejan los conductores en tu comunidad? ¿Crees que sería una buena idea tomar un curso de manejo a la defensiva o crees que no es necesario? Responde en un párrafo corto.

Las respuestas variarán.

Capítulo 3B Nombre ______ Fecha ______

Lectura 2

Actividad V

La lectura siguiente es sobre la seguridad de los peatones. Lee la actividad interactiva de al lado.

Estrategia

Usar conocimientos previos Al leer sobre un tema que ya conoces, no te detengas en las palabras nuevas. El significado puede aclararse por el contexto. Usa como ayuda los conocimientos que ya tienes sobre el tema.

Lectura interactiva

Usa conocimientos previos
Mientras leas la lectura, subraya las palabras que no conoces y sigue leyendo.

Verifica tu lectura
Cuando termines, vuelve a las palabras que subrayaste y busca pistas en el contexto que te ayuden a comprenderlas. Encierra en un círculo las que comprendiste con la ayuda del contexto.

Peatones y seguridad vial

Algunas normas importantes para los peatones son:

Al caminar por la calle

- Siempre se debe caminar por las aceras y por la derecha.
- No molestar a los demás peatones, ni correr ni jugar en las aceras.
- No caminar junto al borde de la acera; es peligroso.
- Prestar mucha atención al pasar por delante de un garaje, un taller o cualquier otro lugar de donde puedan salir vehículos, ya que nos pueden sorprender.

Al cruzar la calle

- Se debe ayudar a cruzar la calle a quienes lo necesiten (niños, ciegos, personas minus válidas).
- Al cruzar una calle con doble sentido de circulación se debe mirar primero a la izquierda y luego a la derecha, y luego otra vez a la izquierda. En las calles de un sólo sentido de circulación, se debe mirar primero hacia el lado por el que vienen los vehículos.
- Al cruzar, nunca deben hacerse movimientos extraños que puedan confundir a los conductores.
- Se debe cruzar rápidamente pero sin correr.
- Siempre se debe cruzar por los pasos de peatones. Estos pasos están señalizados con unas líneas anchas transversales de color blanco.
- En los cruces de calles con semáforo, no se debe cruzar hasta que todos los vehículos se hayan detenido. Deben respetarse siempre las indicaciones de los semáforos, aunque no se acerque ningún vehículo.
- En los cruces de calles con guardias de tráfico, las indicaciones de éstos prevalecen sobre cualquier otras.

Al caminar por una calle sin acera

- En las calles que no tienen acera, siempre se debe caminar por la izquierda. Eso hace que se vean los vehículos que vienen de frente, así es más fácil evitar el peligro.

Capítulo 3B Nombre ______ Fecha ______

Actividad W

Di una cosa que debes hacer en cada situación.

1. al caminar por la calle **Las respuestas variarán.**
2. al cruzar la calle **Las respuestas variarán.**
3. al caminar por una calle sin acera **Las respuestas variarán.**

Actividad X

Contesta y explica las siguientes preguntas.

1. ¿Crees que se puede pasar entre dos coches estacionados? ¿Por qué?
   No se debe pasar entre dos coches estacionados porque pueden arrancar.
2. ¿Te parece aconsejable cruzar la calle corriendo cuando llueve para no mojarte? ¿Por qué?
   No se debe cruzar la calle corriendo cuando llueve porque puedes sorprender a los conductores.
3. ¿Caminas mucho a pie por tu pueblo o ciudad? ¿Te consideras un buen peatón? ¿Por qué?
   Las respuestas variarán.

Capítulo 3B Nombre ______ Fecha ______

Perspectivas del mundo hispano (página 176)

Al igual que el barrio, la plaza es fundamental en los países hispanohablantes. Lee el texto siguiente para saber más sobre las plazas en estos países. Luego responde a las preguntas.

Las plazas

Una plaza es un lugar despejado en medio de un pueblo o ciudad. Las plazas sirven de punto de encuentro para los vecinos. Los elementos que casi siempre podemos ver en una plaza son: bancos, árboles y jardines. La mayoría de las plazas tienen adornos como fuentes, estanques y estatuas artísticas o de personajes ilustres del pueblo o la nación. Muchas también tienen un área de juegos para los niños.

Por las tardes, los vecinos se reúnen en la plaza para conversar. Mientras los niños juegan, los padres y los abuelos conversan, otros leen, algunos abuelos juegan partidas de cartas o dominó y algunas abuelas tejen.

En las plazas, muchas veces se encuentran algunos de los edificios más importantes del pueblo o la ciudad. En las ciudades hay varias plazas, y cada una suele estar ubicada delante de algún edificio público importante, como puede ser el ayuntamiento o el juzgado.

En casi todos los pueblos el edificio más importante de la plaza es la iglesia. Debido a la tradición católica, hasta hace poco, la iglesia era el centro de la vida social del pueblo.

Las plazas son también el lugar donde se celebran las fiestas del pueblo.

Además de la función social, las plazas tienen una función económica; en ellas se celebran mercados y ferias.

1. ¿Qué podemos encontrar en una plaza típica de un pueblo hispanohablante?

   Respuestas posibles: En una plaza podemos encontrar bancos, fuentes, árboles, jardines, estatuas y diferentes edificios.

2. ¿Qué eventos tienen lugar en las plazas de los pueblos?

   En las plazas de los pueblos se celebran fiestas, ferias y mercados.

3. ¿Hay alguna plaza en tu comunidad? ¿Para qué se usa? ¿Qué lugar es el centro de tu comunidad? ¿Por qué es importante?

   Las respuestas variarán pero deben incluir la información de que las plazas de los Estados Unidos no se prestan a tantas actividades como las de los países hispanohablantes.

4. En general, ¿cuáles son las mayores diferencias entre las plazas de países hispanohablantes y lugares similares de los Estados Unidos? ¿Cuáles te parecen más interesantes? ¿Por qué? Escribe un párrafo en tu cuaderno para responder a estas preguntas. **Las respuestas variarán.**

Capítulo 3B Nombre ______ Fecha ______

Presentación escrita (página 177)

Tarea

Tú y muchos de tus compañeros de clase han recibido recientemente —o muy pronto recibirán— sus permisos de manejar. Haz un cartel para exponerlo en la sala de clases que les recuerde a todos los hábitos para manejar con seguridad y las señales especiales de tránsito que necesitan reconocer.

Maneja con cuidado

1. **Antes de escribir**
   Escribe qué debes conocer acerca de manejar en tu estado. Las respuestas a las siguientes preguntas te ayudarán a organizar tu información.
   - ¿Qué señales son importantes y qué información dan? ¿Qué forma tienen (cuadrados, rectángulos, triángulos, círculos, octágonos o diamantes)? ¿De qué color son? Dibújalas.
   - ¿Cuáles son algunas de las zonas especiales en tu comunidad? ¿Cuál es la velocidad máxima en estas zonas?
   - ¿Cómo maneja un(a) buen(a) conductor(a)? ¿Qué debes recordar cuando manejas un coche?
   - ¿Qué cosas debes tener en cuenta al manejar por zonas urbanas? ¿Y al manejar por carreteras y autopistas?

Estrategia
Usar ilustraciones Las fotografías, el diseño y los colores ayudan a captar lo más importante de la información.

2. **Borrador**
   Lee con atención tus respuestas a las preguntas del paso 1. Decide qué información quieres resaltar en tu cartel. Usa esta información para elaborar un primer borrador de tu cartel.

3. **Revisión**
   Repasa la información que incluiste en tu primer borrador. ¿Crees que está ordenada de manera clara y lógica? Revisa la ortografía, las formas verbales y las concordancias. Muéstrale tu cartel a un(a) compañero(a), para que revise lo siguiente:
   - ¿El cartel presenta información importante y precisa?
   - ¿La presentación visual es clara y fácil de entender?
   - ¿Hay algo que tú debas añadir, cambiar o corregir?

4. **Publicación**
   Prepara una copia final de tu cartel. Haz los cambios o adiciones necesarios. Añade diseños o ilustraciones para hacerlo atractivo y agradable a la vista. Exhibe tu cartel en la sala de clases, en la biblioteca de la escuela o añádelo a tu portafolios.

5. **Evaluación**
   Quizá tu profesor(a) te dé los criterios de cómo va a ser evaluada tu presentación. Probablemente, tu presentación será evaluada teniendo en cuenta:
   - lo completa que es la información y lo organizada que está.
   - lo claros y atractivos que son los materiales visuales.
   - lo fácil que es entender la información que presentas.

Capítulo 3B Nombre

Repaso del capítulo (página 180)

Vocabulario y gramática

Repaso del capítulo

Para preparar el examen, revisa si...
- conoces el vocabulario nuevo y la gramática.
- puedes realizar las tareas de la página 129.

para hablar acerca de manejar

la avenida	avenue
el camión *pl.* **los camiones**	truck
la carretera	highway
el conductor, la conductora	driver
el cruce de calles	intersection
la cuadra	block
la esquina	corner
la estatua	statue
la fuente	fountain
el peatón *pl.* **los peatones**	pedestrian
el permiso de manejar	driver's license
la plaza	plaza
el policía, la policía	police officer
poner una multa	to give a ticket
el puente	bridge
el semáforo	stoplight
la señal de parada	stop sign
el tráfico	traffic

para dar y recibir opiniones sobre cómo manejar

ancho, -a	wide
¡Basta!	Enough!
De acuerdo.	OK. Agreed.
Déjame en paz.	Leave me alone.
despacio	slowly
esperar	to wait
estar seguro, -a	to be sure
estrecho, -a	narrow
Me estás poniendo nervioso, -a.	You are making me nervous.
peligroso, -a	dangerous
quitar	to take away, to remove
tener cuidado	to be careful
ya	already

para pedir y dar indicaciones

aproximadamente	approximately
¿Cómo se va...?	How do you go to...?
complicado, -a	complicated
cruzar	to cross
derecho	straight
desde	from, since
doblar	to turn
en medio de	in the middle of
hasta	as far as, up to
manejar	to drive
el metro	subway
parar	to stop
pasar	to pass, to go
por	for, by, around, along, through
quedar	to be located
seguir *(e → i)*	to follow, to continue
tener prisa	to be in a hurry

el presente progresivo: formas irregulares

decir:	**diciendo**	**vestir:**	**vistiendo**
pedir:	**pidiendo**	**dormir:**	**durmiendo**
repetir:	**repitiendo**	**creer:**	**creyendo**
seguir:	**siguiendo**	**leer:**	**leyendo**
servir:	**sirviendo**	**traer:**	**trayendo**

mandatos afirmativos irregulares con tú

hacer:	**haz**
ir:	**ve**
ser:	**sé**

pronombres de objeto directo

Singular		Plural	
me	me	**nos**	us
te	you (fam.)	**os**	you (fam.)
lo, la	him, her, it, you	**los, las**	them, you

● Más práctica

Practice Workbook Puzzle 3B-8
Practice Workbook Organizer 3B-9

Capítulo 3B

Preparación para el examen (página 181)

En el examen vas a...	Éstas son las tareas que te pueden ser útiles para el examen...	Si necesitas repasar...
1 Escuchar Escuchar y entender consejos para manejar.	El papá de Gabriel le está enseñando a manejar. Escucha las advertencias que le da a Gabriel sobre lo que debe hacer. (a) ¿Crees que ellos están manejando en una carretera o en la ciudad? (b) Da por lo menos dos razones para explicar tu respuesta a la pregunta anterior.	**págs. 158–159** *A primera vista* **pág. 163** Actividades 7–8
2 Hablar Explicar a alguien la forma de llegar a un lugar cercano desde la escuela.	Te has ofrecido para acompañar a un(a) estudiante de Costa Rica que desea conocer los lugares cercanos a tu escuela. ¿Puedes explicarle cómo llegar a diferentes lugares? Practica cómo dar indicaciones con tu compañero(a). Puedes empezar diciendo: Sal de la escuela y toma la Calle ______.	**págs. 158–159** *A primera vista* **pág. 165** Actividad 10 **pág. 169** Actividad 17 **pág. 173** Actividad 22
3 Leer Leer y entender consejos para establecer buenos hábitos al manejar.	Da una ojeada a algunas reglas para manejar de un sitio Web de México. 1. Ve muy despacio en una zona escolar. 2. Sigue detrás de otro coche aproximadamente el largo (length) de dos coches. 3. Entra con precaución a un cruce de calles con un semáforo amarillo. ¿Cuál de las cosas siguientes no se mencionó?: (a) manejar pasando un semáforo en rojo; (b) manejar en una zona escolar; (c) manejar con precaución ante un semáforo en amarillo	**págs. 158–159** *A primera vista* **pág. 168** Actividad 16 **págs. 174–175** *Lectura*
4 Escribir Escribir sobre las cosas que pueden suceder mientras se maneja y que pueden hacer que un(a) conductor(a) se ponga nervioso(a).	De vez en cuando todos nos ponemos nerviosos por algo. ¿Qué te ha hecho ponerte nervioso(a) hoy? Escribe en tu diario por lo menos dos anotaciones. Puedes empezar escribiendo: ______ me está poniendo nervioso(a) porque siempre está ______ ...	**pág. 162** Actividad 5 **pág. 163** Actividad 8 **págs. 174–175** *Lectura*
5 Pensar Demostrar una comprensión de la importancia del barrio en las comunidades hispanohablantes.	Tu amigo(a) va a ir a la ciudad de México este verano para estudiar español y allí va a vivir con una familia mexicana. ¿Qué le puedes contar a tu amigo(a) de los barrios en los países hispanohablantes? ¿Qué diferencias puede encontrar tu amigo(a) respecto al barrio donde vive ahora? ¿Qué cosas serán similares?	**pág. 176** *Perspectivas del mundo hispano*

Go Online PHSchool.com Web Code jdd-0318

Nombre ______________________ Fecha ______________

A ver si recuerdas... (páginas 184–185)

Seguramente jugabas con juguetes cuando eras niño(a). Lee la lista de abajo, añade otros juguetes y marca los que tenías. Después encierra en un círculo tu juguete favorito.

____	muñeca o muñeco	____	triciclo
____	oso de peluche	____	carritos
____	Las respuestas variarán.	____	____
____	____	____	____
____	____	____	____

Fondo cultural (página 184)

Pablo Picasso En 1943 este artista pintó un cuadro en el que representó a una mujer ayudando a una niña que está aprendiendo a caminar. En la obra, llama la atención que pintó a la niña muy grande en comparación al tamaño de la mujer que la está sosteniendo. Tal vez el pintor quiso representar que los padres cuidan de sus hijos durante mucho más tiempo que los primeros años.

1. ¿En qué año pintó Pablo Picasso *Primeros pasos*?

   Lo pintó en 1943.

2. En el cuadro la mamá ayuda a la niña a caminar. ¿A qué te ayudaban tus padres cuando eras niño(a)?

   Las respuestas variarán.

Nombre ______________________ Fecha ______________

Capítulo 4A

Cuando éramos niños

Objetivos del capítulo

- Hablar sobre juguetes y juegos de la infancia
- Describir cómo eras de niño(a)
- Hablar sobre las actividades que hacías de niño(a)
- Hablar sobre a quién o para quién se hace algo
- Entender las perspectivas culturales con respecto a las canciones infantiles

Conexión geográfica (página 185)

Examina los mapas de las páginas xvi a xxix del libro del estudiante y marca los países que comparten una frontera.

1. __X__ Estados Unidos y México
2. ____ México y El Salvador
3. __X__ Chile y Perú
4. ____ Bolivia y Colombia
5. __X__ Colombia y Venezuela
6. __X__ Panamá y Costa Rica
7. ____ Guatemala y Nicaragua

Go Online Web Code jde-0002 PHSchool.com

Capítulo 4A Nombre ____ Fecha ____

A primera vista (páginas 186–187)

Actividad A

Piensa un momento en cómo era tu vida hace unos años, cuando tú eras niño(a). ¿Cuál de las siguientes opciones te gustaba más? Súbrayala. Enseguida, escribe otras cuatro cosas que te gustaba hacer de pequeño(a), usando el infinitivo.

1. Saltar a la cuerda
2. Jugar a las muñecas
3. Montar en bicicleta
4. Jugar con bloques

Las respuestas variarán.

Actividad B

Tu hermano mayor está recordando cómo eran de pequeños los niños de la familia. Reacciona a los comentarios de tu hermano usando adjetivos adecuados para cada niño o niña. Usa los adjetivos del vocabulario y otros que conozcas.

1. Mónica siempre molestaba a todo el mundo. Sí, ella era **traviesa**.
2. Eduardo siempre compartía sus cosas. Sí, él era **generoso**.
3. Ricardo y Lucho nunca hablaban con los vecinos. Sí, ellos eran **tímidos**.
4. Yo no hacía lo que me decía mi mamá. Sí, tú eras **desobediente**.

Actividad C

Clasifica el vocabulario del capítulo y si sabes otra(s) palabra(s), anótalas. Fíjate en los modelos de las dos primeras secciones.

Juguetes
muñeca
triciclo
muñeco(a)
cuerda
tren eléctrico
dinosaurio
oso de peluche
bloques
tortuga
peces

Adjetivos para personas
travieso
generoso(a)
bien educado(a)
consentido(a)
desobediente
tímido(a)
obediente

Lugares
guardería infantil
patio de recreo

Acciones (verbos en infinitivo)
jugar
coleccionar
pelearse
saltar
molestar
permitir
ofrecer
obedecer
mentir
portarse bien/mal

Capítulo 4A Nombre ____ Fecha ____

Videohistoria (páginas 188–189)

Actividad D

Responde a estas preguntas sobre la *Videohistoria*.

1. ¿Quiénes son los personajes de este episodio? ¿Qué están haciendo?
   Los personajes son Elena, Ana, Ignacio y la mamá de Ana. Los tres chicos están haciendo árboles genealógicos para una clase.
2. ¿Cómo reaccionan los jóvenes cuando la mamá de Ana les propone ver el video?
   Respuestas posibles: Ignacio y Elena estuvieron de acuerdo, entusiasmados y contentos. Ana no quería ver el video.
3. Escribe las partes que faltan en este resumen de la *Videohistoria* usando el siguiente vocabulario:

coleccionaba	podían	desobediente	tímida
mentía	de vez en cuando	portarse	era
bien	consentida	obediente	bien educado

1. Ignacio le preguntó a Ana si ella era **desobediente** cuando era niña. Ella le respondió que era **obediente** y muy **tímida**.
2. La mamá les dijo a los amigos de su hija que Ana obedecía **de vez en cuando**.
3. Elena dijo que Ana tenía que **portarse** muy **bien** mientras veían el video de cuando era pequeña.
4. La mamá de Ana dijo que su hija siempre llegaba a tiempo. En broma, Ignacio dijo que ahora llegaba tarde a clase. Enojada, Ana le dijo a Ignacio que él **mentía**, que no decía la verdad.
5. Ana dijo que su oso de peluche **era** su juguete favorito.
6. Ana dijo que también **coleccionaba** animales de peluche.
7. Ignacio dijo que Ana era muy **consentida** por tener tantos juguetes. También dijo que él era muy **bien educado**.
8. Ana dijo que no **podían** seguir viendo el video.

Capítulo 4A Nombre ______ Fecha ______

Manos a la obra (páginas 190–193)

Actividad E

Lee la descripción de cada uno de estos niños y después escribe la palabra de vocabulario que mejor defina a ese niño.

Modelo Sergio siempre se esconde cuando lo busca su mamá. Le gusta jugar y sorprender a sus padres haciendo travesuras.

Es muy travieso.

1. Carlitos siempre se pone a llorar cuando no puede hacer lo que quiere. Sus padres lo miman mucho.
   Es muy consentido.
2. Susanita siempre se pone roja cuando le hablan los chicos. Nunca habla con nadie más que con su mamá y su papá.
   Es muy tímida.
3. Luis siempre tiene los mejores juguetes y le encanta compartirlos con todos.
   Es muy generoso.
4. María siempre se porta bien, esté donde esté. Además, siempre se acuerda de dar las gracias a todo el mundo antes de irse.
   Es muy obediente.
5. Jorge no se porta tan bien como María. Nunca hace lo que le dicen los mayores.
   Es muy desobediente.

Actividad F

Vas a trabajar en el refugio de animales de tu comunidad. ¿Qué consejos les darías a los niños que adoptan un animal? Piensa en cuatro ideas y escribe una frase para cada una en tu cuaderno. Puedes usar las palabras de la lista como ayuda.

permitir	portarse bien	molestar
por lo general	de vez en cuando	obedecer

Modelo agua fresca

Debes darles agua fresca con la comida.

Las respuestas variarán.

Capítulo 4A Nombre ______ Fecha ______

Actividad G

Imagina que vas a trabajar en un campamento de verano. Te han pedido que hagas un plan de tres días de actividades para los niños de seis a siete años. Las actividades pueden incluir las siguientes:

caminar	jugar al béisbol	jugar en los columpios	nadar
saltar a la cuerda	cantar y bailar	patinar	correr

Las respuestas variarán.

Horario	Lunes, miércoles y viernes	Martes, jueves y sábados
8:00 a.m.	Desayuno	Desayuno
9:00 a.m.		
10:00 a.m.		
11:00 a.m.		
12:00 a.m.	Almuerzo	Almuerzo

También tienes que escribir tres reglas para el grupo que te van a asignar.

Modelo *Los niños deben ser generosos con sus compañeros.*
Los niños que jugaron con bloques deben regresarlos a su lugar.

1. Regla sobre la conducta de los niños: Las respuestas variarán.
2. Regla sobre los juguetes: ______
3. Regla sobre los juegos en el patio: ______

Ampliación del lenguaje

Homófonos: la letra *h*

Los homófonos son palabras que suenan igual, pero se escriben de diferente manera. Por ejemplo: **hola** (saludo) y **ola** (onda en el mar).

¿Podrías decir a qué se refiere cada una de estas palabras? Si no recuerdas su significado, usa un diccionario.

habría del verbo *haber*	honda que tiene profundidad	hecho del verbo *hacer*
abría del verbo *abrir*	onda curva en material flexible	echo del verbo *echar*

Capítulo 4A Nombre ____________ Fecha ____________

Gramática

Imperfecto: verbos regulares (página 194)

El imperfecto se usa para hablar de acciones que sucedieron repetidamente en el pasado.

Rafael **patinaba** y Mónica **corría.**

Estas son las formas del imperfecto de los verbos regulares terminados en *-ar*, *-er* e *-ir*. Fíjate en que el verbo *jugar* en la forma *nosotros* lleva un acento gráfico:

(yo)	**jugaba**	(nosotros) (nosotras)	**jugábamos**
(tú)	**jugabas**	(vosotros) (vosotras)	**jugabais**
Ud. (él) (ella)	**jugaba**	Uds. (ellos) (ellas)	**jugaban**

Fíjate en que los verbos terminados en *-er* e *-ir*, como *hacer* y *vivir* tienen las mismas terminaciones:

(yo)	**hacía** **vivía**	(nosotros) (nosotras)	**hacíamos** **vivíamos**
(tú)	**hacías** **vivías**	(vosotros) (vosotras)	**hacíais** **vivíais**
Ud. (él) (ella)	**hacía** **vivía**	Uds. (ellos) (ellas)	**hacían** **vivían**

Fíjate en el acento gráfico en cada terminación.

- Se puede omitir el sujeto de un verbo porque el sujeto queda claro por la terminación del verbo.

Vivo en Chicago. (El sujeto, *yo*, está implícito en la terminación del verbo.)

Como las formas *yo* y *Ud. / él / ella* son las mismas en el imperfecto de los verbos en *-ar*, *-er* e *-ir*, se usan los pronombres de sujeto para dar mayor claridad.

Patricia **tenía** un triciclo rojo pero **yo tenía** uno azul.

- Expresiones como *generalmente, por lo general, a menudo, a veces, muchas veces, de vez en cuando, todos los días* y *nunca* pueden indicar que se está usando el imperfecto, ya que estas expresiones implican que algo pasó repetidamente en el pasado.

Gramática interactiva

Identifica formas

- En las dos tablas, subraya los radicales de las formas verbales.
- Ahora encierra en un círculo las vocales que tengan acento gráfico en todas las formas verbales.

¿Recuerdas?

Ya has aprendido a hoblar sobre acciones que terminaron en el pasado usando el pretérito.

- Ayer Rafael **patinó** y Mónica **corrió** en el parque.

Capítulo 4A Nombre ____________ Fecha ____________

Actividad H

Subraya los verbos en el imperfecto en este párrafo que escribió Ana.

Cuando éramos niños, mis hermanos y yo comíamos muchos dulces. Ahora ya no lo hacemos porque es muy malo para la salud. También nos levantábamos temprano para jugar en los columpios antes de ir a la escuela. Yo normalmente me peleaba con mis hermanos todas las mañanas, porque y siempre me hacían esperar para entrar al baño. Mis hermanos mentían mucho y no se portaban muy bien. Yo nunca hacía travesuras. Mis padres nos permitían ver la televisión solamente los fines de semana, pero mi hermano Carlitos siempre miraba la televisión cuando mis padres no estaban en casa. Mi hermano Arturo siempre me ofrecía su triciclo y su tren eléctrico por si quería jugar, e incluso me permitía darle de comer a su mascota, un pez precioso que se llamaba Aletas. Fue una infancia bastante normal y la verdad es que lo pasábamos muy bien.

Actividad I

Escribe oraciones completas usando las expresiones siguientes y utilizando el imperfecto. Comenta las cosas que hacías cuando eras niño(a).

a menudo	de vez en cuando	frecuentemente
cada día	todos los días	siempre

1. Las respuestas variarán.
2. ____________
3. ____________
4. ____________
5. ____________
6. ____________

 Nombre ____________________ Fecha ____________

Gramática

El imperfecto: verbos irregulares (página 196)

En español solamente hay tres verbos irregulares en el imperfecto: *ir, ser* y *ver.* Éstas son sus formas.

(yo)	**iba**	(nosotros) (nosotras)	**íbamos**
(tú)	**ibas**	(vosotros) (vosotras)	**ibais**
Ud. (él) (ella)	**iba**	Uds. (ellos) (ellas)	**iban**

(yo)	**era**	(nosotros) (nosotras)	**éramos**
(tú)	**eras**	(vosotros) (vosotras)	**erais**
Ud. (él) (ella)	**era**	Uds. (ellos) (ellas)	**eran**

- Fíjate en el acento gráfico en la forma de *nosotros* en los verbos *ir* y *ser.*

(yo)	**veía**	(nosotros) (nosotras)	**veíamos**
(tú)	**veías**	(vosotros) (vosotras)	**veíais**
Ud. (él) (ella)	**veía**	Uds. (ellos) (ellas)	**veían**

- Fíjate en el acento gráfico en cada forma del verbo *ver.*

Gramática interactiva

Encuentra
- Encierra en un círculo las vocales con acento gráfico en las formas verbales de las tres tablas.

 Nombre ____________________ Fecha ____________

Actividad J

Aquí tienes un pequeño resumen de qué hicieron en la guardería infantil de tu hermanito el verano pasado. Complétalo usando las formas apropiadas del imperfecto.

"Todos los niños __iban__ *(ir)* de paseo por las mañanas. Después, los más pequeños __pasaban__ *(pasar)* un rato en el patio de recreo o __jugaban__ *(jugar)* con los muñecos y los osos de peluche. Otros niños __hacían__ *(hacer)* travesuras. Cuando la profesora los __veía__ *(ver)*, ella __iba__ *(ir)* a la oficina y __llamaba__ *(llamar)* a los padres de los niños. Ella no __era__ *(ser)* una profesora muy simpática pero todos la __queríamos__ *(querer)* mucho."

Actividad K

¿Cómo pasaban el verano tu familia y tú cuando eras pequeño(a)? Escribe en tu cuaderno las siguientes frases usando el imperfecto de los verbos.

1. yo / ir __Las respuestas variarán.__
2. mi amigo / ser ____________
3. mis primos / ver ____________
4. mi vecino y yo / ir ____________

Gramática • Repaso

Pronombres de objeto indirecto

El objeto indirecto señala a quién o para quién se desarrolla una acción. Los pronombres de objeto indirecto se usan para reemplazar o acompañar un nombre de objeto indirecto.

Nuestros profesores no **nos** permitían beber refrescos en clase.
Sus abuelos siempre **les** daban regalos **a los niños**.

Singular	Plural
me (to / for) me	**nos** (to / for) us
te (to / for) you	**os** (to / for) you *(familiar)*
le (to / for) him, her, you *(formal)*	**les** (to / for) them, you *(formal)*

- Para hacer más claro el significado de *le* o *les,* se usa un nombre o pronombre.
  Lolita siempre **les** decía la verdad a **sus padres**.
  Lolita siempre **les** decía la verdad **a ellos**.
- Los pronombres de objeto indirecto se ubican antes del verbo o se añaden al infinitivo.
  Siempre **le** quería comprar dulces a su hija.
  Siempre quería comprar**le** dulces a su hija.

Lectura cultural (página 191)

Las mascotas Generalmente en los países hispanohablantes el papel de las mascotas es más que sólo ser "otro miembro de la familia". Por ejemplo, un perro protege la casa en la ciudad o ayuda en el campo. Por lo general, los conejillos de Indias o los ratoncitos no son mascotas comunes.

En los Estados Unidos hay muchos programas de entrenamiento para "mascotas que trabajan". Todo el mundo sabe que los perros vigilan las casas y que los gatos cazan ratoncitos. Sin embargo, los perros también guían a los ciegos y pueden recoger artículos de las casa. Los monos y otros animales ayudan a los minusválidos. Los monos pueden recoger y entregarles revistas, ropa, comida y otras cosas a sus amos.

Actividad L

Piensa en las mascotas que conoces y responde a las siguientes preguntas.

1. ¿En qué se parecen las mascotas del campo y de la ciudad en el lugar en donde vives? ¿En qué se diferencian?

   Respuesta posible: Las mascotas del campo y de la ciudad se parecen en que a los dos grupos se les quiere mucho y protegen el hogar. Se diferencian en que en la ciudad las mascotas son casi siempre más pequeñas y tienen menos espacio para correr, por lo que a veces engordan más.

2. Imagina que has tenido un accidente y no puedes caminar. Tienes un mono guía para ayudarte. ¿Qué puede hacer por ti?

   Las respuestas variarán.

3. Menciona uno o dos animales que te gustaría tener como mascota y explica el porqué de tu selección.

   Las respuestas variarán.

Conexiones — Las ciencias (página 197)

Actividad M

Dos conceptos muy importantes en esta sección sobre Isaac Newton son la gravedad y la velocidad. La gravedad es la fuerza de atracción que ejerce el centro de nuestro planeta sobre todo lo que está sobre la Tierra y aún sobre lo que gira a su alrededor, como los satélites. Nuestro peso es uno de los efectos de la gravedad.

Por otra parte, la velocidad es una forma de medir qué tan rápido se mueve algo. Así, la velocidad de un auto en las carreteras se mide tomando en cuenta la distancia que recorre (sesenta millas, por ejemplo) y el tiempo (una hora) que le toma recorrer esa distancia.

1. ¿Qué significa una velocidad de cuarenta millas por hora en un automóvil?

   Respuesta posible: Significa que el carro recorrerá una distancia de cuarenta millas en un tiempo de una hora. Ésa es su velocidad.

2. ¿Cuál(es) de las siguientes actividades son divertidas por la velocidad y/o la acción de la gravedad? Subráyala(s):

   1. montarse en la montaña rusa
   2. leer una historieta cómica
   3. patinar en una calle inclinada
   4. jugar al baloncesto
   5. escuchar la música de un disco compacto
   6. subir a la rueda de la fortuna
   7. hablar por teléfono con un amigo(a)
   8. ver una película en el cine
   9. saltar a la cuerda
   10. saltar en un paracaídas

El español en la comunidad (página 201)

Lee esta sección sobre las guarderías. Usa un verbo en imperfecto para escribir en tu cuaderno cómo eran las guarderías cuando eras pequeño(a).

Actividad N

1. Las visitas al doctor: Las respuestas variarán.
2. Las vacaciones de verano:
3. Las visitas a la biblioteca:
4. Las fiestas con familiares o amigos:

Capítulo 4A Nombre ____ Fecha ____

¡Adelante! (páginas 202–203)

Lectura 1

Antes de leer la fábula, haz la primera actividad del margen.

Estrategia

Usar conocimientos previos
Cuando leemos un texto, narrativo o informativo, usamos lo que ya sabemos para comprender lo que estamos leyendo. Piensa en las fábulas que leíste cuando eras niño(a). ¿Qué pasa cuando dos animales se encuentran? ¿Qué enseñanza o moraleja te dejaron?

Lectura interactiva

Usa conocimientos previos

- Escribe qué crees que puede pasar en este encuentro entre un grillo y un jaguar.

Las respuestas variarán.

- Cuando termines la lectura, comprueba si tu predicción fue acertada.

Reflexiona

- Escribe la moraleja de esta fábula.

Más vale ser listo que ser veloz.

El grillo y el jaguar

Un día el jaguar salió de su casa rugiendo. El jaguar se sorprendió cuando no vio a nadie, pero oyó la canción de un grillo.

—¿Quién canta esa canción tan fea? —se preguntó el jaguar.

Cuando el jaguar vio al grillo, le rugió: —¡Qué mal educado eres, grillo! ¿Por qué no me saludas?

—¡Ay, don Jaguar! Lo siento. ¿Me perdona?

—Sólo si eres obediente —le contestó el jaguar.

—¿Y qué tengo que hacer, don Jaguar?

—Vamos a hacer una carrera hasta aquella roca enorme que está por donde empiezan las montañas. Si llegas primero, te perdono todo y puedes seguir cantando, pero si llego primero yo, te prohíbo cantar.

El grillo no contestó inmediatamente, pero por fin dijo:

—Bien. ¿Cuándo corremos?

—¡Ahora mismo! —respondió el jaguar.

Al oír "ahora mismo" el grillo saltó a la cola del jaguar y muy despacito iba saltando hasta llegar a su cabeza. Así llegaron los dos a la roca enorme. Pero en ese momento (y antes de que el jaguar lo viera), el grillo saltó de la cabeza del jaguar a la roca y dijo:

—¡Hola, don Jaguar! Estaba esperándolo.

El jaguar no sabía qué decir, pero perdonó al grillo, y el grillo empezó a cantar otra vez.

Capítulo 4A Nombre ____ Fecha ____

Ampliación del lenguaje

Las fábulas

Las fábulas son relatos cortos en los que los personajes son animales con cualidades o defectos humanos. Todas las culturas tienen sus fábulas y su origen es muy antiguo. Por lo general, la estructura de una fábula incluye: una introducción en la que se presenta un problema; una segunda parte en la que hay un intento de solucionar el problema; el resultado de ese intento, y por último, una moraleja o enseñanza que se puede deducir del relato.

Actividad Ñ

En una historia, el (la) escritor(a) puede describir los rasgos de la personalidad de los personajes usando adjetivos y explicaciones. ¿Qué puedes deducir de la lectura de esta fábula?

1. ¿Cómo era el carácter del jaguar? Escribe una descripción corta usando al menos dos verbos en imperfecto y cuatro adjetivos que te parezcan adecuados.

   Respuesta posible: El jaguar tenía un carácter muy fuerte, porque era el rey de los animales. También era dominante, presumido y rápido al correr.

2. ¿Cómo era el carácter del grillo? Escribe una descripción corta usando al menos dos verbos en imperfecto y cuatro adjetivos que te parezcan adecuados.

   Respuesta posible: El grillo tenía un carácter muy alegre. También era inteligente, astuto y más rápido que el jaguar.

3. Los personajes de las fábulas suelen ser animales que representan los defectos y las cualidades de los seres humanos. ¿Qué defecto(s) o cualidad(es) crees que representaban cada personaje?

   Respuesta posible: El jaguar representaba el defecto del orgullo, pero tuvo la cualidad de perdonar. El grillo representaba la cualidad de la inteligencia, pero también hizo creer al jaguar que había llegado primero, por lo cual mintió.

Lectura 2

Actividad O

A continuación tienes una fábula de Esopo. Léela una primera vez para enterarte de la historia, y otra vez más para captar todos los detalles para completar las actividades del margen.

Estrategia

Identificar las partes de una fábula Cuando lees un texto buscando información específica puedes necesitar leerlo más de una vez. Primero debes leer para captar la idea de conjunto y luego volver a leer para captar detalles adicionales o ideas que en la primera lectura no pudiste apreciar bien.

Lectura interactiva

Identifica las partes de una fábula

- Vuelve a leer la explicación sobre las fábulas de la página 143.
- En esta fábula, el problema y el intento de solucionarlo están en el primer párrafo. Subraya el problema.
- Antes del diálogo entre el león y la zorra, ¿qué frases nos dan una pista de que la zorra no se va a dejar engañar? Haz un rectángulo alrededor de la frase.

La zorra y el león anciano

Un anciano león, incapaz ya de obtener por su propia fuerza la comida, decidió hacerlo usando la astucia. Para ello se dirigió a una cueva y se tendió en el suelo, gimiendo y fingiendo que estaba enfermo. De este modo, cuando los otros animales pasaban para visitarlo, los atrapaba inmediatamente para su comida.

Habían llegado y perecido ya bastantes animales, cuando la zorra, adivinando cuál era su plan, se presentó también, y deteniéndose a prudente distancia de la caverna, preguntó al león cómo le iba con su salud.

—Mal —contestó el león, invitándole amablemente a entrar.

—Claro que hubiera entrado —le dijo la zorra— si no viera que todas las huellas entran, pero no hay ninguna que salga.

Moraleja: Siempre advierte a tiempo los indicios del peligro, y así evitarás que te dañe.

Ampliación del lenguaje

Esopo

Uno de los más grandes escritores de fábulas de todos los tiempos fue Esopo, un escritor griego que vivió en el siglo VI a. de C. Muchos lo consideran como el creador de este género literario. Recuerda que un género es una clase de obras escritas que tienen las mismas características. Por ejemplo: género informativo (noticia, reportaje), lírico (poesía), narrativo (cuento, novela, fantasía).

Actividad P

Recuerda todo lo que has aprendido sobre las fábulas en las páginas 142 a 144 y responde a las siguientes preguntas.

1. ¿Qué estructura tiene una fábula?
   La estructura de una fábula comprende una introducción en que se presenta un problema; un intento de solucionar el problema; el resultado de ese intento, y la moraleja.
2. ¿Cuál es el objetivo de una fábula?
   El objetivo es dejar una enseñanza.
3. ¿Quién fue Esopo?
   Esopo fue un escritor griego del siglo VI a. de C. Muchos lo consideran el creador del género de la fábula.

Actividad Q

Ahora, escribe tu propia fábula en tu cuaderno. Trata de seguir estas recomendaciones y sigue los pasos que se presentan a continuación:

- Usa verbos en imperfecto.
- Fíjate que la historia sea breve.
- No olvides que las acciones de los protagonistas deben apoyar la moraleja final.

1. Escribe el tema central de tu fábula, que se relacione con la moraleja. (Puedes incluir algunos detalles, como el lugar donde se desarrolla).

   Modelo del tema central *Con paciencia se resuelven las dificultades.*
2. ¿Quiénes son tus personajes?
   Las respuestas variarán.
3. ¿Donde y cuándo ocurre la fábula?
   Las respuestas variarán.

La cultura en vivo (página 204)

Lee esta otra canción. Al cantarla, los niños se toman de las manos y forman una cadena que tapa el camino o la calle. Los otros niños que en ese momento van a pasar por el camino no pueden hacerlo y tienen que salir del camino o esperar a que algunos de los niños de la cadena suelten sus manos y así pueden pasar por el espacio que queda entre ellos.

A tapar la calle

A tapar la calle,
que no pase nadie.
Que pase mi abuelo
comiendo buñuelos.
Que pase mi abuela
comiendo ciruelas.
Que pase mi tía
comiendo sandía.
Que pase mi hermana
comiendo manzana.

Actividad R

Lee la canción en voz alta y fíjate en el ritmo de los versos y en el sonido de la última palabra de cada uno.

Busca las palabras que terminan con el mismo sonido. Escríbelas, agrupándolas por sonido.

Respuesta posible: calle, nadie; abuelo, buñuelos; abuela, ciruelas; tía, sandía; hermana, manzana

Actividad S

En las canciones infantiles a veces el contenido no tiene mucho sentido. Lo que importa es que sean fáciles de recordar y que rimen. En español, la rima se basa en el final del verso desde la última vocal acentuada; cuando la terminación de dos versos es igual, se dice que riman. La rima puede ser:

- rima consonante: cuando todos los sonidos a partir de la última vocal acentuada son iguales: p**eso**, b**eso**, regr**eso**; t**ía**, sand**ía**; herm**ana**, manz**ana**
- rima asonante: cuando los sonidos de las vocales a partir de la última vocal acentuada son iguales: n**a**d**a**, cl**a**r**a**, mañ**a**n**a**; ab**ue**l**o**, buñ**ue**l**o**s; ab**ue**l**a**, cir**ue**l**a**s

1. Escribe palabras que rimen en consonante con:

   corazón danzón, razón, caparazón

   mar par, dar, amar, abrazar

2. Escribe palabras que rimen en asonante con:

   valor amor, calor, pavor, sabor

   llanto canto, alto, bando

Presentación oral (página 205)

¿Cómo eras de niño(a)?

Tarea

Tienes un trabajo de verano en una guardería infantil y algunos estudiantes hablan español. Ellos siempre te están preguntando qué hacías cuando tenías su edad. Prepara una serie de ilustraciones en las que muestres cuando eras pequeño(a).

Estrategia
Usar elementos visuales de apoyo
Usar elementos visuales de apoyo durante tu presentación oral te ayudará a organizar tus ideas.

1. **Preparación**
   Piensa acerca de cuando eras niño(a): ¿Cómo eras? ¿Qué cosas solías hacer? ¿Qué cosas no te permitían hacer? ¿A qué jugabas? ¿Con quiénes jugabas? ¿Dónde jugabas? Copia y completa la tabla en una hoja de papel. Proporciona en cada columna por lo menos dos puntos con información acerca de ti mismo(a).

¿Cómo era?	Jugaba con...	Jugaba en...	Me gustaba más...	Tenía que...	No me permitían...
tímido(a)	mi oso de peluche	el patio de la casa	jugar con mis amigos	hacer mi cama	pelearme con mis hermanos

   Haz una serie de dibujos que ilustren toda la información de tu tabla. También puedes traer fotos de ti mismo(a) para mostrar cuando eras niño(a). Puedes usar los elementos visuales de apoyo en tu presentación. Asegúrate de que sean fáciles de entender y representativos de cuando eras pequeño(a).

2. **Práctica**
   Ensaya tu presentación varias veces. Puedes usar la tabla para practicar, pero no cuando hagas la presentación en público. Usa tus dibujos y fotografías cuando repases para ayudarte a recordar lo que quieres decir. Intenta:
   - proveer la información que más puedas en cada punto.
   - usar oraciones completas.
   - hablar con claridad para que los demás te entiendan.

3. **Presentación**
   Habla acerca de cómo eras de niño(a). Asegúrate de usar tus dibujos durante tu presentación.

4. **Evaluación**
   Quizá tu profesor(a) te dé los criterios de cómo va a ser evaluada tu presentación. Probablemente, tu presentación será evaluada teniendo en cuenta:
   - la cantidad de información que proporcionas.
   - lo fácil que resulta entenderte.
   - la calidad de los materiales visuales.

Capítulo 4A Nombre

Repaso del capítulo (página 208)

Vocabulario y gramática

Repaso del capítulo

Para preparar el examen, revisa si...
- conoces el vocabulario nuevo y la gramática.
- puedes realizar las tareas de la página 149.

para nombrar juguetes

los bloques	blocks
la colección *pl.* las colecciones	collection
la cuerda	rope
el dinosaurio	dinosaur
la muñeca	doll
el muñeco	action figure
el oso de peluche	teddy bear
el tren eléctrico	pastel
el triciclo	tricycle

para nombrar animales

el pez *pl.* los peces	fish
la tortuga	turtle

para hablar acerca de cosas que se hacían

coleccionar	to collect
molestar	to bother
pelearse	to fight
saltar (a la cuerda)	to jump (rope)

para nombrar lugares

la guardería infantil	daycare center
el patio de recreo	playground

para explicar las acciones propias

de niño, -a	as a child
de pequeño, -a	as a child
de vez en cuando	once on a while
mentir *(e → ie)*	to lie
obedecer *(c → zc)*	to obey
ofrecer *(c → zc)*	to offer
permitir	to permit, to allow
por lo general	in general
portarse bien / mal	to behave well / badly
todo el mundo	everyone
el vecino, la vecina	neighbor
la verdad	truth

para describir cómo era alguien

bien educado, -a	well-behaved
consentido, -a	spoiled
desobediente	disobedient
generoso, -a	generous
obediente	obedient
tímido, -a	timid
travieso, -a	naughty, mischievous

otras palabras útiles

la moneda	coin
el mundo	world

imperfecto de *ir*

iba	íbamos
ibas	ibais
iba	iban

imperfecto de *jugar*

jugaba	jugábamos
jugabas	jugabais
jugaba	jugaban

imperfecto de *ser*

era	éramos
eras	erais
era	eran

imperfecto de *tener*

tenía	teníamos
tenías	teníais
tenía	tenían

pronombres de objeto indirecto

me	(to / for) me	nos	(to / for) us
te	(to / for) you	os	(to / for) you
le	(to / for) him, her, you *(formal)*	les	(to / for) them, you *(formal)*

Más práctica

Practice Workbook Puzzle 4A-8
Practice Workbook Organizer 4A-9

Capítulo 4A Nombre Fecha

Preparación para el examen (página 263)

En el examen vas a...	Éstas son las tareas que te pueden ser útiles para el examen...	Si necesitas repasar...
1 Escuchar Escuchar y entender a personas que describen su juguete favorito.	Trabajas como voluntario(a) en un centro para jóvenes después de la escuela. Para conocer mejor a los muchachos, les has preguntado sobre sus juguetes favoritos cuando eran niños. Intenta entender: (a) ¿Cuál era el juguete? (b) ¿Qué edad tenían cuando jugaban con él? (c) ¿Dónde jugaban?	**págs. 186–189** *A primera vista* **pág. 190** Actividad 6
2 Hablar Hablar sobre cómo eras de niño(a).	El grupo del centro para jóvenes quiere saber cómo eras tú de niño(a). ¿Qué les puedes decir? Puedes empezar por contarles: (a) Lo que te gustaba hacer; (b) Hablar de tu juguete favorito; (c) Explicar cómo te comportabas.	**págs. 188–189** *Videohistoria* **pág. 190** Actividad 5 **pág. 191** Actividades 7–8 **pág. 192** Actividad 11 **pág. 195** Actividad 15 **pág. 200** Actividad 23 **pág. 205** *Presentación oral*
3 Leer Leer sobre los recuerdos de alguien relacionados con sus experiencias en la escuela primaria.	Lee una anotación del diario de Armando sobre sus años en la escuela primaria. Mientras lees, intenta determinar: (a) Si le gustaba o no la escuela primaria, y (b) por qué le gustaba o no le gustaba. De vez en cuando yo pienso en mis amigos de la escuela primaria. ¡Ay! Jorge siempre se peleaba conmigo y Carlos me molestaba. Yo era muy tímido, y no me levantaba a tiempo para la escuela porque no quería jugar con ellos.	**pág. 195** Actividad 14 **pág. 196** Actividad 16 **pág. 197** Actividad 17
4 Escribir Escribir sobre algunas experiencias personales en la escuela primaria.	Después de leer sobre los recuerdos de Armando, has comenzado a pensar en tus días en la escuela primaria. ¿Cuáles son algunas de las cosas que recuerdas? Escribe algunas oraciones describiendo cómo era tu mejor amigo(a) y lo que hacían juntos(as) durante el recreo.	**pág. 190** Actividad 4 **pág. 191** Actividad 8 **pág. 197** Actividad 18 **pág. 198** Actividades 19–20
5 Pensar Demostrar un conocimiento de las canciones infantiles favoritas en los países hispanohablantes.	A los niños de todo el mundo les gustan las canciones que son fáciles de recordar y divertidas de cantar. Piensa en las canciones de la página 204. ¿Cuál de estas canciones crees que le gustaría más a un(a) niño(a)? ¿Por qué? ¿Alguna de estas canciones te recuerda a las que cantabas de niño(a)? ¿Cuál de ellas?	**pág. 193** *Pronunciación* **pág. 204** *La cultura en vivo*

Go Online PHSchool.com Web Code jdd-0408

Nombre ______________ Fecha ______________

A ver si recuerdas (páginas 210–211)

¿Cómo se saludan tú y tu familia y tus amigos(as)? Llena la gráfica que sigue con los grupos de gente que saludas (familiares, amigos íntimos, desconocidos) y las ocasiones en que se saludan y se despiden. Luego, escribe tres oraciones basadas en la gráfica.

Modelo Abrazo a mis hermanos cuando nos despedimos.

	¿Quién?	¿Cuándo?
darse la mano		
abrazarse		
besarse en la mejilla		

Las respuestas variarán.

Fondo cultural (página 210)

Antonio M. Ruiz El 16 de septiembre se celebra el Día de la Independencia en México. Esta fiesta cívica comienza desde el día anterior por la noche, cuando la autoridad máxima de cada pueblo o ciudad toca la campana del palacio de gobierno para recordar el inicio de la lucha armada para alcanzar la independencia del poder español, tal como lo hizo Miguel Hidalgo y Costilla, el Padre de la Patria. Al día siguiente se realiza un desfile en el que participan carrozas adornadas con motivos patrióticos y niños vestidos con sus uniformes escolares.

1. ¿Qué fiestas se celebran en tu comunidad o en tu ciudad?

   Las respuestas variarán.

2. Elige una de las festividades de tu comunidad y escribe uno o dos detalles de lo que hacen tú y tu familia durante ese día.

   Las respuestas variarán.

Nombre ______________ Fecha ______________

Capítulo 4B

Celebrando los días festivos

Objetivos del capítulo

- Describir días festivos
- Hablar sobre tu familia y tus familiares
- Describir personas, lugares y situaciones en el pasado
- Hablar sobre cómo se relaciona la gente
- Entender las perspectivas culturales con respecto a los días feriados y eventos especiales

Conexión geográfica (página 211)

Traza una línea para unir el país con su capital correspondiente.

1. Bolivia	A. Montevideo
2. Perú	B. La Paz
3. Colombia	C. Lima
4. Uruguay	D. Bogotá
5. Ecuador	E. Quito

Respuestas: 1. B; 2. C; 3. D; 4. A; 5. E

Go Online Web Code jde-0002 PHSchool.com

Capítulo 4B Nombre ______ Fecha ______

A primera vista (páginas 212–213)

Actividad A

Escribe una palabra o expresión del vocabulario que signifique lo contrario de las palabras o expresiones siguientes.

1. llorar **reírse**
2. estar callado(a) **charlar**
3. casi nunca **frecuentemente**
4. divorciarse **casarse**
5. morir **nacer**
6. aburrirse **divertirse**
7. nuevo **viejo**
8. olvidarse **recordar**

Actividad B

Escribe lo que haces y dices en las situaciones siguientes.

1. Al encontrarme con un(a) amigo(a) a quien hace tiempo que no veo,
   lo que hago es **Respuesta posible: abrazarlo(a), besarlo(a)**
   y digo: **Respuesta posible: ¡Hola! ¿Cómo estás?**
2. Cuando me presentan a alguien,
   lo que hago es **Respuesta posible: darle la mano**
   y digo: **Respuesta posible: encantado(a)**
3. Al salir de un lugar donde hay gente reunida,
   lo que hago es **Respuesta posible: despedirme de todos**
   y digo: **Respuesta posible: ¡Hasta pronto! o ¡Adiós!**

Capítulo 4B Nombre ______ Fecha ______

Videohistoria (páginas 214–215)

Actividad C

En la *Videohistoria* de este capítulo, Ignacio y Javier hablan sobre una fiesta tradicional de un pueblo español. Responde a las siguientes preguntas sobre las cosas que hacen que la fiesta de San Pedro sea especial. Usa frases completas.

1. ¿Cómo empieza la fiesta?
   La fiesta empieza con un desfile por la mañana.
2. ¿Qué tipo de música hay en la fiesta?
   La música que hay en la fiesta es la que tocan los músicos con unos instrumentos antiguos.
3. ¿Qué comen las personas que participan en la fiesta?
   En la fiesta las personas comen paella y salchichas.
4. ¿Qué hace la gente después de comer? ¿Y los jóvenes?
   Después de comer, la gente charla y cuenta chistes; los jóvenes bailan.
5. ¿Qué idioma, además de español, hablan muchas personas en Alsasua?
   En Alsasua, muchas personas, además de español, hablan vasco.

Actividad D

Basándote en tus respuestas a la actividad C, escribe un resumen breve explicando cómo es la fiesta de San Pedro. Luego di si quieres asistir a esa fiesta y por qué. Usa en tu resumen las palabras y expresiones que aparecen en tu libro de texto.

Las respuestas variarán.

Capítulo 4B Nombre ________ Fecha ________

Manos a la obra (páginas 216–217)

Actividad E

Explica con tus propias palabras los términos siguientes.
Respuestas posibles:

1. charlar **Hablar con alguien, conversar, platicar.**
2. contar chistes **Decir cosas graciosas.**
3. costumbre **Algo que se hace siempre de la misma manera, tradición.**
4. felicitar **Desearle felicidad a alguien.**
5. fiesta de sorpresa **Fiesta que se prepara en secreto.**
6. mayores **Personas adultas.**
7. parientes **Personas de la misma familia como los padres, hijos, abuelos, tíos, primos.**
8. regalar **Dar algo a una persona sin recibir nada a cambio.**

Actividad F

Describe brevemente las fiestas siguientes, diciendo una o dos cosas que se hacen en cada fiesta.

1. Una fiesta de cumpleaños
   Respuesta posible: En una fiesta de cumpleaños se apagan las velas del pastel de cumpleaños y se rompe la piñata.
2. Una fiesta de aniversario
   Respuesta posible: En una fiesta de aniversario se baila.
3. La fiesta de la independencia
   Respuesta posible: En una fiesta de la independencia hay desfiles patrióticos y fuegos artificiales.

Capítulo 4B Nombre ________ Fecha ________

Actividad G

Lee las frases siguientes y escribe una *B* si reflejan un comportamiento cortés y buenos modales y una *M* si reflejan malos modales. Luego, en tu cuaderno, corrige las frases que reflejan malos modales para que muestren un comportamiento correcto y buenos modales.

Modelo Paquita siempre interrumpe a los adultos cuando hablan.
M—Paquita nunca interrumpe a los adultos cuando hablan.

1. **M** Miguel se sienta a la mesa y empieza a comer, no se fija si hay alguien que todavía no se sentó. **Respuesta posible: Miguel no empieza a comer hasta que todo el mundo se haya sentado a la mesa.**
2. **B** Cuando viene alguien a mi casa, le ofrecemos algo para beber o para comer.
3. **M** En las fiestas, siempre hablo en voz muy alta, así todos me oyen. **Respuesta posible: En las fiestas no hablo en voz muy alta para no molestar a los demás.**
4. **B** Antes de marcharnos de una reunión, nos despedimos de todo el mundo.

Actividad H

En tu cuaderno, escribe un párrafo para explicar qué entiendes por buenos modales y por qué crees que son importantes.

Ampliación del lenguaje

Palabras de una sola sílaba: Dé más.

Existen muchas palabras de una sola sílaba que se pronuncian de la misma manera, pero que tienen significados diferentes. Para indicar la diferencia de significado se usa el acento ortográfico o tilde.

de	(preposición)	Es el cumpleaños **de** María.
dé	(verbo *dar*)	Por favor, **dé** la mano a doña Luisa.
mas	(formal, pero)	Quiere hacerlo, **mas** no puede. (Casi nunca se usa *mas.*)
más	(adverbio, +)	Por favor, déme **más** pastel, quiero **más.**

Actividad I

Lee las siguientes frases y escribe la palabra que corresponda.

1. Es importante que **dé** *(de / dé)* un abrazo **de** *(de / dé)* despedida a mi tío.
2. Ya sabes que dos **más** *(mas / más)* dos son cuatro; **mas** *(mas / más)*, ¿sabías que ocho y quince son 23?

Gramática (página 219)

El imperfecto: describir situaciones

Además de decir lo que alguien hacía, el imperfecto se usa:

- Para describir personas, lugares y situaciones en el pasado.

La casa de mis abuelos **era** enorme. **Tenía** cinco dormitorios.

- Para hablar sobre una acción o situación pasada cuando no se especifica el principio ni el final.

Había mucha gente en la casa la fiesta.

- Para describir la situación o lo que pasaba cuando algo sucedió o interrumpió el curso de la acción. En estos casos, el imperfecto se usa para decir lo que alguien estaba haciendo cuando pasó otra cosa (pretérito).

Todos mis parientes bailaban cuando llegamos.

Es importante distinguir entre el pretérito y el imperfecto.

El pretérito indica:

- Un evento único en el pasado.

Fui a España el año pasado.

- Uno o más eventos o acciones que comenzaron y terminaron en el pasado.

Visité unos museos.

- Un evento que ocurrió, interrumpiendo otra acción.

Llegaste cuando yo leía.

- Cambios en un estado físico o mental existente en un momento preciso o por una causa específica aislada.

Tuve miedo cuando vi al perro.

El *imperfecto* se usa para:

- Una acción habitual o repetida.

Iba a Perú cada año.

- Una acción continua sin un fin especificado.

Visitaba los museos.

- Descripción / información sobre antecedentes; establecer la escena diciendo cómo estaban las cosas o qué estaba sucediendo cuando hubo una interrupción.

Estaba en mi cuarto cuando escuché que se abría la puerta.

- Descripción general de estados físicos o mentales.

Tenía miedo de los perros.

- Para hablar de la edad o la hora.

Tenía doce años. Eran las cinco de la mañana.

Gramática interactiva

Encuentra
- Busca dos ejemplos en los que aparecen tanto el pretérito como el imperfecto en la misma frase. Subraya el verbo en el imperfecto. Haz un círculo alrededor del verbo en el pretérito. ¿Qué tiempo va primero? Cambia el orden de las cláusulas. ¿La oración tiene el mismo sentido?

¿Recuerdas?

Ya sabes usar el imperfecto para decir lo que hacía alguien.
- Siempre nos **reuníamos** para los días festivos.
- Mis primos y yo **jugábamos** mucho.

Actividad J

A Mario le gustaban mucho los cumpleaños de su abuelo cuando era niño. Lee la historia del cumpleaños del abuelo de Mario y completa los espacios en blanco con la forma correcta del imperfecto del verbo entre paréntesis.

A mi abuelo le __encantaba__ *(encantar)* celebrar su cumpleaños. Era una gran ocasión. __venían__ *(venir)* todos los parientes, desde mis tíos que __vivían__ *(vivir)* en otro estado, hasta su hermana que __vivía__ *(vivir)* en México. Los mayores __se ocupaban__ *(ocuparse)* de organizarlo todo. __Había__ *(haber)* música muy alegre y se __bailaba__ *(bailar)* hasta la madrugada. Mi mamá y mis tías __preparaban__ *(preparar)* muchos platillos diferentes y sabrosos.

Actividad K

Lee el siguiente párrafo y subraya con una línea cada verbo en el pretérito y encierra en un círculo cada verbo en el imperfecto.

Cuando (tenía) dieciocho años, (quería) ser arquitecto. Me (gustaba) mucho la obra de Antonio Gaudí y (esperaba) ser como él. Decidí estudiar en España y me preparé para entrar en las universidades, pero no me admitieron. Conocí a un pintor y comencé a estudiar con él. Al principio yo siempre (estaba) en su estudio, intentando aprender todo lo que (podía), pero un día, él se fue a vivir a otra ciudad y yo, finalmente, inicié mi carrera de pintor en solitario.

Ampliación del lenguaje

Prefijos

Fíjate en los siguientes pares de palabras. ¿Qué tienen en común?

obediente → desobediente   formal → informal
posible → imposible   regular → irregular

Los prefijos sirven para modificar el significado de las palabras; en este caso, para crear una palabra con significado contrario.

Gramática

Acciones recíprocas (página 224)

Algunas veces los pronombres reflexivos *se* y *nos* se usan para expresar acciones mutuas, es decir, cuando lo que hace uno afecta al otro y viceversa. Estas acciones se llaman recíprocas.

Los novios se abrazaban y se besaban.

Por lo general nos saludábamos con un abrazo.

También nos dábamos la mano.

Ustedes se llevaban muy bien, ¿verdad?

Gramática interactiva

Encuentra
Subraya los pronombres reflexivos recíprocos en los ejemplos.

Reflexiona
Teniendo en cuenta que las acciones recíprocas requieren más de una persona, ¿qué pronombres reflexivos **no** se pueden usar para expresar acciones recíprocas?
me, te, se (singular)

Actividad L

¿Cómo te relacionas tú con tus amigos y tu familia? ¿Y tus amigos entre sí? En tu cuaderno, responde a las preguntas siguientes usando verbos en forma recíproca.

Modelo ¿Te llevas bien con tu hermano?
Sí, nosotros nos llevamos muy bien y no nos peleamos nunca.

1. ¿Tu mejor amigo(a) respeta siempre a sus compañeros? **(no) se respetan mucho**
2. ¿Ves a tu mejor amigo(a) con frecuencia? **(no) nos vemos**
3. ¿Tus amigos visitan a sus familiares a menudo? **(no) se visitan**
4. ¿Tus padres te comprenden? **(no) nos comprendemos**

Ampliación del lenguaje

Palabras de una sola sílaba: ¡Sí sé!

se	(pronombre)	Se dice que María **se** durmió tarde.
sé	(verbo *saber*)	Lo que **sé** es que no **sé** nada.
sé	(mandato del verbo *ser*)	**Sé** un buen estudiante y tendrás éxito.
si	(conjunción)	**Si** eres un buen estudiante, tendrás éxito.
sí	(afirmativo)	**Sí, sí** sé que estudio mucho.
sí	(pronombre + preposición)	Siempre quiere todo para **sí** mismo.

Actividad M

Hace más del un año que Guadalupe se graduó de la escuela secundaria. Ésta es la nota que escribió en su diario recordando ese día especial. Completa la nota conjugando los verbos que se indican entre paréntesis en su forma recíproca; no te olvides de usar los pronombres correspondientes.

Recuerdo el día de la graduación. Cuando llegué al auditorio, Carolina y Rosa ya estaban allí, con sus papás. Mientras nosotras **nos besábamos** (*besarse*) y **nos abrazábamos** (*abrazarse*), nuestros papás **se saludaban** (*saludarse*). Mi mamá y el papá de Rosa **se daban** (*darse*) la mano; la mamá de Rosa y la mamá de Carolina **se abrazaban** (*abrazarse*) y **se decían** (*decirse*) algo en voz baja que yo no pude oír. Durante la ceremonia, vi que mi mamá y la mamá de Rosa **se miraban** (*mirarse*) y **se sonreían** (*sonreírse*), entonces pensé que ellas planeaban algo. ¡Y así era! Habían organizado una fiesta sorpresa. Fue una fiesta estupenda. Nuestros papás hablaban y **se contaban** (*contarse*) chistes mientras Carolina, Rosa y yo **nos hacíamos** (*hacerse*) fotos con mi cámara. Casi al final de la fiesta, nosotras empezamos a ponernos tristes. Todas **nos llevábamos** (*llevarse*) muy bien y **nos queríamos** (*quererse*) mucho. Éramos las mejores amigas, **nos comprendíamos** (*comprenderse*) y **nos respetábamos** (*respetarse*) mucho, y siempre **nos ayudábamos** (*ayudarse*) con las tareas de la escuela y con nuestros problemas y ahora íbamos a separarnos. Hoy seguimos siendo las mejores amigas.

Actividad N

En tu cuaderno, escribe cinco frases explicando como te relacionabas tú con tu familia o con tus amigos(as) cuando eras pequeño(a). Usa los verbos siguientes. **Las respuestas variarán.**

abrazarse	escribirse	mirarse
besarse	hablarse	pelearse
enojarse	llevarse (bien/mal)	saludarse

Capítulo 4B Nombre ______ Fecha ______

Lectura cultural (página 216)

Actividad Ñ

Como leíste en la página 216, España consta de varias regiones tales como el País Vasco. El País Vasco está situado al norte de España y comprende las provincias de Álava, Guipúzcoa y Vizcaya. Tiene una superficie de algo más de 7,000 km cuadrados y una población de unos 2,100,000 habitantes. Está delimitado al este por los Pirineos; al oeste por la Cordillera Cantábrica; al norte por el golfo de Vizcaya; y al sur por el valle del Ebro.

Los habitantes del País Vasco muestran un gran respeto por las tradiciones y mantienen un fuerte vínculo con sus medios naturales: la tierra y el mar. Ambos medios, tierra y mar, han determinado una forma de ser, una idiosincrasia que se proyecta como algo característico en las costumbres, la cultura y los deportes autóctonos de este pueblo.

Algunos de estos deportes se han hecho populares incluso fuera de Euskadi (que es el nombre del País Vasco en su lengua, el euskera) y de Europa, como es el caso del juego de la pelota vasca. Además del juego de pelota hay otros deportes muy populares que se practican casi exclusivamente en el País Vasco. Entre éstos se encuentran el arrastre y levantamiento de piedras, el corte de troncos y las regatas de traineras. La música, la danza y la gastronomía también son parte importante de la cultura y tradición del País Vasco.

Responde a las siguientes preguntas según lo que has aprendido sobre el País Vasco.

1. ¿En dónde está situado el País Vasco? ¿Cuántas provincias tiene y cuáles son sus nombres?

   El País Vasco está situado al norte de España. Tiene tres provincias: Álava, Guipúzcoa y Vizcaya.

2. ¿Cuáles son algunas montañas que rodean al País Vasco?

   Los Pirineos y la Cordillera Cantábrica.

3. ¿Cuáles son algunas de las actividades deportivas más populares del País Vasco?

   La pelota vasca, el arrastre y levantamiento de piedras, el corte de troncos y las regatas de traineras.

4. En el texto se dice que los habitantes del País Vasco tienen gran respeto por las tradiciones culturales de su país y por el medio ambiente. ¿De qué forma demuestras tú respeto por las tradiciones culturales y por el medio ambiente de tu país?

   Las respuestas variarán.

Capítulo 4B Nombre ______ Fecha ______

Conexiones La historia (página 223)

Actividad O

Recuerda lo que sabes sobre la independencia de los Estados Unidos y luego haz la actividad a continuación.

En el siglo XVIII, las colonias inglesas en América empezaron a sentirse molestas por el control y los fuertes impuestos decretados por el rey Jorge III de Inglaterra. En 1773, los colonos se rebelaron ante una nueva subida de los impuestos sobre el té, asaltaron tres barcos cargados de té que estaban en Boston y arrojaron al mar la mercancía. Jorge III reaccionó estableciendo un mayor control sobre el comercio y la propiedad de las tierras. En 1775, los colonos de algunas regiones, cada vez más molestos por la situación, empezaron a manifestar sus deseos de tener un gobierno independiente de la corona británica. En 1776, el Congreso de Carolina del Norte declaró su independencia, otros estados lo siguieron. Finalmente, se reunió un comité encargado de redactar la declaración de la independencia de Norteamérica. Tomás Jefferson fue el principal encargado de la redacción de este documento. El cuatro de julio de 1776, se adoptó la Declaración de Independencia. Al año siguiente, en Filadelfia se celebró por primera vez el aniversario de esta fecha histórica con fogatas, repiques de campanas y 21 cañonazos desde los barcos que se encontraban en el puerto. A principios del siglo XIX, la celebración ya se había extendido a todo el territorio de los Estados Unidos.

En tu cuaderno, describe cómo celebras generalmente el 4 de julio y luego mira el cuadro que aparece en la página 210 de tu libro de texto que ilustra la celebración del Día de la Independencia en México. ¿En qué se parecen y qué se diferencian las dos celebraciones? Incluye algunas semejanzas y diferencias en tu descripción. **Las respuestas variarán.**

El español en el mundo del trabajo (página 227)

Actividad P

Investiga estos medios de comunicación en tu comunidad y elige una emisora o un periódico para escribir en tu cuaderno un informe. Incluye en tu informe los principales temas que trata o los diferentes tipos de programas y el público a quien se dirige.

Algunos artículos que usan los hispanohablantes, como las decoraciones para los días festivos, se usan también en los Estados Unidos. Piensa en tu comunidad. ¿Hay tiendas que tengan disponibles productos específicos para la cultura hispana? Además de supermercados, ¿qué otras tiendas se especializan en producir o vender cosas típicas para las celebraciones hispanas, como para el 5 de mayo? **Las respuestas variarán.**

¡Adelante! (páginas 228–229)

Lectura 1

Estrategia

Usar conocimientos previos Usar tu propia experiencia puede ayudarte a predecir los tipos de información que vas a encontrar en una lectura.

Actividad Q

Para leer la siguiente información sobre los Reyes Magos y la carta de José Alejandro y Jorge Andrés, sigue las intrucciones de la caja que está al margen.

Lectura interactiva

Usa tus conocimientos
Escribe una cosa que puedes encontrar en una carta a Santa Claus o a los Reyes Magos.

Respuestas posibles: información personal, el comportamiento del escritor, un regalo.

Al terminar la lectura, mira si tu predicción fue acertada. Subraya tu acierto en el texto y encierra en un círculo la información que no esperabas encontrar y encontraste.

El seis de enero

Uno de los días más felices para los niños hispanos es el seis de enero, el Día de los Reyes Magos. Según la tradición de los Reyes Magos —Melchor, Gaspar y Baltasar— vienen montados en sus camellos durante la noche y les traen regalos a los niños. La noche del cinco, las familias van al centro de la ciudad para ver un desfile de carrozas con luces y flores y, por supuesto, a los Reyes Magos. Después, los niños reúnen hierba o paja para los camellos y la ponen en una caja cerca de sus zapatos. La mañana del seis, los niños se despiertan para ver qué les regalaron los Reyes Magos.

Antes del seis de enero, los niños les escriben cartas a los Reyes Magos pidiendo regalos. Antes era costumbre poner las cartas al lado de los zapatos, pero luego comenzaron a enviarlas por correo postal, y hoy en día las envían por correo electrónico.

Queridos Reyes Magos:

Me llamo José Alejandro y les escribo esta carta con mi mamá para decirles los regalos que quiero para mí y para mi hermanito, Jorge Andrés. Nos portamos bien. Yo saco muy buenas notas en la escuela y hago toda mi tarea. Yo quiero un carrito de control remoto y un videojuego de fútbol para mi computadora. Mi hermanito quiere un juguete o cualquier cosa que ustedes puedan. Gracias, y recuerden llevarles juguetes a los niños pobres y traernos paz y amor.

Les quieren,

José Alejandro y Jorge Andrés

Actividad R

Responde a las preguntas siguientes sobre esta celebración.

1. ¿Con qué evento(s) se celebra el seis de enero en los países hispanohablantes? ¿Sabías que desde hace unos años las comunidades hispanohablantes de ciudades como Miami, Los Ángeles o Nueva York están intentado recuperar la tradición del Día de Reyes organizando actos y eventos públicos? Haz una investigación sobre una de estas celebraciones o de cualquier otra celebración del Día de Reyes que conozcas, ya sea en los Estados Unidos o en otro país. Escribe una breve descripción de cómo es esa celebración y compártela con el resto de la clase.

   Las respuestas variarán.

2. ¿Piensas que es importante mantener la tradición del Día de los Reyes Magos? Explica tu opinión.

   Las respuestas variarán.

Actividad S

¿Qué le pedirías tú a los Reyes Magos? Escribe en tu cuaderno una carta siguiendo el modelo de la carta de José Alejandro y Jorge Andrés. Saluda a los Reyes y diles lo que quieres que te traigan.

Recuerda que si pides cosas materiales como ropa, libros o videojuegos, tienes que explicarle a los Reyes las razones por las cuales crees que te mereces esos regalos.

Termina tu carta con una despedida adecuada. **Las respuestas variarán.**

Lectura 2

Actividad T

Antes de leer el texto sobre las celebraciones de la independencia en varios países hispanohablantes, lee la primera actividad al margen y sigue las instrucciones.

Estrategia

Usar conocimientos previos Si antes de leer un texto piensas en los conocimientos que ya tienes sobre el tema, te será más fácil comprender el texto. Pero ¡ojo!, no te dejes influenciar demasiado por lo que ya sabes. Tu actitud debe permanecer abierta a nuevos datos y opiniones que pueden estar presentes en el texto.

Lectura interactiva

Usa conocimientos previos
Señala los datos y las palabras a continuación que conoces.

1. el 15 de septiembre
2. el Grito de Dolores
3. Dolores, Querétaro
4. verbenas
5. desfiles
6. fuegos artificiales
7. antorcha
8. carrera de relevos

Busca los que no conoces y subráyalos en el texto. Averigua su significado en un diccionario, o pregúntale a alguien.

Ahora lee el texto. Será más fácil de entender.
Las palabras subrayadas variarán.

Septiembre, mes de la independencia

El 15 de septiembre celebran su independencia México y varios países centroamericanos.

En México, la celebración comienza con el "Grito de la Independencia" o "Grito de Dolores". A principios de la década de 1810, en el virreinato de Nueva España, ni ricos ni pobres deseaban seguir gobernados por España. La madrugada del 15 al 16 de septiembre, el párroco del pueblo de Dolores, Querétaro, animó al pueblo a levantarse contra los españoles con los gritos de "¡Mexicanos, viva México! ¡Viva la Virgen de Guadalupe! ¡Muera el mal gobierno!"

Este episodio se conoce como el "Grito de Dolores". Después de tantos años, éste es el mismo grito que da el Presidente de la República al comienzo de la fiesta del Día de la Independencia. Después del "Grito" comienzan las verbenas populares en las que se comen platillos típicos y se baila con la música de mariachis y bandas. También hay desfiles y actos patrióticos, fuegos artificiales y danzas folklóricas.

Costa Rica, El Salvador, Guatemala, Honduras y Nicaragua celebran su independencia en la misma fecha, por eso se organizan actos en los que participan todos ellos, como eventos deportivos entre los que está el recorrido de la Antorcha de la Libertad. Estudiantes de diferentes países se turnan en una carrera de relevos para llevar la Antorcha desde Guatemala hasta Costa Rica. Las calles y lugares por donde pasa la carrera se adornan con banderas y símbolos patrióticos. También hay desfiles y actos patrióticos, bailes con comidas típicas y fuegos artificiales.

Actividad U

En la lectura anterior hay varias palabras que se escriben con mayúscula inicial por diferentes razones. Busca las palabras y escríbelas aquí.

- nombres de países y lugares geográficos

  México, Nueva España, Dolores, Querétaro, Costa Rica, El Salvador, Guatemala, Honduras, Nicaragua.
- un artículo determinado escrito con mayúscula por formar parte del nombre de un país

  El (Salvador)
- el nombre de una festividad

  Día de la Independencia
- el nombre de un cargo público, el nombre de un evento y el nombre de una cosa

  Presidente de la República, Grito de Dolores, Antorcha de la Libertad

Actividad V

Haz las siguientes actividades sobre la lectura.

1. Escribe en tu cuaderno los nombres de los países hispanoamericanos que celebran su independencia el 15 de septiembre. Luego escribe junto al nombre de cada país, el nombre de su capital.

   México, capital, México, D.F., Costa Rica, capital, San José; El Salvador, capital, San Salvador; Guatemala, capital, Guatemala; Honduras, capital, Tegucigalpa; Nicaragua, capital, Managua
2. ¿Qué tienen en común todas las celebraciones de estos países?

   Todas las celebraciones tienen en común desfiles, actos patrioticos, bailes, comidas típicas y fuegos artificiales.
3. ¿Qué cosas especiales caracterizan a las celebraciones de México?

   El Grito de Dolores, verbenas y música de mariachis.

Perspectivas del mundo hispano (página 230)

Actividad W

En tu libro de texto has leído sobre un dulce tradicional en los países hispanohablantes para una celebración determinada. En estos países la comida es una parte importante de todas las celebraciones, por eso existen comidas o platos típicos para celebraciones específicas. El texto siguiente trata de la comida tradicional del Día de los Muertos.

UN PLATILLO ESPECIAL

El Día de los Muertos es motivo para disfrutar de una gran variedad de platillos tradicionales, cuyas recetas se transmiten de una generación a otra.

Algunos platillos son el mucbilpollo, el pibixpelón, el atole nuevo y el pan de muerto.

La preparación de los mucbilpollos es toda una tradición.

El platillo, a base de masa de maíz, empieza a prepararse la noche antes del Día de los Muertos. Primero se ponen a cocer las carnes (de puerco y de pollo). Cuando las carnes están blandas, se sacan del agua y se guarda el caldo. Se mezcla la masa de maíz con la manteca de puerco y un poco de caldo. Luego se coloca la masa en una hoja de plátano, encima se pone la carne con rebanadas de jitomate (tomate rojo), chiles, cebollas y otras verduras y aderezos (hierbas, condimentos). Después se le añade una masa de maíz cocida con manteca roja y achiote (colorante rojo que se obtiene de una planta). Para terminar, se pone otra capa de masa encima, se cierra con la misma hoja de plátano y se hornea. La forma tradicional de cocinar el mucbilpollo es haciendo un hueco en la tierra para enterrarlo. Encima se ponen piedras y leña y se prende fuego para que se cocine el mucbilpollo enterrado. Si no se puede preparar así, se puede llevar a una panadería para que lo horneen en el horno de leña. El último recurso es hornearlo en la estufa de la casa, pero según los expertos, el sabor no es el mismo.

La víspera del Día de los Muertos, hay puestos y mercados al aire libre en los que se venden dulces, flores para los altares de los muertos y todos los ingredientes necesarios para preparar el mucbilpollo. Estos puestos suelen trabajar durante toda la noche.

1. ¿Cuáles son algunas comidas tradicionales del Día de los Muertos?

   Respuesta posible: el atole nuevo, el pan de muerto, el mucbilpollo y el pibixpelón.

2. ¿Cuáles son los ingredientes principales del mucbilpollo?

   Respuesta posible: carne de puerco y pollo, masa de maíz, caldo, jitomate, chiles, cebollas, verduras y condimentos.

3. ¿Qué plato o postre tradicional de un país hispanohablante consume tu familia para celebrar alguna fiesta especial? En tu cuaderno, explica los ingredientes principales de ese plato y algún detalle de su preparación. Incluye tu opinión sobre el plato. Luego lee tu párrafo en voz alta en la clase. **Las respuestas variarán pero deben incluir el nombre del plato, la ocasión en que se cocina ese plato, los ingredientes, algunos detalles de cómo se prepara y lo que piensa el (la) estudiante del plato, si le gusta o no, y por qué.**

Presentación escrita (página 231)

Mi celebración favorita

Tarea

Tienes un(a) amigo(a) por correspondencia que quiere saber sobre tu celebración o día festivo favorito. Escribe un mensaje de correo electrónico describiendo un evento de tu niñez.

Estrategia

Usar una tabla Pensar por medio de categorías y anotar las palabras y expresiones clave te dará más ideas para escribir.

1. **Antes de escribir**
   Piensa en un evento que solías celebrar. Copia la tabla que se muestra a continuación en una hoja de papel. Usa las preguntas de la parte superior de cada columna como guía. Usa palabras o expresiones relacionadas con tu tema. Añade dos o tres detalles de la última vez que celebraste el evento, usando el tiempo pretérito.

¿Qué hacían?	¿Dónde se reunían?	¿Cómo era?	¿Quiénes estaban?	¿Por qué te gustaba?

2. **Borrador**
   Usa las ideas de la tabla para escribir el primer borrador de tu correo electrónico. Da tantos detalles como puedas de la celebración.

3. **Revisión**
   Lee tu mensaje de correo electrónico y revisa la ortografía y el vocabulario. Asegúrate de que usaste el imperfecto para describir eventos que han ocurrido o solían ocurrir. Muéstrale tu mensaje de correo electrónico a un(a) compañero(a), para que revise lo siguiente:
   - ¿Es el mensaje fácil de leer y entender?
   - ¿Proporciona una descripción interesante del evento?
   - ¿Hay algo que debas añadir?
   - ¿Hay errores?

4. **Publicación**
   Vuelve a escribir tu mensaje de correo electrónico, haciendo las correcciones o cambios necesarios. Haz una copia para tu maestro o inclúyelo en tu portafolios.

5. **Evaluación**
   Quizá tu profesor(a) te dé los criterios de cómo va a ser evaluado tu mensaje de correo electrónico. Probablemente, tu mensaje será evaluado teniendo en cuenta:
   - la cantidad de información que proporcionas.
   - la exactitud de la descripción de los eventos del pasado.
   - la variedad del vocabulario.

Capítulo 4B Nombre

Repaso del capítulo (página 234)

Repaso del capítulo

Para preparar el examen, revisa si...
- conoces el vocabulario nuevo y la gramática.
- puedes realizar las tareas de la página 169.

Vocabulario y gramática

para hablar acerca de los modales y las costumbres

abrazar(se)	to hug
besar(se)	to kiss
dar(se) la mano	to shake hands
despedirse (*e* → *i*) (de)	to say good-bye (to)
los modales	manners
saludar(se)	to greet
sonreír (*e* → *i*)	to smile

para hablar acerca de las personas

el bebé, la bebé	baby
contar (*o* → *ue*) (chistes)	to tell (jokes)
llevarse bien / mal	to get along well / badly
llorar	to cry
los mayores	grown-ups
los parientes	relatives
reírse (*e* → *i*)	to laugh
reunirse (*u* → *ú*)	to meet

para hablar acerca de eventos especiales

alrededor de	around
el aniversario	anniversary
casarse (con)	to get married (to)
charlar	to chat
la costumbre	custom
cumplir años	to have a birthday
el desfile	parade
el día festivo	holiday
divertirse (*e* → *ie*)	to have fun
enorme	enormous
¡Felicidades!	Congratulations!
felicitar	to congratulate
la fiesta de sorpresa	surprise party
los fuegos artificiales	fireworks
hacer un picnic	to have a picnic
nacer	to be born
regalar	to give (a gift)
la reunión *pl.* **las reuniones**	gathering

para hablar acerca del pasado

antiguo, -a	old, antique
frecuentemente	frequently
había	there was / there were
mientras (que)	while
recordar (*o* → *ue*)	to remember

usar el imperfecto para describir una situación

La casa donde **vivía** el año pasado **estaba** al lado de un lago.
Había mucha gente en la fiesta de sorpresa.
Mis padres me **felicitaban** cuando llegó mi tía.

acciones recíprocas

Los estudiantes **se saludaban** todos los días.
Nos veíamos frecuentemente cuando éramos niños.
Se escribían por correo electrónico de vez en cuando.

● Más práctica

Practice Workbook Puzzle 4B-8
Practice Workbook Organizer 4B-9

Capítulo 4B Nombre Fecha

Preparación para el examen (página 235)

En el examen vas a...	Éstas son las tareas que te pueden ser útiles para el examen...	Si necesitas repasar...
1 Escuchar Escuchar y entender a las personas cuando hablan sobre sus recuerdos de la niñez y de las celebraciones familiares.	Para celebrar el Día de los abuelos, tu profesor(a) invitó a algunos hispanohablantes de la comunidad para que hablen sobre sus recuerdos favoritos de la infancia. Escucha a uno de ellos que describe una de sus celebraciones familiares favoritas. Intenta entender: (a) la razón de la reunión; (b) quiénes fueron; (c) qué hicieron las personas en la celebración.	**págs. 212–215** *A primera vista* **pág. 218** Actividad 8 **pág. 222** Actividad 13
2 Hablar Hablar sobre la forma en que tu familia celebraba las fiestas cuando eras niño(a).	Te han invitado a una clase de español para hablarles a los niños sobre cómo celebrabas las fiestas cuando tú tenías su edad. ¿Qué les puedes contar? Intenta incluir: (a) dónde celebrabas la mayoría de las fiestas; (b) qué hacías; y (c) quiénes celebraban las fiestas contigo.	**pág. 218** Actividad 8 **pág. 222** Actividad 14 **pág. 226** Actividad 19
3 Leer Leer y entender una descripción de las actividades de un evento especial.	Lee esta parte de las notas que Miguel escribió para el video que filmó en la recepción de la boda de su amigo Mauricio y de Luisa, la novia. Sin mirar el video, ¿puedes determinar quién lo estaba pasando bien y quién no? Cuando Mauricio besó a Luisa, la madre de Luisa lloraba y el padre de ella sonreía. Los sobrinos pequeños se reían y jugaban con sus juguetes.	**pág. 219** Actividad 10 **pág. 227** Actividad 20 **págs. 228–229** *Lectura*
4 Escribir Escribir acerca de tu última celebración familiar.	Una estación local de radio que emite en español ha pedido a las personas que envíen correos electrónicos o faxes describiendo su mejor cumpleaños. Tú podrías empezar escribiendo: *Yo recuerdo bien mi cumpleaños de trece años...* Describe a las personas que fueron, el lugar donde se celebró y lo que pasó.	**pág. 226** Actividad 19 **pág. 231** *Presentación escrita*
5 Pensar Demostrar un conocimiento sobre la manera en que algunas familias hispanas celebran los días y las fiestas especiales.	Describe una fiesta que sea de especial interés para tí, como por ejemplo Las Fallas o Carnaval. ¿En qué se parece esta fiesta a alguna que celebres en tu comunidad?	**pág. 210** *Fondo cultural* **págs. 214–215** *Videohistoria* **pág. 220** *Fondo cultural* **pág. 226** *Fondo cultural* **pág. 227** Actividad 20 **pág. 230** *Perspectivas del mundo hispano*

Go Online PHSchool.com Web Code jdd-0417

Nombre ____________ Fecha ____________

A ver si recuerdas... (páginas 238–239)

¿Alguna vez has presenciado un desastre? Escribe más nombres de los desastres que conozcas en los espacios que se proporcionan. Después encierra en un círculo los que has presenciado.

Desastres naturales	Desastres provocados por el ser humano
terremoto	incendio
Las respuestas variarán.	

Fondo cultural (página 238)

Zulia Gotay de Anderson Esta artista puertorriqueña creó un hermoso cuadro, llamado *La Tempestad,* en el que logró plasmar la furia de una tormenta que atrapó a un grupo de pescadores de vuelta a casa. Cada año, la temporada de huracanes afecta a varios países centroamericanos y caribeños. En 1998 el huracán Mitch dejó más de diez mil muertos y cientos de miles de damnificados. En estas situaciones de desastre la población da muestras de una gran solidaridad para ayudar a los afectados y se reciben muchas ayudas internacionales.

1. ¿Qué fenómenos climatológicos conoces que pueden ser peligrosos?
   Las respuestas variarán.
2. ¿Qué otro tipo de fenómenos pueden afectar a un país y a su población?
   Las respuestas variarán.
3. ¿Qué crees que debemos hacer si después de una catástrofe salimos ilesos y hay personas afectadas a nuestro alrededor?
   Las respuestas variarán.

Nombre ____________ Fecha ____________

Capítulo 5A

Un acto heroico

Objetivos del capítulo

- Hablar sobre emergencias, crisis, rescates y actos heroicos
- Describir situaciones y eventos en el pasado
- Describir las condiciones climáticas
- Entender las perspectivas culturales con respecto a los desastres naturales y las leyendas

Conexión geográfica (página 239)

Usa los mapas de las páginas xvi a xxix de tu libro de texto para ubicar las cordilleras principales en este mapa. Luego ubica los lugares dónde ocurrieron estos terremotos. ¿A qué conclusión puedes llegar? Las respuestas variarán.

Ciudad de Guatemala, Guatemala	1976
Managua, Nicaragua	1972
Ciudad de México, México	1985

Go Online Web Code jde-0002 PHSchool.com

Capítulo 5A Nombre ______ Fecha ______

A primera vista (páginas 240–241)

Actividad A

Expresa las frases siguientes en una palabra o frase.

1. programa informativo de televisión o radio **noticiero**
2. tipo de construcción de varios pisos en la que vive la gente **edificio de apartamentos**
3. persona que presenta los programas informativos de radio o televisión **locutor(a)**
4. periodista que informa desde el lugar de los hechos **reportero(a)**
5. desastre ocasionado por una cantidad excesiva de agua **inundación**
6. desastre natural caracterizado por vientos muy fuertes **huracán**
7. mujer con conocimientos de medicina que ayuda en emergencias **paramédica**

Ampliación del lenguaje

El género de los nombres

Las palabras **periodista** y **policía** terminan en *-a* tanto en masculino como en femenino. ¿Qué otros nombres de oficios conoces que terminen en *-a* aún cuando se refieran a hombres? **astronauta, pediatra, cineasta, deportista**

Actividad B

¿Qué otras palabras relacionadas con situaciones de emergencia conoces?

1. Escribe cinco palabras o frases que describan lo que se puede ver al llegar al lugar de un desastre.
   Respuestas posibles: ambulancias, policías, bomberos, paramédicos, reporteros, edificios y coches destruidos, heridos
2. Escribe cinco frases que dirías si estuvieras ayudando en un desastre.
   Respuestas posibles: ¡Tranquilos!; ¿Está herido?; Ya vienen los bomberos.; No se mueva.; Voy a llamar a los paramédicos.

Capítulo 5A Nombre ______ Fecha ______

Videohistoria (páginas 242–243)

Actividad C

Vuelve a leer la *Videohistoria* que aparece en las páginas 242 y 243 de tu libro de texto. Luego, lee esta historia que escribió Tomás en un mensaje electrónico a un amigo. Completa las oraciones con una palabra aprendida en este capítulo.

Esta mañana estaba con mi amigo Raúl cuando **oímos** pasar unos camiones de **bomberos**. Fuimos a **investigar**. Los bomberos estaban apagando un **incendio** que **ocurrió** en una casa. **Afortunadamente**, todos se escaparon. Vimos a seis personas **heridas** y a los **paramédicos** que los trataban. Una **reportera** estaba allí entrevistando a un bombero. Estábamos **asustados** al ver la casa completamente **destruida**.

Actividad D

Hubo un incendio en un edificio de apartamentos. Lee las respuestas de estas personas en una entrevista y escribe quién dijo cada respuesta: un testigo (persona que vio lo que pasó), una víctima o un bombero. Luego, escribe las posibles preguntas.

Modelo Vi a diez personas heridas. *Testigo. ¿Hubo heridos o muertos?*

1. Ocurrió a las diez de la noche. **Bombero o testigo o víctima. Respuesta posible: ¿Cuándo ocurrió el incendio?**
2. Traté de escaparme por las escaleras, pero no podía ver nada por el humo.
   Víctima. Respuesta posible: ¿Qué le pasó a usted?
3. Vamos a investigar, pero creemos que alguien se olvidó de apagar la estufa.
   Bombero. Respuesta posible: ¿Sabe cuál fue la causa del incendio?

Actividad E

Piensa en un incendio que haya ocurrido en tu comunidad o en tu ciudad. En tu cuaderno, resume los hechos, basándote en las siguientes preguntas.

¿Qué fue lo que ocurrió? ¿Dónde y cuándo? ¿Quién llamó a los bomberos? ¿Hubo heridos o muertos? ¿Quién ayudó a los heridos? ¿Cuál fue la causa del incendio?

Las respuestas variarán.

Capítulo 5A Nombre ______ Fecha ______

Manos a la obra (páginas 244–247)

Actividad F

Tienes un vecino que siempre está listo para llamar al número de emergencia. Lee estas oraciones y subraya la palabra adecuada.

1. ¡Vengan rápido! Hay un (incendio, mueble) en la casa de enfrente y hay mucho (huracán, humo). ¡Que vengan los (bomberos, héroes)!
2. ¡Está lloviendo muchísimo! Va a haber una (reportera, inundación) con todas estas (tormentas, asustadas). ¡Tienen que (comenzar, salvarnos)!
3. ¿Ustedes sintieron el (terremoto, noticiero)? ¡Todo se está derrumbando! ¡Me voy a (quemar, morir)!
4. ¡Hubo una (explosión, paramédica) cerca de mi casa! Todas las ventanas están rotas. (Afortunadamente, Sin duda) hay muchas personas (heridas, vivas).
5. Oiga, ¡(grité, rescaté) a una señora hoy! (Subió, Nevó) mucho esta mañana y la señora se cayó delante de mi casa. Fui a ayudarla. ¡Soy todo un (herido, héroe)!

Actividad G

Lee los siguientes consejos de seguridad para personas que viven en zonas de terremotos. Luego, indica si son lógicos (L) o no lógicos (N).

1. L Asegure los electrodomésticos y los muebles para que no se muevan.
2. L Instale barreras en los bordes de los estantes.
3. N Coloque los artículos pesados en estantes más altos.
4. N Deje las computadoras y los electrodomésticos pequeños sueltos.
5. L Asegure las luces del techo a la estructura permanente de su casa.
6. N Asegure los calentadores de agua a las ventanas próximas.
7. L Cierre las puertas de los escritorios y armarios.

Capítulo 5A Nombre ______ Fecha ______

Actividad H

Escribe una definición breve de cada una de estas palabras y luego escribe una oración con esa palabra.

1. héroe o heroína Respuesta posible: Una persona que salva a otra.
   Las respuestas variarán.
2. huracán Respuesta posible: Una tormenta de fuertes vientos y lluvias.
3. investigar Respuesta posible: Buscar la verdad, averiguar los hechos.
4. valiente Respuesta posible: Una persona que no tiene miedo.
5. gritar Respuesta posible: Hablar en voz fuerte para llamar la atención de otras personas.

Actividad I

¿Hay alguien en tu comunidad o en tu grupo de conocidos a quien tú consideras un héroe o una heroína? Escribe una descripción breve de él o ella, basándote en las preguntas siguientes.

¿Quién es? Las respuestas variarán.

¿Cómo es? ______

¿Qué hizo esta persona? ______

¿Por qué consideras que sus acciones son heroicas? ______

Gramática

El imperfecto: otros usos (página 248)

¿Recuerdas?
Has aprendido a usar el imperfecto junto con el pretérito para describir una situación que ya existía cuando pasó algo más.

- Nadie **estaba** en la casa cuando los bomberos **entraron.**

El imperfecto también se usa:

Para decir qué hora era o qué tiempo hacía cuando algo sucedió.

Eran las cinco de la mañana y llovía mucho cuando el accidente ocurrió.

Hacía mucho viento cuando oí la explosión.

Para describir el estado físico, mental y emocional de una persona o cosa cuando algo pasó.

Me sentía muy mal y me dolía todo.

Muchas personas querían ayudar, pero no sabían qué hacer.

Los siguientes verbos se usan en general en el imperfecto para describir estados:

estar (triste, contento, cansado)
parecer (cansado, mal)
pensar
querer
sentirse (bien, enfermo)
tener (calor, frío, hambre, sed, sueño)

Había y *hubo* son formas del verbo *haber* y las dos significan *"there was, there were"*.

La forma *había* se usa para describir una situación que existía en el pasado, mientras que *hubo* se usa para decir que un evento ocurrió.

Había mucho humo en el apartamento.

Hubo un terremoto ayer a las seis de la mañana.

Gramática interactiva

Identifica formas
Encierrra en un círculo los verbos en el imperfecto que ves en los ejemplos.

Reflexiona
Observa la lista de verbos. Subraya el radical de cada verbo. Luego, escoge dos verbos de la lista y conjúgalos.
Los verbos conjugados variarán.

Ampliación del lenguaje

Ortografía Fíjate en el imperfecto de los verbos *llover, hacer, doler* y *querer*: llovía, hacía, dolía y quería. Recuerda que se debe escribir un acento sobre la *i* para deshacer el diptongo (*ia → í-a*).

Actividad J

Lee las oraciones a continuación y subraya la forma verbal que esté en el imperfecto.

1. Estela y Aída juegan / jugaban / jugarán cuando empezó a llover.
2. Mis hermanos y yo íbamos / fuimos / iremos a ayudar a las víctimas de la inundación.

3. Verónica y Mónica comían / comieron / comen mientras veían el noticiero.
4. Los bomberos trabajaron / trabajaban / trabajarán en el edificio de apartamentos.
5. La escalera de incendios estuvo / estaba / estará destruida después de la explosión.

Actividad K

Teniendo en cuenta lo que has aprendido sobre el imperfecto, completa el siguiente párrafo con las formas verbales correctas para saber cómo era la vida de esta persona de niño.

Cuando yo __era__ *(ser)* niño, yo __vivía__ *(vivir)* con mi familia. En nuestra casa no __había__ *(haber)* un patio. Yo __tenía__ *(tener)* una amiga que __se llamaba__ *(llamarse)* Amelia. La familia de Amelia __vivía__ *(vivir)* cerca de nosotros. Ella __asistía__ *(asistir)* a la misma escuela que yo, así que nosotros __nos veíamos__ *(verse)* todos los días. Nosotros __pasábamos__ *(pasar)* mucho tiempo juntos. A veces, mis hermanos __jugaban__ *(jugar)* con nosotros. Pero nosotros __preferíamos__ *(preferir)* estar solos. Extraño a Amelia.

Actividad L

El Pico de Orizaba, con 5,675 metros de altura, es la montaña más alta de México. Lee el texto siguiente sobre una excursión a esta montaña. Subraya los verbos en imperfecto.

Aquélla iba a ser una excursión inolvidable. Paco alquiló una casita en el pueblo de Tlalchichuca. Desde la ventana de la sala se veía el Pico de Orizaba. Todo era perfecto. Eran las diez de la mañana y acabábamos de llegar a Tlalchichuca. Esperábamos un fin de semana soleado, pero el cielo estaba nublado y hacía viento. Nuestro plan era subir hasta el albergue de Piedra Grande a mediodía. Pero ahora, no sabíamos qué hacer. Todos pensábamos que era peligroso subir a la montaña con mal tiempo. Algunos de nosotros queríamos subir hasta el albergue, pero otros preferían esperar. Discutimos durante más de una hora. No lográbamos ponernos de acuerdo. Por la tarde empezó a nevar, nevaba cada vez más. Nosotros estábamos en la casa, mirábamos la nieve caer y nos sentíamos desanimados. La chimenea estaba encendida, pero aún así teníamos frío. Eran sólo las cuatro de la tarde, pero todo estaba oscuro. La nevada ya era una verdadera tormenta de nieve...

Capítulo 5A Nombre ______ Fecha ______

Gramática

El pretérito de los verbos *oír, leer, creer y destruir* (página 250)

En el pretérito del verbo *oír,* la *i* cambia a *y* en las formas de *Ud. / él / ella* y *Uds. / ellos / ellas.* También hay un acento ortográfico sobre la vocal *i* en todas las formas.

Éstas son las formas del presente y del pretérito para el verbo *oír.*

Presente		Pretérito	
oigo	oímos	oí	oímos
oyes	oís	oíste	oísteis
oye	oyen	oyó	oyeron

Los verbos *creer* y *leer* siguen el mismo patrón en el pretérito.

creer		leer	
creí	creímos	leí	leímos
creíste	creísteis	leíste	leísteis
creyó	creyeron	leyó	leyeron

—¿**Leíste** el artículo sobre el incendio en el periódico?
—No, **oí** el noticiero en la televisión.

- El verbo *destruir* se conjuga en el pretérito como los verbos *oír, creer* y *leer,* pero con este verbo las formas de *tú, nosotros* y *vosotros* no llevan acento gráfico.

¿**Destruiste** la carta que mandó Raúl?
El incendio **destruyó** todos los muebles de la casa.

Gramática interactiva

Identifica formas
Encierra en un círculo los cambios de *i* a *y* en los verbos de las tablas.

Reflexiona
Observa la nota al final de la explicación y conjuga el verbo *destruir* en el pretérito.

destruí
destruiste
destruyó
destruimos
destruisteis
destruyeron

¿Recuerdas?
Ya debes conocer la expresión *¡Oye!* que se usa para llamar la atención de alguien. *Oye* es la forma del mandato afirmativo *tú* del verbo *oír.* Éste se forma en el presente del verbo *oír,* en las formas de *Ud. / él / ella.*

Capítulo 5A Nombre ______ Fecha ______

Actividad M

Completa este párrafo con la opción correcta del verbo *oír* o *leer* en el pretérito.

Raúl dice que anoche él __oyó__ en el noticiero que hubo un incendio en el edificio de apartamentos de uno de sus amigos. El reportero __leyó__ una lista de las víctimas, pero ni Raúl ni sus hermanos __oyeron__ el nombre de su amigo. Al día siguiente, yo __oí__ por la radio que el amigo de Raúl estaba en el hospital. Entonces, llamé por teléfono a Raúl y le dije: "Raúl, ¿ya __oíste__ lo que dijeron en la radio? ¿__Leíste__ el periódico?" Raúl me dijo: "Sí, mis hermanos y yo __leímos__ el artículo sobre el incendio esta mañana. Menos mal que a nuestro amigo no le pasó nada grave".

Actividad N

Contesta estas preguntas con oraciones completas según tu experiencia personal.

1. ¿Cuál fue el último desastre natural sobre el que leíste algo? ¿Dónde ocurrió?
   Las respuestas variarán. Las respuestas deben incluir las formas correctas de los verbos en el pretérito.
2. ¿Cuándo fue la última vez que tú y tus amigos oyeron hablar de terremotos en el noticiero? ¿Qué destruyó el terremoto sobre el que oyeron hablar?
   ______
3. ¿Qué es lo más interesante que oíste la última vez que escuchaste las noticias?
   ______
4. ¿Hubo algún desastre natural recientemente en un país que tú conoces? ¿Qué pasó?
   ______

Capítulo 5A Nombre ____________ Fecha ____________

Lectura cultural (página 245)

Actividad Ñ

Basándote en lo que has leído sobre los bomberos voluntarios en la página 245 de tu libro de texto y la información que sigue, responde a las preguntas de abajo.

Requisitos para ser bombero voluntario

El departamento de voluntarios representa una preparación excelente para los futuros bomberos. Es una oportunidad única para familiarizarse con el servicio de bomberos y obtener una valiosa experiencia. Además de ofrecerse como voluntario para llegar a ser bombero en su comunidad, recuerde que también puede ser voluntario en su lugar de trabajo. Para ser bombero voluntario se deben cumplir lo siguiente:

- Cumplir los requisitos necesarios para ser miembro activo;
- Pasar los cursos de formación (entrenamiento) y el período de pruebas necesarios;
- Estar dispuesto a cumplir el entrenamiento continuo y a obedecer las reglas y normas del cuerpo de bomberos.

Visite su centro local de bomberos para obtener información en su comunidad.

1. ¿Por qué es bueno pertenecer al departamento de voluntarios?
   Respuesta posible: Es una oportunidad de familiarizarse con el servicio de bomberos y obtener experiencia.
2. Según la lectura, ¿en qué lugares puede servir de bombero voluntario una persona?
   En la comunidad y en el lugar de trabajo.
3. De los requisitos enumerados, ¿cuál crees que es más importante? Explica por qué.
   Las respuestas variarán, pero las razones deben ser lógicas.
4. ¿Qué cualidades crees que debe tener un bombero voluntario?
   Las respuestas variarán.

Capítulo 5A Nombre ____________ Fecha ____________

Conexiones La geografía (página 254)

¿Sabías que el término *huracán* tiene su origen en el nombre que los caribes daban al dios de las tormentas? Hay muchas otras palabras indígenas que usamos en el lenguaje común. Piensa en por lo menos una palabra para cada uno de los siguientes temas: comida, ropa y animales.

Respuestas posibles: Del náhuatl: chile, tomate, chocolate, aguacate; del Taíno: caimán

El español en la comunidad (página 255)

Muchas veces cuando ocurren desastres naturales en los países hispanohablantes, la población hispana de Estados Unidos se une para enviar ayuda, en forma de dinero, ropa, medicamentos y comida.

Actividad O

¿Alguna vez los alumnos de tu escuela han organizado algo para ayudar a personas después de un desastre natural? En caso de una respuesta afirmativa explica cómo fue. Si nunca ha ocurrido, ¿te gustaría ayudar a las personas de otros países en caso de una situación de emergencia? ¿Qué tipo de ayuda piensas que podrían brindar los alumnos de tu escuela? Organiza tus ideas en la gráfica. Luego escribe en tu cuaderno un párrafo para explicar brevemente tus ideas.

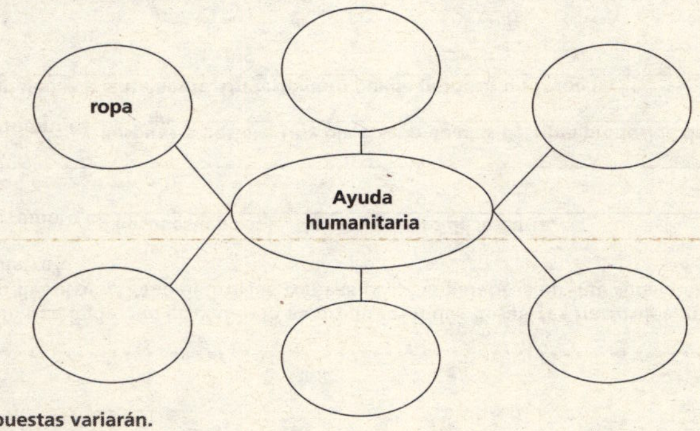

Las respuestas variarán.

Capítulo 5A Nombre ____ Fecha ____

¡Adelante! (páginas 256–257)

Lectura 1

Estrategia
Usar conocimientos previos
Pensar en lo que ya sabes sobre el tema antes de leer un artículo te ayudará a comprenderlo.

Actividad P

Lee la siguiente noticia sobre un desastre en Chile. Si hay alguna palabra que no recuerdas, consulta las glosas del artículo en las páginas 256 y 257 de tu libro de texto.

Lectura interactiva

Usa conocimientos previos
Observa el título y el subtítulo. Predice tres consecuencias de los terremotos.

Verifica la lectura
Después de leer, subraya las frases que indican las consecuencias. ¿Tus predicciones fueron acertadas?

Desastre en Valdivia, Chile

Tres desastres: Dos terremotos y después un tsunami

VALDIVIA, Chile — A las seis y dos minutos de la mañana, el 21 de mayo de 1960, una gran parte del país sintió el primer terremoto. El próximo día, el 22 de mayo a las tres y diez de la tarde, otro terremoto más intenso, con epicentro cerca de la ciudad de Valdivia, ocurrió. El segundo y más famoso de los terremotos registró un récord de 9.5 en la Escala Richter. Simplemente fue el terremoto de más intensidad jamás registrado.

- Aproximadamente 2,000 personas murieron (de 4,000 a 5,000 en toda la región); 3,000 resultaron heridas y 2,000,000 perdieron sus hogares.
- Los ríos cambiaron su curso. Nuevos lagos nacieron. Las montañas se movieron. La geografía cambió visiblemente.

Unos minutos después del desastroso terremoto, llegó un tsunami que destruyó lo poco que quedaba en la ciudad y en las pequeñas comunidades. La gran ola de agua se levantó destruyendo a su paso casas, animales, puentes, botes y, por supuesto, muchas vidas humanas. Algunos barcos fueron a quedar a kilómetros del mar, río arriba. Como consecuencia del sismo, se originaron tsunamis que llegaron a las costas de Japón, Hawai, las Islas Filipinas y la costa oeste de los Estados Unidos.

Un tsunami es una ola o serie de olas de agua producida después de ser empujada violentamente. Los terremotos pueden causar tsunamis. Estos tsunamis ocurren de 10 a 20 minutos después del terremoto. Los terremotos locales producen los tsunamis más devastadores porque no hay tiempo suficiente para evacuar la zona.

Ampliación del lenguaje

Sinónimos

En la lectura aparecen las palabras *terremoto* y *sismo*. Estas palabras son sinónimos. ¿Conoces otro sinónimo de estas palabras? Está relacionado con la palabra *temblar.*

temblor (de tierra)

Capítulo 5A Nombre ____ Fecha ____

Actividad Q

En el artículo has leído que en Valdivia se produjeron dos desastres naturales, uno a continuación del otro. ¿Cómo definirías con tus propias palabras en qué consisten estos dos tipos de desastre?

1. Un terremoto es **Respuesta posible: Un movimiento de la tierra.**
2. Un tsunami es **Respuesta posible: Una ola o serie de olas de agua producida después de ser empujada violentamente. Un terremoto puede producir un tsunami.**

Actividad R

Piensa en las consecuencias del desastre de Valdivia que se mencionan en el texto y en cuáles serían las necesidades más inmediatas de los habitantes de la ciudad después del desastre. ¿Cuáles podrían ser las tareas principales de los siguientes grupos de personas?

1. médicos y paramédicos **Respuesta posible: Tratar a los heridos y llevarlos a hospitales.**
2. bomberos **Respuesta posible: Buscar sobrevivientes y rescatarlos.**
3. policías **Respuesta posible: Asegurar que los equipos de emergencia lleguen donde deban; dirigir tráfico y personas.**
4. los grupos de voluntarios **Respuesta posible: Averiguar cómo pueden ayudar; organizar ayuda humanitaria para brindar ropa y comida.**

Actividad S

¿Ha ocurrido alguna vez un desastre natural en tu comunidad? Si no tienes esta experiencia, usa tu imaginación y todo lo que sabes sobre estos fenómenos para escribir en tu cuaderno un pequeño artículo periodístico sobre ello.

Puedes usar como modelo el artículo sobre el terremoto en Chile. Recuerda indicar claramente el lugar y la hora, así como algunas de las consecuencias. Procura que tu información sea clara y precisa. **Las respuestas variarán.**

Capítulo 5A Nombre ____________ Fecha ____________

Lectura 2

Estrategia

Identificar cognados Al leer un texto por primera vez, los cognados pueden ayudarte a comprender el significado de una frase o un párrafo.

Actividad T

Además de saber qué hacer durante un terremoto, también es importante saber qué hacer antes y después. Antes de leer el texto siguiente, dale una ojeada rápida y anota en tu cuaderno los cognados que encuentres y su significado. Si tienes dudas, puedes consultar un diccionario. Luego, lee el texto.

Lectura interactiva

Identifica raíces de cognados
La palabra *seguro* es cognado de *secure* en inglés. La raíz *segur-* se utiliza para formar varias palabras. Encierra en un círculo las palabras que tienen esa raíz en la lectura.

Identifica mayúsculas
Busca en esta lectura las siguientes palabras: *Tierra, Falla de San Andrés, California, Preparar*. Explica en las líneas siguientes por qué empiezan cada una con mayúscula.

Tierra
nombre propio de un planeta
Falla de San Andrés
nombre propio de un lugar
California
nombre propio de un estado
Preparar
comienzo de oración

Vivir en zonas de terremotos

Un terremoto es una sacudida de la superficie de la Tierra provocada por fuerzas que actúan en su interior. Los terremotos suelen producirse en los bordes de las placas tectónicas. Éstas son pedazos enormes de la capa exterior de la Tierra que se desplazan sobre la masa de piedras y minerales que hay en su interior. El lugar donde se unen dos placas tectónicas se llama *falla*. Una de las fallas principales es la Falla de San Andrés, que atraviesa California. Los habitantes de esta región deben estar siempre preparados para enfrentarse a situaciones de emergencia causadas por terremotos.

¿Qué debes hacer antes de un terremoto?

1. Preparar suministros de emergencia.
2. Estudiar la casa y saber qué lugares son seguros y cuáles peligrosos.
3. Verificar la estabilidad de los cimientos, paredes y techos.
4. Saber cómo desconectar el gas, el agua y la electricidad.
5. Asegurar a la pared los electrodomésticos y muebles altos y pesados.
6. Guardar los objetos frágiles y pesados en armarios asegurados a la pared o en estantes inferiores.
7. Preparar un plan de emergencia familiar que incluya cómo evacuar (salir de) la casa si es necesario y decidir dónde encontrarse si están separados cuando se produce el terremoto.

Capítulo 5A Nombre ____________ Fecha ____________

Actividad U

Di si las afirmaciones siguientes son verdaderas o falsas escribiendo *V* o *F* junto a ellas.

1. Los terremotos se producen con más frecuencia en unas zonas que en otras. V
2. Al no poder predecir un terremoto, no podemos prepararnos para él. F
3. En caso de terremoto, debemos saber cómo desconectar el agua, el gas y la electricidad. V

Ampliación del lenguaje

El prefijo *des-* Fíjate en la palabra *desconectar*. Significa lo contrario de *conectar*. El prefijo *des-* quiere decir "no". Forma el contrario de las siguiente palabras.

hacer deshacer obedecer desobedecer ayunar desayunar

Actividad V

Escribe en tu cuaderno uno de los consejos para prepararse para un terremoto que pueda ser útil en otro tipo de desastre y otro que sólo sea útil para hacer frente a un terremoto. Explica por qué son o no son útiles. **Las respuestas variarán.**

Actividad W

¿Cómo te prepararías tú para una situación de emergencia? Para organizar tus ideas sobre esto, haz las actividades siguientes.

1. ¿Qué entiendes por *plan de emergencia familiar*?
   Respuestas posibles: Una ruta a seguir para salir de la casa lo más rápido posible; decidir dónde encontrarse o a quién llamar si estamos separados.
2. Averigua qué tipo de desastre es más posible que ocurra en donde tú vives. Habla con un miembro de tu familia y juntos preparen un plan de emergencia familiar.
   - Entérense de cómo se dan las señales en alarma en su comunidad.
   - Decidan qué hacer en caso de una evacuación y elijan un lugar de reunión.
   - Sepan dónde está el refugio más cercano a su casa, escuela y lugar de trabajo.
   - Conozcan su vivienda, los lugares seguros y peligrosos y las vías de salida.
   - Aprendan cómo desconectar la electricidad, el gas y el agua.

   Escribe en tu cuaderno un párrafo para describir tu plan y léelo ante la clase.
   Las respuestas variarán.

Capítulo 5A Nombre ____ Fecha ____

La cultura en vivo (página 258)

En este capítulo se explica cómo el ser humano creó leyendas para dar explicaciones a diferentes aspectos de la naturaleza. En la página 258, también has leído una explicación de la leyenda de los dos volcanes chilenos Parinacota y Pemerape. En México existe una leyenda similar muy popular, la leyenda sobre Popocatépetl e Iztaccíhuatl. Aquí te presentamos esta leyenda, léela y después responde a las preguntas a continuación.

Leyenda de Popocatépetl e Iztaccíhuatl

Dice la leyenda que un día empezó una guerra muy cruel entre los aztecas y tlaxcaltecas. Los pueblos eran obligados, no sólo a pagar impuestos, sino también a ofrecer a sus hombres y sus riquezas al supremo emperador azteca. Algunos pueblos del valle de México y de otros lugares vecinos, entre estos los tlaxcaltecas, estaban cansados de esta situación. Por esta razón el cacique de Tlaxcala decidió liberar a su pueblo de las manos del opresor.

Dentro de esta historia de guerra, también surgió una increíble historia de amor. Un valiente guerrero llamado Popocatépetl estaba enamorado de Iztaccíhuatl, una hermosa joven, hija del cacique de Tlaxcala. Antes de salir a la batalla, Popocatépetl pidió la mano de la princesa a su padre. El cacique le prometió a su hija, si a su regreso traía la victoria para su pueblo. Pasado un tiempo, Popocatépetl regresó triunfante y feliz con la idea de casarse con Iztaccíhuatl.

Toda la alegría de Popocatépetl se convirtió en una profunda tristeza cuando se enteró de que la bella Iztaccíhuatl había muerto durante su ausencia. Entonces, tomó a su amada entre sus brazos y la llevó hasta lo alto de una montaña, que casi tocaba el cielo. Allí se arrodilló a su lado y lloró largamente.

Se dice que la nieve empezó a caer sobre sus cuerpos, cubriéndolos hasta formar los dos gigantescos volcanes que hoy conocemos como Popocatépetl e Iztaccíhuatl y que se encuentran en el valle de México.

Actividad X

Compara esta leyenda con la de Parinacota y Pomerape que aparece en la página 258 de tu libro de texto. Explica en tu cuaderno la principal diferencia entre estas dos leyendas. Usa frases completas. **Las respuestas variarán.**

Actividad Y

Las culturas hispanohablantes tienen una riqueza abundante de leyendas que generalmente se transmiten de manera oral, de una generación a otra. Escribe en tu cuaderno una leyenda que hayan te hayan contado tus familiares. Escribe la leyenda en tres párrafos, siguiendo la estructura de un texto: introducción, desarrollo y desenlace. Usa verbos que estén en imperfecto y pretérito. **Las respuestas variarán.**

Capítulo 5A Nombre ____ Fecha ____

Presentación oral (página 259)

Tarea

Eres el (la) locutor(a) de un noticiero de una estación de televisión local y estás preparando un reportaje especial acerca de un incendio que ha ocurrido en la ciudad. Tu compañero(a) es un reportero(a) que está en la zona del desastre. Tú lo (la) vas a entrevistar para saber qué pasó.

Estrategia

Usar notas para hablar Cuando se está haciendo una entrevista o informando desde el lugar de la noticia, es importante tener organizadas las ideas por medio de preguntas importantes o tener notas para proporcionar respuestas precisas.

Y ahora, un reportaje especial...

1. **Preparación**
   Con un(a) compañero(a) vas a representar la conversación. Prepárate para los dos papeles. Puedes prepararte así:

   Locutor(a): Haz una lista de preguntas para el (la) reportero(a). Piensa en preguntas como "quién", "qué", "cuándo", "dónde" y "por qué". También puedes preguntar cuántas personas resultaron heridas o muertas; cuál fue la actuación de los servicios de emergencia; y los cuidados médicos que necesitaron las personas heridas o afectadas por el incendio. Puedes preguntar si el incendio ya ha sido controlado y no va a afectar a otras áreas.

   Reportero(a): Prepárate para dar la información desde el lugar del incendio. Piensa en la información que vas a dar, basándote en las preguntas del (de la) locutor(a) del noticiero. Ten en cuenta que esta va a ser una transmisión en directo y que tienes poco tiempo para dar tu información, por lo cual ésta debe ser muy precisa y clara.

2. **Práctica**
   Trabajen en grupos de cuatro donde haya dos reporteros(as) y dos locutores(as). Trabajen juntos para practicar diferentes preguntas y diferentes respuestas. Así es cómo deben comenzar el reportaje:

   Locutor(a): *Buenos días, Juan. ¿Qué pasó?*

   Reportero(a): *Hubo un incendio muy grande en un edificio de apartamentos. Cinco personas se murieron y había más de diez heridos.*

   Continúa la conversación haciendo uso de tus notas. Asegúrate de hablar claro y de hacer que tu entrevista sea lo más natural posible.

3. **Presentación**
   Tu profesor(a) formará las parejas y asignará los papeles. El (la) presentador(a) del noticiero noticias empieza la conversación. Escucha las preguntas o respuestas de tu compañero(a) y sigue adelante con tu reporte.

4. **Evaluación**
   Quizá tu profesor(a) te dé los criterios de cómo va a ser evaluada tu presentación. Probablemente, tu presentación será evaluada teniendo en cuenta:
   - lo completa que es tu presentación.
   - lo bien que te entendieron.
   - la habilidad con que manejas la conversación.

Repaso del capítulo (página 262)

Vocabulario y gramática

Repaso del capítulo

Para preparar el examen, revisa si...
- conoces el vocabulario nuevo y la gramática.
- puedes realizar las tareas de la página 189.

para hablar acerca de desastres naturales y condiciones atmosféricas extremas

el huracán *pl.* los huracanes	hurricane
la inundación *pl.* las inundaciones	flood
llover *(o → ue)*	to rain
la lluvia	rain
nevar *(e → ie)*	to snow
el terremoto	earthquake
la tormenta	storm

para hablar acerca de las noticias

el artículo	article
investigar	to investigate
el locutor, la locutora	announcer
el noticiero	newscast
ocurrir	to occur
el reportero, la reportera	reporter
tratar de	to try to

para hablar acerca de incendios

apagar	to put out (fire)
bajar	to go down
el bombero, la bombera	firefighter
comenzar *(e → ie)*	to start
destruir *(i → y)*	to destroy
dormido, -a	asleep
el edificio de apartamentos	apartment building
la escalera	ladder
escaparse	to escape
esconder(se)	to hide (oneself)
la explosión *pl.* las explosiones	explosion
el humo	smoke
el incendio	fire
los muebles	furniture
muerto, -a	dead
el paramédico, la paramédica	paramedic
quemar(se)	to burn (oneself), to burn up
se murieron	they died
subir	to go up

para hablar acerca de rescates

herido, -a	injured
el herido, la herida	injured person
el héroe	hero
la heroína	heroine
rescatar	to rescue
salvar	to save
valiente	brave
la vida	life
vivo, -a	living, alive

para contar una historia

a causa de	because of
afortunadamente	fortunately
asustado, -a	frightened
la causa	cause
de prisa	in a hurry
de repente	suddenly
gritar	to scream
hubo	there was
llamar (por teléfono)	to call (on the phone)
oír	to hear
sin duda	without a doubt
¡Socorro!	Help!

presente de oír

oigo	oímos
oyes	oís
oye	oyen

pretérito de *leer*

leí	leímos
leíste	leísteis
leyó	leyeron

pretérito de *oír*

oí	oímos
oíste	oísteis
oyó	oyeron

pretérito de *destruir*

destruí	destruimos
destruiste	destruisteis
destruyó	destruyeron

pretérito de *creer*

creí	creímos
creíste	creísteis
creyó	creyeron

● Más práctica
Practice Workbook Puzzle 5A-8
Practice Workbook Organizer 5A-9

Preparación para el examen (página 263)

En el examen vas a...	Éstas son las tareas que te pueden ser útiles para el examen...	Si necesitas repasar...
1 Escuchar Escuchar y entender a alguien que habla de su experiencia durante un evento trágico.	Escucha a un presentador de un programa de entrevistas mientras habla con una mujer que recientemente escapó de una situación peligrosa. Intenta entender: (a) lo que pasó; (b) la hora a la que pasó; (c) lo que estaba haciendo ella a esa hora; (d) a quién consideró la mujer como el héroe del día.	**págs. 240–243** *A primera vista* **pág. 244** Actividad 5 **pág. 250** Actividad 15
2 Hablar Hablar y describir cómo eran las cosas en momentos determinados del día.	Como parte del proyecto de servicio comunitario de tu escuela, visitas a un anciano que vive en una residencia con asistencia. El señor es de México y habla poco inglés, pero disfruta al escucharte hablar sobre lo que haces durante el día. Cuéntale qué tiempo hacía cuando te despertaste, cómo te sentiste y a qué hora te fuiste para la escuela.	**pág. 248** Actividad 12 **pág. 249** Actividades 13–14
3 Leer Leer y entender los titulares del periódico.	Aunque no puedas entender todo un artículo del periódico en español, te puedes hacer una idea de sobre qué trata al leer los titulares. Lee el siguiente titular e intenta determinar si se refiere a: (a) un incendio, (b) una inundación o (c) una explosión. Los bomberos salvaron a 200 personas anoche; más de 100 casas dañadas por el agua.	**pág. 241** *A primera vista* **pág. 244** Actividad 4 **pág. 245** Actividad 6 **pág. 252** Actividad 18 **págs. 256–257** *Lectura*
4 Escribir Escribir sobre una "película sobre una catástrofe".	Escribe varias oraciones sobre la "película sobre una catástrofe" que más te gustó o sobre la que menos te gustó. Menciona el tipo de catástrofe, el lugar donde ocurrió, lo que las personas estaban haciendo antes de que ocurriera esta catástrofe y otros detalles que ayuden a tus compañeros a adivinar de qué película estás hablando.	**pág. 246** Actividad 9 **pág. 247** Actividad 11 **pág. 250** Actividad 15 **pág. 253** Actividad 21
5 Pensar Demostrar un conocimiento sobre los nombres de los volcanes y sobre las leyendas relacionadas con ellos.	Una amiga tuya va a ir a Chile a hacer turismo. Mientras está allá quiere visitar los volcanes Parinacota y Pomerape. ¿Qué le puedes contar sobre la leyenda de estos volcanes? ¿Conoces alguna leyenda sobre algún lugar de tu comunidad?	**pág. 258** *La cultura en vivo*

Go Online PHSchool.com Web Code jdd-0508

Nombre ____________ Fecha ____________

A ver si recuerdas... (páginas 264–265)

Todo el mundo sufre accidentes. Piensa en los que tú o tus familiares o amigos(as) han sufrido que requirieron una visita a la sala de emergencia de un hospital. Escribe una breve descripción de un accidente usando las palabras de la lista y otras que sabes.

caerse	el brazo	las puntadas
cortarse	las muletas	la radiografía
quemarse	la muñeca	la receta
romperse	la pierna	la venda
	la rodilla	el yeso

Las respuestas variarán.

Fondo cultural (página 264)

Diego Rivera es uno de los mejores pintores mexicanos del siglo XX. Nació en Guanajuato, una ciudad del centro de México, y siendo niño se mudó con su familia a la Ciudad de México. Después viajó a España y a París, en donde recibió la influencia de grandes maestros de la pintura de ese tiempo. Tanto en México como en otros países, como los Estados Unidos, Rivera pintó muchos murales de temas sociales. Entre ellos está el mural titulado *La medicina antigua y la moderna*, en donde llaman la atención los rostros de la gente que está por recibir atención médica.

1. ¿Alguna vez has tenido que ir a un hospital a recibir servicios de emergencia? ¿Qué pasó?

   Las respuestas variarán.

2. ¿Tuviste que esperar para ser atendido? Si es así, ¿cómo te sentías mientras esperabas?

   Las respuestas variarán.

Nombre ____________ Fecha ____________

Capítulo 5B

Un accidente

Objetivos del capítulo

- Describir la escena de un accidente
- Hablar acerca de las heridas y de los tratamientos médicos
- Contar lo que se estaba haciendo cuando ocurrió un accidente
- Entender los aspectos culturales referentes a la salud

Conexión geográfica

Estos países tienen una conexión con el tema de este capítulo. Identifica las capitales que faltan y ubícalas en el mapa. Verifica tus respuestas en los mapas de las páginas xxiii y xxv de tu libro de texto.

Argentina	Buenos Aires
Bolivia	La Paz
Chile	Santiago
Colombia	Bogotá
Ecuador	Quito

Go Online Web Code jde-0002 PHSchool.com

Capítulo 5B Nombre ____________ Fecha ____________

A primera vista (páginas 266–267)

Actividad A

Fíjate en la tabla siguiente. Complétala con por lo menos cinco palabras y expresiones aprendidas en este capítulo y luego completa las tres frases que siguen.

Partes del cuerpo que me pueden doler	Cosas que puede hacer el doctor
el cuello **Respuestas posibles: el hombro la muñeca la espalda el codo la rodilla el tobillo**	examinar **Respuestas posibles: poner una inyección sacar una radiografía dar puntadas recetar medicina poner una venda**

A veces me duele **Las respuestas variarán.** ____________.

Cuando me corto el dedo, mi mamá o mi papá ____________.

La última vez que fui a ver al doctor, él (ella) ____________.

Actividad B

Observa los dibujos y contesta las siguientes preguntas en tu cuaderno.

1. ¿Qué se rompió Carlos? ¿Qué le puso la doctora? ¿Dónde está él ahora? ¿Qué necesita para poder caminar?
   Respuestas posibles: Se rompió el tobillo. Le puso un yeso. Está en la sala de emergencia. Necesita unas muletas para poder caminar.
2. ¿Qué le duele a Estefanía? ¿A dónde crees que van a llevarla? ¿Qué medio de transporte van a usar? ¿Qué es lo primero que van a hacerle? ¿Para qué?
   Respuestas posibles: Le duelen la espalda, el codo, la muñeca y la rodilla. Van a llevarla al hospital en una ambulancia. Le van a sacar radiografías, para ver si tiene un hueso roto.
3. ¿Dónde está Sofía? ¿Qué se lastimó Sofía? ¿Qué crees que le pasó? ¿Por qué? ¿Qué crees que va a hacerle el médico?
   Respuestas posibles: Sofía está en el hospital. Se lastimó la rodilla. Creo que se cortó la rodilla, porque le están poniendo algo sobre ella. El médico la va a examinar.

Capítulo 5B Nombre ____________ Fecha ____________

Videohistoria (páginas 268–269)

Actividad C

Completa las frases para obtener un resumen de la *Videohistoria.* Luego, ordena los eventos de la *Videohistoria* poniéndole el número correcto a cada cuadro.

4 En la sala de emergencia, le **trajeron** una silla de ruedas, le dieron puntadas y le dijeron que no tenía el brazo **roto**.

1 Raúl tropezó con algo y **se torció** el tobillo. **Se cayó** al suelo.

2 A la vez, él **chocó** con la mesa y **se lastimó** el brazo.

3 Su mamá y su papá le **pusieron** una venda y lo **llevaron** al hospital.

Actividad D

La mamá de Raúl está contándole a una amiga lo que pasó. Completa estas frases desde el punto de vista de la mamá.

¿Sabes lo que nos **pasó** anoche? Eran un poco después de las tres de la mañana cuando me despertó un ruido. Me levanté, abrí la puerta y allí estaba Raúl, con sangre en la **muñeca** y caminando despacito. Parece que **se lastimó** el brazo y también se **se torció** el tobillo. Yo le **puse** una **venda** en la muñeca y lo llevamos al hospital. Le dieron cinco **puntadas** pero afortunadamente él no tenía **roto** el brazo. Pobrecito, ¿no?

Ampliación del lenguaje

Diminutivos

La terminación *-ito(s), -ita(s)* se emplea para formar un diminutivo, es decir, una palabra que se refiere a algo pequeño: carro → carrito. A veces, los diminutivos se usan con un significado de cariño, en estos casos, no se refieren al tamaño. Un ejemplo de este uso es la palabra *pobrecito* del título de la *Videohistoria.*

Escribe los diminutivos de las siguientes palabras. Luego, haz una *X* al lado de aquellas que tengan un significado de cariño.

casa **casita** pastillas **pastillitas**

cielo **cielito X** puntada **puntadita**

Capítulo 5B Nombre ______ Fecha ______

Manos a la obra (páginas 270–273)

Actividad E

Mira los grupos de palabras a continuación. Después, incluye por lo menos dos palabras más para cada categoría.

1. El cuerpo: el codo, la muñeca, el brazo, **el cuello**, **el hombro**, **la rodilla**
2. Acciones: tropezar, caerse, romperse, **cortarse**, **chocar**, **lastimarse**
3. Lugares y personas relacionadas con los accidentes: la ambulancia, el hospital, los paramédicos, **los médicos**, **los enfermeros**, **la sala de emergencia**
4. Tratamientos: radiografía, yeso, inyección, **puntadas**, **medicina**, **venda**

Actividad F

Imagina que te sientes mal y vas a ver al médico. Completa este ejemplo de un cuestionario médico. **Las respuestas variarán.**

CLÍNICA SUÁREZ

Nombre y apellido ______

Dirección ______ Teléfono ______

¿Es su primera visita a esta clínica? ______

Razón por la visita ______

¿Cuántas veces a la semana hace ejercicio? ______ ¿Cuántas horas duerme en general? ______

¿Toma vitaminas o medicinas? ______ ¿Cuáles? ______

Enfermedades que ha tenido ______

Alergias (si las tiene) ______

Marque con una X si ha tenido cualquiera de los siguientes:

Dolor de cabeza ___	Gripe o fiebre ___	Otros problemas de la salud
Dolor de estómago ___	Problemas con la vista ___	______
Dolor de espalda ___	Problemas con el oído ___	______
Hueso roto ___	Mareo o desmayo ___	

Capítulo 5B Nombre ______ Fecha ______

Actividad G

Imagina que estás trabajando como enfermero(a) en la enfermería de tu escuela. Aquí tienes algunas quejas de varios estudiantes. Escribe lo que dices a cada uno. Puedes utilizar el vocabulario adicional.

Más vocabulario

escalofríos *temblar y sentir frío y calor al mismo tiempo*
fiebre *tener el cuerpo más caliente de lo normal*
tomar la temperatura *medir el calor del cuerpo*
mareado(a) *sentir que todo se mueve a nuestro alrededor*
herida *una parte del cuerpo lastimada*

Se muestran algunas respuestas posibles.

ARTURO: Me corté la mano. Mire cómo sangra. ¿Qué hago?

SERGIO: Tengo la cabeza muy caliente pero no tengo calor. No sé qué me pasa.... Uy, ahora de repente tengo un poco de frío...

LUMI: Estaba trabajando en el laboratorio y me torcí el tobillo. ¡Qué dolor!

LE DICES: **Respuestas posibles.**

1. A Arturo: **Voy a limpiarte la mano y ponerte una venda. Mantén limpia la herida.**
2. A Sergio: **Puedes tener fiebre. Voy a tomarte la temperatura y darte unas pastillas.**
3. A Lumi: **No tienes el tobillo roto. Voy a ponerle hielo y luego una venda. No camines mucho.**

Actividad H

Lee esta nota del diario de Ana. Después, completa la historia. Incluye por lo menos cuatro oraciones más y utiliza el vocabulario de este capítulo siempre que puedas. Explica qué les pasó al final a Ana, a Pucho y a Lucinda. ¡Usa tu imaginación!

> Ayer fue un día terrible. Después de pasar todo el día en clase, aburridísima, regresé a casa y encontré a mi gata, Lucinda, gritando de dolor. Intenté calmarla, pero cuando la tocaba, gritaba más. Me puse nerviosísima, no sabía qué hacer, así que llamé a la veterinaria. Ella me dijo: "Ana, pon a Lucinda en una caja con mucho cuidado y tráela a mi consultorio inmediatamente." Cuando iba a poner a Lucinda en la caja, tropecé con Pucho, mi perro, y me caí de espaldas, con tan mala suerte que di con la cabeza en una mesa y empecé a sangrar. Menos mal que entonces...

Las respuestas variarán. Las oraciones de los estudiantes deben incluir el vocabulario de este capítulo.

Gramática

Pretéritos irregulares: *venir, poner, decir y traer* (página 274)

Los verbos *venir, poner, decir* y *traer* siguen un patrón similar al de *estar, poder* y *tener* en el pretérito. Todos estos verbos tienen radicales irregulares y requieren las mismas terminaciones sin acentuación.

Infinitivo	Radical
decir	dij-
estar	estuv-
poder	pud-
poner	pus-
tener	tuv-
traer	traj-
venir	vin-

Terminaciones de los pretéritos irregulares	
-e	-imos
-iste	-isteis
-o	-ieron / -eron

puse	pusimos
pusiste	pusisteis
puso	pusieron

Observa que los verbos como *decir* y *traer,* cuyo radical irregular termina en *j,* pierden la *i* en la tercera persona del plural *(Uds. / ellos / ellas)* y se les añade simplemente *-eron.*

Me trajeron una silla de ruedas y me **dijeron** que no debía caminar.

Gramática interactiva

Identifica formas
Observa la conjugación del verbo *poner* en la tabla. Encierra en un círculo el cambio en el radical de *o* a *u.* Luego subraya las terminaciones.

Reflexiona
Basándote en los modelos de la tabla, escribe la forma de *él / ella* en el pretérito.

retener	*retuvo*
componer	compuso
convenir	convino
maldecir	maldijo
contraer	contrajo
detener	detuvo

Actividad I

Completa las oraciones siguientes conjugando los verbos en la forma del pretérito correspondiente.

1. Yo **puse** *(poner)* una venda.
2. Él **dijo** *(decir)* que le dolía la rodilla.
3. Elsa **contradijo** *(contradecir)* al médico.
4. Nosotros **trajimos** *(traer)* las medicinas.
5. Tú **repusiste** *(reponer)* las pastillas.
6. Vosotros **tuvisteis** *(tener)* fiebre.
7. Mis amigos **estuvieron** *(estar)* enfermos.

Actividad J

El médico del Hospital de la Cruz le ha dejado una nota a su enfermera, pero faltan algunos verbos en el pretérito. Completa la nota para que la enfermera pueda leerla.

Enfermera Rodríguez:

Ayer, el doctor Ramos y yo **estuvimos** *(estar)* en una conferencia para cirujanos. Después, nosotros **trajimos** *(traer)* algunos documentos al hospital, pero **olvidamos** *(olvidar)* nuestras tarjetas de identidad en el salón de conferencias. Cuando yo **llamé** *(llamar)* por teléfono al salón, uno de los organizadores me **dijo** *(decir)*: "No se preocupe, doctor. Sus tarjetas están aquí. Yo las **puse** *(poner)* en la recepción". Cuando el Dr. Ramos **fue** *(ir)* a recoger las tarjetas, ¡la recepcionista no **pudo** *(poder)* encontrarlas! Ella **tuvo** *(tener)* que hacer unas llamadas. Resulta que unos señores **vinieron** *(venir)* al hospital y **dejaron** *(dejar)* un sobre para mí.

Por favor, busque el sobre y comuníquese conmigo lo antes posible.

Muchas gracias por su ayuda,

Dr. Malvo

Actividad K

Aquí tienes las notas del día de Paco y Mario, unos paramédicos de El Paso, Texas. Ayúdales a escribir de forma adecuada lo que hicieron antes de entregarle el informe a su jefe.

Notas del día 2 de julio, 2004
— Venir al hospital a las 7 a.m.
— Poner las camillas en la ambulancia
— Conducir la ambulancia al lugar del accidente
— Traer a los pacientes al hospital
— Decirle a la enfermera la información sobre las víctimas
— Poner el informe diario sobre el escritorio del jefe

Hoy Paco y Mario vinieron...
...al hospital a las 7 a.m.
...pusieron las camillas en la ambulancia.
...condujeron la ambulancia al lugar del accidente.
...trajeron a los pacientes al hospital.
...le dijeron a la enfermera la información sobre las víctimas.
...pusieron el informe diario sobre el escritorio del jefe.

Gramática

El imperfecto progresivo y el pretérito

(página 277)

El imperfecto progresivo o continuo se usa para describir algo que ocurría en el pasado. Para formarlo se usa el imperfecto del verbo *estar* + gerundio.

Estaba durmiendo cuando escuché la sirena de la ambulancia.

Tanto el presente como el imperfecto progresivo se forman usando el gerundio. Recuerda que para formar el gerundio de los verbos terminados en *-ir*, con cambio en el radical, debes cambiar la *e* por una *i*, y la *o* por una *u*.

e → *i*	
decir: diciendo	**seguir: siguiendo**
pedir: pidiendo	**servir: sirviendo**
repetir: repitiendo	**vestir: vistiendo**

e → *i*
dormir: durmiendo

Para los verbos que terminan en *-er*, la *i* de *-iendo* cambia a *y*:

i → *y*
creer: creyendo
leer: leyendo
traer: trayendo

Cuando se usa un pronombre de objeto con el imperfecto progresivo, el pronombre puede ir antes del verbo *estar* o unido al gerundio.

—¿Qué estabas haciendo cuando te caíste?

—Me estaba riendo de mi gata. *o* Estaba riéndome de mi gata.

El imperfecto progresivo describe lo que estaba ocurriendo; el pretérito describe un evento pasado en particular o interrumpe la acción establecida por el imperfecto.

Ella estaba riéndose cuando se cayó.

Gramática interactiva

Identifica formas
Señala los siguientes elementos:

- En las tablas, encierra en un círculo el cambio en el radical de *e a i, o a u e i a y*.
- En los ejemplos, encierra en un rectángulo las formas del imperfecto progresivo y subraya las formas del pretérito.

¿Recuerdas?

Para decir que una acción ocurre en este momento, se usa el presente progresivo. El presente progresivo se forma con el presente de *estar* y el gerundio.

- **Estoy poniendo** una inyección.

Ampliación del lenguaje

Palabras esdrújulas y sobresdrújulas Las palabras esdrújulas llevan el acento sobre la antepenúltima sílaba; las sobresdrújulas llevan el acento sobre cualquier sílaba anterior a la antepenúltima. Muchos verbos se convierten en palabras esdrújulas o sobresdrújulas al añadirles un pronombre. Estas palabras **siempre** requieren acento gráfico.

- riendo → riéndome
- trayendo → trayéndonos

Actividad L

Imagínate que al salir de la escuela ayer viste un accidente de tráfico. Una camioneta pasaba cuando un coche llegó al cruce y no paró. El coche, en el que viajaban un hombre y una mujer, chocó con la camioneta. Como viste todo lo que pasó, una periodista te hace algunas preguntas. En tu cuaderno, responde a sus preguntas con tus propias ideas. Emplea la forma adecuada del imperfecto progresivo. Usa los verbos siguientes tantas veces como puedas.

creer decir dormir leer pedir reír repetir seguir servir traer

1. ¿Qué estabas haciendo tú en el momento en que se produjo el choque?
   Las respuestas variarán. Los estudiantes deben incluir las formas del imperfecto progresivo en las respuestas.
2. ¿Qué estaba haciendo el conductor del coche cuando chocó con la camioneta? Y la pasajera, ¿qué estaba haciendo?
3. ¿Qué estaban haciendo los dos conductores cuando llegó la policía?
4. ¿Qué estaba haciendo el conductor del camión cuando llegó la ambulancia?

Actividad M

Ayer hubo una reunión de padres, profesores y alumnos en tu escuela para hablar sobre la salud y el ejercicio. El periódico de tu escuela te ha pedido que escribas un informe sobre la reunión. Escríbelo en tu cuaderno. Aquí tienes algunos datos para ayudarte en tu descripción. **Las respuestas variarán.**

Modelo *Estaba hablando con el profesor Díaz cuando llegó el director de la escuela.* **Las respuestas variarán.**

Información de fondo
Lugar: *Sala de reuniones*
Hora: *18:30*
Asistentes: *100 padres, 20 alumnos y 32 profesores*
Ambiente: *Mucho ruido y confusión al principio. Después, calma durante la sesión de preguntas y respuestas.*
Comida: *Sándwiches y refrescos para todos*

Eventos
—Bienvenida a los asistentes.
—Presentación de profesores.
—Distribución de información sobre salud y ejercicio.
—Sesión de preguntas y respuestas.
—Finalización de la charla y merienda.

Capítulo 5B Nombre Fecha

Lectura cultural (página 280)

Lee la información sobre el jai alai en la página 280 de tu libro de texto. Aquí tienes más información sobre el deporte.

El jai alai se juega en una cancha grande. Para jugar se usa una cesta punta y una pelota dura con un peso de unos 120 gramos. Los cuatro elementos principales para jugar al jai alai son:

- **La cancha:** Tiene tres paredes y mide unos 60 metros de largo y unos 15 metros de alto aproximadamente.
- **La pelota:** Está hecha de látex y nailon por dentro, recubierta de piel por fuera. La piel se puede cambiar cuando se desgasta por el uso.
- **El casco:** Sirve para proteger la cabeza del jugador, ya que la pelota es dura y se mueve con tanta velocidad, que podría causar daños serios a los jugadores.
- **La cesta:** Hecha con un aro y madera. Es curvada e incluye un guante para la mano. Una cinta sujeta la cesta a la mano para que no se mueva al lanzar y recibir la pelota.

Actividad N

Tu amigo Luis estuvo en una competencia de jai alai el fin de semana pasado. Aquí tienes una nota con sus comentarios. La verdad es que Luis se equivocó en algunas cosas. Lee las oraciones y determina si son ciertas (*C*) o falsas (*F*).

1. C Al principio del juego, todos los jugadores llevaban casco.
2. F La pelota se movía muy lentamente cuando la lanzaban los jugadores.
3. F La cancha en la que jugaban tenía cuatro paredes y un techo.
4. F El elemento más importante del juego es la raqueta.
5. C Los jugadores tenían una mano dentro de un guante.
6. F Los jugadores no podían cambiar la piel de la pelota.

Actividad Ñ

Piensa en un juego que tú practicas o practicabas en tu barrio cuando eras pequeño(a). Después, escribe en tu cuaderno una breve descripción de los elementos del juego tomando como modelo la descripción del jai alai. **Las respuestas variarán.**

Capítulo 5B Nombre Fecha

Conexiones La salud (página 279)

Lee los datos siguientes sobre lesiones deportivas y luego responde en tu cuaderno las preguntas a continuación.

- Cada año se producen más de 10 millones de lesiones deportivas.
- Un 95% de estas lesiones afectan a los músculos, ligamentos o tendones.
- Una de las lesiones más frecuentes son los esguinces, o torceduras. Los tobillos, las muñecas y las rodillas son los lugares más frecuentes en los que ocurren los esguinces.

1. ¿Cuáles son las lesiones deportivas más frecuentes? **Las lesiones más frecuentes son los esguinces.**
2. ¿Tú y tus amigos toman algún tipo de precaución para evitar este tipo de lesiones cuando practican algún deporte? Explica. **Las respuestas variarán.**

El español en el mundo del trabajo (página 276)

Además de los hospitales, hay muchos otros organismos y centros comunitarios que requieren servicios de personas que hablan varios idiomas. Aquí tienes cuatro profesiones en las que puede ser útil saber otro idioma. Para cada profesión, indica por qué es importante esta habilidad.

Modelo Médico(a) *Para saber qué problemas de salud tienen los pacientes y tratarlos correctamente.*

PROFESIÓN **RAZÓN**

1. Paramédico(a) **Respuesta posible: Para saber qué le duele a las víctimas de un accidente o desastre y tratarlas inmediatamente.**
2. Bombero(a) **Respuesta posible: Para saber si quedan personas en un edificio si hay un incendio y buscarlas.**
3. Policía **Respuesta posible: Para saber qué fue lo que pasó cuando la llaman a una emergencia.**
4. Reportero(a) **Respuesta posible: Para poder entrevistar a los testigos o a las víctimas de un hecho.**

Capítulo 5B Nombre ______ Fecha ______

¡Adelante! (páginas 282–283)

Lectura 1

Estrategia
Usar cognados Cuando no entiendas una palabra, fíjate si se parece a otra que conozcas. Leer la palabra en voz alta también te puede ayudar a comprenderla.

Actividad O

Lee el mensaje de interés público sobre la Organización Panamericana de la Salud.

Lectura interactiva

Identifica cognados
Los sufijos *-ción* y *-dad* aparecen en varias palabras de la lectura. Subraya las siguientes palabras en la lectura y escribe en tu cuaderno otras similares que conozcas:

organización **organizador**
institución **instituto**
promoción **promover**
enfermedades **enfermo**
personalidades **persona**

Organización Panamericana de la Salud

La Organización Panamericana de la Salud (OPS) es una organización internacional de salud pública con más de 100 años de experiencia. La sede de la organización se encuentra en Washington D.C., y la institución representa 27 países. Los objetivos fundamentales de la OPS son la promoción entre los países de las Américas para:

- combatir las enfermedades
- prolongar la vida
- estimular el bienestar físico y mental de sus habitantes

Voces para la salud

Para lograr sus objetivos la OPS produjo una serie de mensajes de interés público sobre la salud, hechos por personalidades famosas del hemisferio. Estos artistas, atletas y actores informan a los pueblos de las Américas sobre importantes temas de salud.

Ampliación del lenguaje

El género de los sustantivos

Los sustantivos que terminan en *-dad* y en *-ción:* siempre son femeninos. Con estas palabras siempre debes emplear artículos y adjetivos en femenino.

La enfermedad contagiosa. **Una** institución seria.

¿Conoces otras palabras que terminen en *-dad* o en *-ción*? Úsalas en dos frases.

Las respuestas variarán.

Capítulo 5B Nombre ______ Fecha ______

Actividad P

Responde a las siguientes preguntas sobre la lectura anterior.

1. ¿Qué significa OPS?
   Significa Organización Panamericana de la Salud.
2. ¿Dónde se encuentra la sede de la organización?
   La sede de la OPS se encuentra en Washington, D.C.
3. ¿Cuáles son los tres objetivos de la OPS?
   Los tres objetivos de la OPS son combatir las enfermedades, prolongar la vida y estimular el bienestar físico y mental de los habitantes de los países de las Américas.
4. ¿Cuál es el papel de los personajes famosos en la organización?
   Respuesta posible: Los personajes famosos ayudan a difundir los mensajes y los principios de la OPS entre el público.
5. Fíjate en las páginas 282 y 283 de tu libro de texto. ¿Cuáles son algunos personajes famosos que ayudan a la OPS o a otras organizaciones que se preocupan pon la salud den las Américas?
   Respuestas posibles: Luis Enrique, Jon Secada, Don Francisco, Mercedes Sosa

Actividad Q

Escribe otro mensaje de interés público de tu parte. Comienza con tu nombre en la oración del título (____ *habla sobre* ____.). Escoge uno de los temas siguientes u otro que te guste. Recuerda organizar la información e incluir datos de interés general. **Las respuestas variarán.**

- la importancia de desayunar bien
- los beneficios del ejercicio físico
- la importancia de cuidar la salud
- la importancia de cuidar a las personas mayores

Lectura 2

Estrategia

Leer títulos y subtítulos Al leer los títulos y subtítulos, podemos saber sobre qué trata un artículo. Da una ojeada a los títulos del texto siguiente para anticipar la información que vas a leer.

Lectura interactiva

Lee títulos y subtítulos
Antes de leer el artículo, fíjate en el título y los subtítulos. Encierra en un círculo el título y subraya los subtítulos. Luego predice de qué trata el artículo.

Respuestas posibles:

El artículo compara y contrasta los instrumentos, los lugares de trabajo y cómo tratan a sus pacientes el médico científico y el médico tradicional.

Después de leer, verifica si acertaste los temas de los párrafos.

Medicina científica y medicina tradicional

Las culturas diferentes tienen conceptos distintos acerca de las enfermedades y cómo hacerles frente. En México, junto a la medicina científica o moderna que se practica en la ciudades, existe una medicina tradicional de origen indígena.

Instrumentos

El médico científico utiliza instrumentos y equipos para diagnosticar, como los rayos X, el escáner o los análisis de laboratorio. El médico tradicional utiliza métodos basados en el conocimiento de los síntomas, la experiencia y la intuición.

Lugar de trabajo

El médico científico trabaja en un consultorio o un hospital y cuenta con quirófanos, material estéril, suministro de oxígeno, personal de apoyo y medicinas elaboradas por los farmacéuticos. El médico tradicional trabaja en su domicilio o en el de sus pacientes. Usa técnicas como masajes y limpias. Utiliza recursos modestos y fáciles de obtener del medio ambiente del lugar donde vive, como hierbas y plantas.

El médico y la sociedad

El médico científico vive de su profesión, por lo que cobra por sus servicios. El médico tradicional generalmente vive como sus vecinos, trabajando en la siembra, la cría de animales o el comercio. No cobra por sus servicios, pero goza del reconocimiento social.

Estos dos modelos de atención son diferentes pero ambos son necesarios. En una sociedad intercultural, se debe potenciar lo común entre ambos sistemas.

Ampliación del lenguaje

Los plurales

El plural de un nombre, generalmente se forma añadiendo *-s* o *-es:*

- el médico → los médicos
- la enfermedad → las enfermedades

Si el nombre no se acentúa en la última sílaba y termina en *-s*, no varía en plural. El plural se muestra con el artículo:

- *el* análisis → *los* análisis

Escribe en tu cuaderno el plural de *gris, crisis, mes* y *pared.*

grises, crisis, meses y paredes

Actividad R

¿Cuál es la idea fundamental del texto? Señálala con una *X*.

1. La medicina moderna es superior a la medicina tradicional. ____
2. Los médicos tradicionales no pueden hacer diagnósticos acertados. ____
3. La medicina moderna y la tradicional deben complementarse. __X__

Actividad S

Responde a las preguntas siguientes basándote en el texto.

1. ¿Cuáles son dos de las diferencias del médico científico y del médico tradicional en cuánto a los instrumentos que usan y el lugar del trabajo?

   Respuestas posibles: El médico científico usa instrumentos y equipos especiales y trabaja en un consultorio o un hospital. El médico tradicional utiliza otros métodos y trabaja en su casa o en la de sus pacientes.

2. ¿Cuál es una razón por la que las personas pueden preferir los servicios del médico tradicional?

   Respuestas posibles: El médico tradicional generalmente vive como sus vecinos y no cobra mucho por sus servicios.

Actividad T

En un párrafo corto, explica a un amigo qué es un médico tradicional y qué hace. Si has ido alguna vez a la consulta de un(a) médico(a) tradicional o conoces a alguien que lo haya hecho, puedes incluir esa información.

Las respuestas variarán.

Capítulo 5B Nombre ______________________ Fecha ______________

Perspectivas del mundo hispano (página 284)

En los Estados Unidos existen clínicas y hospitales comunitarios que ofrecen cuidados de salud a personas de bajos recursos. Una de ellas es la Clínica del Pueblo, de Washington D.C. Lee la información sobre la clínica y después responde en tu cuaderno a las preguntas.

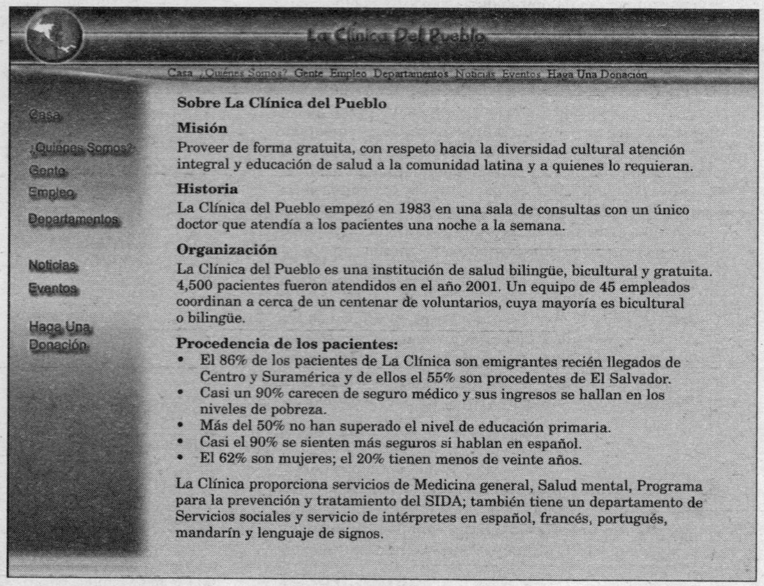
La Clínica Del Pueblo

Casa ¿Quiénes Somos? Gente Empleo Departamentos Noticias Eventos Haga Una Donación

Sobre La Clínica del Pueblo

Misión
Proveer de forma gratuita, con respeto hacia la diversidad cultural atención integral y educación de salud a la comunidad latina y a quienes lo requieran.

Historia
La Clínica del Pueblo empezó en 1983 en una sala de consultas con un único doctor que atendía a los pacientes una noche a la semana.

Organización
La Clínica del Pueblo es una institución de salud bilingüe, bicultural y gratuita. 4,500 pacientes fueron atendidos en el año 2001. Un equipo de 45 empleados coordinan a cerca de un centenar de voluntarios, cuya mayoría es bicultural o bilingüe.

Procedencia de los pacientes:
- El 86% de los pacientes de La Clínica son emigrantes recién llegados de Centro y Suramérica y de ellos el 55% son procedentes de El Salvador.
- Casi un 90% carecen de seguro médico y sus ingresos se hallan en los niveles de pobreza.
- Más del 50% no han superado el nivel de educación primaria.
- Casi el 90% se sienten más seguros si hablan en español.
- El 62% son mujeres; el 20% tienen menos de veinte años.

La Clínica proporciona servicios de Medicina general, Salud mental, Programa para la prevención y tratamiento del SIDA; también tiene un departamento de Servicios sociales y servicio de intérpretes en español, francés, portugués, mandarín y lenguaje de signos.

Actividad U

1. ¿En qué año comenzó a funcionar la Clínica del Pueblo? ¿Qué tipo de servicios tenía cuando comenzó? ¿Qué servicios tiene en la actualidad?
   La clínica comenzó a funcionar en 1983; entonces sólo tenía servicios médicos. En la actualidad, además ofrece también servicios sociales y servicios de intérpretes en varios idiomas.
2. Fíjate las cifras y porcentajes sobre los pacientes y describe las características del paciente típico de esta clínica.
   Los pacientes típicos son mujeres emigrantes recién llegadas de Centro y Suramérica, mayores de veinte años, que no tienen seguro medico y con muy pocos recursos económicos.

Capítulo 5B Nombre ______________________ Fecha ______________

Presentación escrita (página 285)

Documentar el accidente

Tarea

Estás caminando junto al edificio de la escuela cuando ves que sucede un accidente. Vas a la oficina de la escuela a reportar lo que has visto. La secretaria te pide que escribas un resumen que sirva como documentación para la escuela. Tu testimonio puede ayudar posteriormente a las autoridades a clarificar las causas del accidente.

Estrategia

Tomar notas Cuando estás haciendo la recapitulación de la información para un reporte, es de gran ayuda tomar notas con los detalles clave que se van a incluir en ese reporte. Cuando escribes el reporte, vas construyendo la narración alrededor de la recapitulación de los hechos.

1. **Antes de escribir**
   Piensa en la información que tu escuela podría necesitar para conocer detalles del accidente.

   Anota la información teniendo en cuenta los siguientes puntos. Escribe alguna información adicional que pueda ayudar a clarificar lo que realmente sucedió.

   - Nombre(s)
   - Descripción del accidente
   - Tipo de ayuda ofrecida
   - Otros testigos
   - ¿Cuándo y dónde ocurrió?
   - Descripción de los heridos
   - Ayuda que ofreciste tú
   - Otra información

2. **Borrador**
   Usa la información anterior para preparar un reporte para tu escuela. Decide cuál información es importante y en qué orden debe presentarse.

3. **Revisión**
   Lee tu reporte detenidamente y revisa si la ortografía, el uso de los verbos y el vocabulario son correctos. Muéstrale tu reporte a un(a) compañero(a), para que revise lo siguiente:

   - ¿Es un reporte fácil de entender?
   - ¿La información sobre el accidente es clara y sigue un orden lógico?
   - ¿Hay algo más que puedas añadir para dar más información o algo que cambiar para que el reporte sea más claro?
   - ¿Hay errores?

4. **Publicación**
   Vuelve a escribir tu reporte haciendo los correcciones o cambios necesarios. Entrega una copia a tu profesor(a) o inclúyela en tu portafolios.

5. **Evaluación**
   Quizá tu profesor(a) te dé los criterios de cómo va a ser evaluado tu reporte. Probablemente, tu reporte será evaluado teniendo en cuenta:

   - la cantidad de información presentada.
   - la claridad y el orden secuencial de la información sobre el accidente.
   - el correcto uso del pasado para recapitular de la información.

Capítulo 5B Nombre

Repaso del capítulo (página 288)

Vocabulario y gramática

Repaso del capítulo

Para preparar el examen, revisa si...
- conoces el vocabulario nuevo y la gramática.
- puedes realizar las tareas de la página 209.

para hablar acerca de tratamientos médicos

doler (o → ue)	to hurt
el dolor	pain
el enfermero, la enfermera	nurse
examinar	to examine, to check
la inyección *pl.* las inyecciones	injection, shot
poner una inyección	to give an injection
la medicina	medicine
las muletas	crutches
las pastillas	pills
las puntadas	stitches
dar puntadas	to stitch (*surgically*)
la radiografía	X-ray
sacar una radiografía	to take an X-ray
la receta	prescription
recetar	to prescribe
roto, -a	broken
la sala de emergencia	emergency room
la sangre	blood
la silla de ruedas	wheelchair
la venda	bandage
el yeso	cast

para explicar cómo ocurrió un accidente

el accidente	accident
la ambulancia	ambulance
caerse	to fall
me caigo	I fall
te caes	you fall
se cayó	he/she fell
se cayeron	they/you fell
chocar con	to crash into, to collide with
cortarse	to cut oneself
lastimarse	to hurt oneself
¿Qué te pasó?	What happened to you?
romperse	to break, to tear
torcerse (o → ue)	to twist, to sprain
tropezar (o → ie) (con)	to trip (over)

para nombrar partes del cuerpo

el codo	elbow
el cuello	neck
la espalda	back
el hombro	shoulder
el hueso	bone
la muñeca	wrist
el músculo	muscle
la rodilla	knee
el tobillo	ankle

otras palabras y expresiones útiles

moverse (o → ue)	to move
pobrecito, -a	poor thing
¡Qué lástima!	What a shame!
sentirse (e → ie)	to feel

pretérito de *venir*

vine	vinimos
viniste	vinisteis
vino	vinieron

pretérito de *decir* y *traer*

dije	traje	dijimos	trajimos
dijiste	trajiste	dijisteis	trajisteis
dijo	trajo	dijeron	trajeron

pretérito de *poner*

puse	pusimos
pusiste	pusisteis
puso	pusieron

imperfecto progresivo

Las formas del imperfecto de *estar* se usan con el gerundio para expresar que algo tenía lugar durante un periodo de tiempo en el pasado.

Gerundios

-ar	radical + -ando → caminando
-er	radical + -iendo → corriendo
-ir	radical + -iendo → escribiendo

Más práctica

Practice Workbook Puzzle 5B-8
Practice Workbook Organizer 5B-9

Capítulo 5B Nombre Fecha

Preparación para el examen (página 289)

En el examen vas a...	Éstas son las tareas que te pueden ser útiles para el examen...	Si necesitas repasar...
1 **Escuchar** Escuchar y entender a alguien que cuenta lo que pasó en un accidente.	Escucha a un operador del servicio 911 mientras responde a una llamada de alguien que está en la escena de un accidente. Intenta entender: (a) qué estaba haciendo la víctima antes del accidente; (b) cuál fue la causa del accidente; y (c) qué le pasó a la víctima.	**págs. 266–269** *A primera vista* **pág. 270** Actividad 5 **pág. 274** Actividad 12
2 **Hablar** Hacer preguntas y dar respuestas sobre la forma en la que alguien se lastimó.	Te gustaría recibir entrenamiento sobre las técnicas que se usan en las salas de emergencias para hacer preguntas. Con un compañero(a) practica lo que has aprendido representando una situación en la que una persona pregunta: (a) cuándo llegó el paciente a la sala de emergencias y cómo llegó; (b) cuál fue la causa de la herida; y (c) qué estaba haciendo la persona cuando se lastimó. Después, cambien de papeles.	**pág. 270** Actividad 6 **pág. 271** Actividad 8 **pág. 272** Actividad 9 **pág. 273** Actividad 10 **pág. 275** Actividad 15 **pág. 278** Actividad 20 **pág. 281** Actividad 26
3 **Leer** Leer y entender el relato de un accidente.	En el periódico lees los detalles de un accidente. Intenta entender lo que pasó, y qué tipo de atención médica recibieron las víctimas. Ayer dos niños chocaron cuando estaban montando en bicicleta en la Calle Suárez. La ambulancia llegó rápidamente para llevarlos a la sala de emergencia. Los paramédicos dijeron que uno de los niños tenía la muñeca rota y el otro necesitaba diez puntadas en la rodilla.	**págs. 266–269** *A primera vista* **pág. 270** Actividad 4 **pág. 275** Actividad 13 **pág. 279** Actividad 21 **pág. 280** Actividad 23 **págs. 282–283** *Lectura*
4 **Escribir** Escribir un informe sobre la atención médica que recibieron los heridos.	Estabas supervisando a varios niños, cuando se lastimaron en el patio de recreo y tuviste que llevarlos a la sala de emergencias. Escribe un resumen en español, indicando el tipo de atención médica que recibió cada niño.	**pág. 270** Actividad 4 **pág. 274** Actividad 12 **pág. 275** Actividades 13 y 15 **pág. 285** *Presentación escrita*
5 **Pensar** Demostrar un conocimiento de los servicios médicos de emergencia en diferentes países.	Imagina que te has lastimado. ¿A dónde irías? ¿Cómo llegarías? ¿Qué clase de servicios de emergencia médica hay en tu comunidad? ¿En qué se parecen o se diferencian los servicios de emergencia de tu comunidad a los de los países hispanohablantes?	**pág. 271** *Fondo cultural* **pág. 278** *Fondo cultural* **págs. 282–283** *Lectura* **pág. 284** *Perspectivas del mundo hispano*

Go Online PHSchool.com Web Code jdd-0517

Nombre ______________________ Fecha ______________

A ver si recuerdas... (páginas 290–291)

¿Hay estaciones de televisión hispanohablantes en la región donde vives? Investiga qué programas presentan estas estaciones. Escribe en la gráfica organizadora los títulos de los programas en el espacio que corresponde al tipo de programas que son. Si no ves televisión en español, analiza los programas que se presentan en inglés.

Las respuestas variarán.

musicales	de noticias	deportivos	de concursos
educativos	**de dibujos animados**	**telenovelas**	**de entrevistas**

Fondo cultural (página 292)

Salvador Dalí es sin duda uno de los pintores más importantes y originales que ha dado España. Nació en 1904 y falleció en 1989, dejando un gran legado artístico que impresionó al mundo. Dalí estudió en Madrid, y más tarde se mudó a París donde conoció a sus compatriotas Pablo Picasso y Juan Miró. Después de la Guerra Civil de España vivió en los Estados Unidos por unos años. En 1973 pintó una obra titulada *El futbolista*.

1. ¿En qué se parecen y en qué se diferencian el fútbol americano del fútbol "soccer"?

   Las respuestas variarán.

2. ¿Alguna vez has visto un partido de cualquier de estos deportes en la televisión? Si es así, ¿qué fue la cosa más interesante del partido?

   Las respuestas variarán.

3. ¿Qué te parece mejor: ver un partido por la televisión o en vivo en el estadio? ¿Por qué?

   Las respuestas variarán.

Nombre ______________________ Fecha ______________

Capítulo 6A

¿Viste el partido en la televisión?

Objetivos del capítulo

- Hablar sobre lo que has visto en la televisión
- Explicar qué piensas sobre ver la televisión
- Comprender las perspectivas culturales de los programas de televisión en los países hispanohablantes

Conexión geográfica (página 293)

Las telenovelas se producen, por lo general, en México y Venezuela. Identifica con una *X* estos países en el mapa. ¿De dónde son las telenovelas que se ven en tu comunidad?

Las respuestas variarán.

Go Online Web Code jde-0002 PHSchool.com

Capítulo 6A Nombre ______ Fecha ______

A primera vista (páginas 294–295)

Actividad A

Lee los siguientes artículos que aparecieron en el periódico de una escuela. Luego, di si las afirmaciones siguientes son ciertas (C) o falsas (F). En una hoja de papel, vuelve a escribir las afirmaciones falsas para que reflejen la información del texto.

Ampliación del lenguaje

Fíjate en el uso de las comillas, los dos puntos y las exclamaciones. Las **comillas** (" ") se usan para encerrar lo que dice alguien. Los **dos puntos** (:) señalan el comienzo de una cita. Las **exclamaciones** (¡!) inician y finalizan las oraciones que expresan emociones como la sorpresa o la alegría.

Escribe en tu cuaderno dos expresiones de sorpresa que usen exclamaciones.

1. El equipo Secundaria Miraflores ganó el partido. Los atletas de la Secundaria Lorca jugaron sin emoción. El público se aburrió y, al final, los aficionados de la Secundaria Lorca se pusieron furiosos. "Nos enojamos porque nuestros jugadores no metieron ningún gol", dijo un aficionado. El entrenador de la Secundaria Lorca estaba muy agitado. Él nos dijo que en los entrenamientos el equipo jugó bien, pero que en el partido parece que los jugadores se durmieron.

   a. F El partido resultó en un empate. **El equipo Secundaria Miraflores ganó el partido.**

   b. C El público se enojó con el equipo de la Secundaria Lorca.

   c. F Los atletas de la Secundaria Lorca sólo metieron un gol. **Los atletas de la Secundaria Lorca no metieron ningún gol.**

2. Ayer, en el Auditorio nacional, tuvo lugar la gran final del segundo concurso de belleza regional. Al final, ganó la simpática Mónica Lezama. Cuando la presentadora anunció el nombre de la ganadora, el público se volvió loco de alegría y se paró para aplaudir. Mónica es muy popular y muy querida en el barrio. Al final, cuando Mónica recibió su premio, dijo: "¡Gracias a todos por su apoyo!"

   a. C Mónica es una reina de belleza.

   b. F Es la tercera vez que se celebra el concurso de belleza regional. **Es la segunda vez que se celebra el concurso de belleza regional.**

   c. F El director del auditorio anunció el nombre de la ganadora. **La presentadora anunció el nombre de la ganadora.**

   d. F Mónica recibió un premio al principio de la competencia. **Mónica recibió un premio al final de la competencia.**

Actividad B

¿Qué otros tipos de espectáculos o eventos conoces? ¿En qué otros lugares se celebran eventos y espectáculos? Escribe en tu cuaderno tres frases sobre otros eventos y lugares a los que has asistido o a los que te gustaría asistir. **Las respuestas variarán.**

Capítulo 6A Nombre ______ Fecha ______

Videohistoria (páginas 296–297)

Actividad C

Escribe un resumen de la *Videohistoria* usando las palabras en la caja y las frases incompletas a continuación.

entrevista	fenomenal	se mueren
entrevistar	metió el gol	último

Ramón y Manolo estaban viendo en la televisión...

Las respuestas variarán, pero deberán mostrar un uso adecuado de las palabras de la caja.

Luis Campos dijo...

Claudia interrumpió...

Ramón y Manolo empiezan a gritar...

Actividad D

Los personajes de la *Videohistoria* han ido a ver un partido de fútbol muy interesante. ¿Qué crees que pasó durante el partido? Imagina la situación y termina en tu cuaderno este diálogo en el que los chicos comentan algo que ocurrió durante el partido.

MANOLO: ¿Vieron el gol que metieron los Lobos en los últimos segundos del partido?
Las respuestas variarán pero deben incluir el vocabulario del capítulo.

Capítulo 6A Nombre ______ Fecha ______

Manos a la obra (páginas 298–301)

Ampliación del lenguaje

Adjetivos calificativos Recuerda que los adjetivos calificativos son las palabras que describen a personas, lugares, cosas y conceptos. Normalmente, se colocan detrás del sustantivo. Las palabras que se presentan en la caja de la Actividad F son adjetivos calificativos.

Actividad E

Escribe dos adjetivos más que conozcas. Luego, úsalos en una frase.

Las respuestas variarán.

Actividad F

¿Qué cualidades personales tienes tú que te harían ser un(a) bueno(a) reportero(a) de deportes? ¿Qué partes de tu personalidad te harían difícil el trabajo? Usa las siguientes palabras y otras que conozcas para decir por qué. Escríbelas en tu cuaderno.

serio	atrevido	inteligente	deportista
ordenado	reservado	paciente	sociable

Las respuestas variarán pero deben incluir razones lógicas.

Actividad G

Relaciona las emociones de la Columna A con los motivos que pueden provocarlas de la Columna B.

e 1. Los aficionados se enojaron porque
c 2. El público aplaudió porque
a 3. Los atletas se aburrieron porque
d 4. La presentadora estaba muy contenta porque
b 5. La ganadora del concurso de belleza se volvió loca de alegría porque

a. el partido era muy lento.
b. le entregaron un cheque por un millón de pesos.
c. su equipo ganó.
d. la entrevista estuvo fenomenal.
e. su equipo perdió.

Capítulo 6A Nombre ______ Fecha ______

Actividad H

¿Cuáles son tus programas favoritos de televisión? ¿Por qué te gustan? En tu cuaderno, escribe el nombre de tus dos programas favoritos y explica lo que más te gusta de esos programas. **Las respuestas variarán.**

Modelo *Noticiero Univisión—Lo que más me gusta de este programa es que da noticias de toda Latinoamérica.*

Actividad I

Imagina que una cadena de televisión te ofrece la oportunidad de diseñar un programa a tu gusto. ¿Cómo será? ¿Qué elementos tendría? Completa la información. Puedes usar en tus respuestas algunas de las palabras que se presentan en *Más vocabulario*.

Las respuestas variarán.

1. ¿Cómo se llamaría el programa?
2. ¿Cuál sería su tema central? ¿Habría un presentador fijo o cambiaría cada vez?
3. ¿A qué público iría dirigido el programa? ¿Cuál sería su objetivo principal, entretener, informar, divertir, educar?
4. ¿Qué duración tendría el programa? ¿Cuántas veces por semana se pasaría? ¿Habría participación del público? ¿Sería en directo o grabado? ¿Se haría en un estudio? ¿Al aire libre? ¿A qué hora te gustaría que fuera el programa?

Más vocabulario

estudio *edificio que se utiliza para la realización de programas de televisión*
programa en directo *es un programa que se transmite al mismo tiempo que está ocurriendo*
programa diferido o **grabado** *programa que se graba y luego se edita antes de transmitirlo*
televidente *persona que ve la televisión*
transmitir *pasar un programa*

Nombre ______________ Fecha ______________

Gramática (página 302)

El pretérito de los verbos en *-ir* con cambio en el radical

En el pretérito, los verbos que terminan en *-ir,* como *preferir, pedir* y *dormir,* también tienen un cambio en el radical, pero sólo en la forma *Ud. / él / ella* y en la forma *Uds. / ellos / ellas.* En estas formas, la *e* cambia a *i* y la *o* cambia a *u.*

Mi mamá **se aburrió** y **se durmió** durante la película.
Mis padres **prefirieron** ver el concurso de belleza.
En la liga **compitieron** los mejores equipos de México.

preferir (e → i)

preferí	preferimos
preferiste	preferisteis
prefirió	prefirieron

pedir (e → i)

pedí	pedimos
pediste	pedisteis
pidió	pidieron

dormir (o → u)

dormí	dormimos
dormiste	dormisteis
durmió	durmieron

- Observa la ortografía de las formas del pretérito de *reír: reí, reíste, rió, reímos, reísteis, rieron.*

Otros verbos en *-ir* con cambios en el pretérito son los siguientes:

- Verbos como *preferir: divertirse, mentir, sentirse*
- Verbos como *pedir: competir, despedirse, repetir, seguir, servir, vestirse*
- Verbos como *dormir: morir*
- Verbos como *reír: sonreír*

Gramática interactiva

Identifica formas
- Subraya la terminación de los verbos en el pretérito.
- Haz un círculo alrededor de las terminaciones que lleven acento. ¿Hay algo en común entre estos tres verbos en relación con los acentos? Explica cuál es.

Las formas de *yo* y *él/ella* llevan acento.

¿Recuerdas?
Ya sabes que el cambio de radical en el tiempo presente ocurre en todas las formas menos en la de *nosotros(as)* y *vosotros(as).*

preferir *(e → ie)*
- **Prefiero** ver programas deportivos.

pedir *(e → i)*
- **Pedimos** los espaguetis.

dormir *(o → ue)*
- Ellos **duermen** tarde.

Nombre ______________ Fecha ______________

Actividad J

Usa las reglas que ya conoces sobre el pretérito de los verbos con cambios irregulares para completar las listas siguientes.

Verbo	yo	él/ella	nosotros
divertir	divertí	divirtió	divertimos
sentir	sentí	sintió	sentimos
competir	competí	compitió	competimos
despedir	despedí	despidió	despedimos
seguir	seguí	siguió	seguimos
morir	morí	murió	morimos
sonreír	sonreí	sonrió	sonreímos

Actividad K

Amalia le está hablando a su amiga sobre lo que hicieron ayer ella y sus hermanos. Completa su relato con la forma adecuada de uno de los verbos de la lista. Debes usar todos los verbos y no repetir ninguno.

competir divertirse morirse seguir despedir dormirse preferir sonreír

Ayer, Carlos fue al cine, pero Francisca y yo ___preferimos___ ver la televisión. Vimos un concurso y ___nos divertimos___ mucho. Los participantes ___compitieron___ con entusiasmo para conseguir el premio. Las pruebas eran muy divertidas. Yo ___me morí___ de risa cuando vi a los chicos que se cayeron al agua, pero Francisca ni ___sonrió___. A ella le gustó más cuando se asustaron con los animales, entonces empezó a reírse y ___siguió___ riéndose hasta que terminó el programa y los presentadores se ___despidieron___ hasta la próxima semana. Cuando Carlos llegó y le preguntamos sobre la película, nos dijo que fue una película tan aburrida que él ___se durmió___. La próxima semana él va a ver el concurso con nosotras.

Gramática

Otros verbos reflexivos (página 305)

Otros verbos reflexivos se usan con pronombres reflexivos y formas verbales, pero no tienen el significado de una persona que realiza una acción sobre sí mismo(a). Estos verbos reflexivos describen un cambio de estado mental, emocional o físico.

Ejemplos de estos verbos son:
Respuestas posibles:

	presente	pretérito
aburrirse		
casarse		
divertirse X *	todas las formas del presente	(él/ella) divirtió, (ellos/ellas) divirtieron
dormirse X *	(yo) duermo, (tú) duermes, (él/ella) duerme, (ellos/ellas) duermen	(él/ella) durmió, (ellos/ellas) durmieron
enojarse		
ponerse * (furioso, -a...)		todas formas del pretérito
volverse X loco, -a	(yo) vuelvo, (tú) vuelves, (él/ella) vuelve, (ellos/ellas) vuelven	

Se durmieron durante la película.

Se puso alegre después de ganar.

Gramática interactiva

Reflexiona

- Encierra en un círculo el radical de los verbos de la tabla.
- Haz una *X* junto a los verbos que tienen cambio de radical en el presente.
- Marca con un asterisco (*) los verbos que tienen cambio de radical en el pretérito.
- Escribe en la tabla un ejemplo de los cambios de raíz que indicaste.

¿Recuerdas?

Ya sabes que los verbos reflexivos se usan para expresar acciones de una persona sobre sí misma.

- Felipe **se afeitaba** mientras yo **me cepillaba** los dientes.

Actividad L

¿Cómo reaccionan tú y tus amigos? Responde en tu cuaderno. Usa con frases completas.
Las respuestas variarán.

1. ¿Te aburres o te diviertes viendo programas de concursos? ¿Por qué?
2. ¿Tú y tus amigos se enojan cuando su equipo pierde? ¿Cómo reaccionan?
3. ¿Se vuelven ustedes locos de alegría cuando su equipo gana? ¿Cómo lo celebran?
4. ¿Cómo se pone tu mejor amigo(a) cuando llegas tarde a una cita?
5. ¿Cómo te pones cuando tus amigos te dicen que no tienes razón?

Actividad M

Completa este párrafo con el pretérito del verbo apropiado de la caja.

aburrirse divertirse enojarse volverse casarse dormirse ponerse

El otro día mis amigos y yo fuimos a un partido. Jugaban el equipo de fútbol de nuestra escuela contra el de la escuela de mi hermana. Al principio, nosotros **nos divertimos** mucho porque nuestro equipo iba ganando 1 a 0. Sin embargo, el juego empezó a ser muy lento y todos **nos aburrimos** tanto que casi **nos dormimos**. Casi al final del partido, el equipo de mi hermana metió dos goles y… nos ganaron. Todos mis compañeros **se enojaron** porque el entrenador no había hecho los cambios necesarios. Yo **me puse** muy contento por mi hermana.

Ampliación del lenguaje

Pronunciación: Variaciones regionales de la *ll* / *y* y la *c* / *z*

La mayoría de los hispanohablantes pronuncian la *ll* y la *y* de la misma manera:

rodilla joyas cepillo rayas llamar sellos

Sin embargo, existen algunas variaciones regionales. En Argentina y Uruguay, la *ll* y la *y* se pronuncian con un sonido parecido a la "ch". En otros países, la *ll* se pronuncia más como *li*.

Capítulo 6A Nombre ______ Fecha ______

Lectura cultural (página 301)

Lee la siguiente información sobre algunos jugadores latinoamericanos que han logrado alcanzar el éxito en las ligas internacionales. Luego, contesta las siguientes preguntas.

Latinoamericanos en el béisbol

Los latinoamericanos, y en particular, los países del Caribe, sienten tal pasión por el béisbol, que han logrado contribuir con algunos de los mejores jugadores a las ligas de todo el mundo. Aquí tienes información sobre algunos de los más famosos y sus equipos.

- **Alex Rodríguez** (EE.UU.): Empezó a jugar en 1993, cuando tenía solamente 18 años, y ha jugado para los Marineros de Seattle, los Rangers de Texas y los Yanquis. Fue el MVP de la Liga Americana de 2003.
- **Manny Ramírez** (República Dominicana): Empezó a jugar en 1993 para los Indios de Cleveland y desde 2001 juega para los Medias Rojas de Boston.
- **Miguel Tejada** (República Dominicana): Empezó a jugar en 1997 para los Atléticos de Oakland y este año empezó a jugar para los Orioles de Baltimore. Fue el MVP de la Liga Americana de 2002.
- **Magglio Ordóñez** (Venezuela): Empezó a jugar para los Medias Blancas de Chicago en 1997. Fue seleccionado cuatro veces para participar en el Juego de las Estrellas de la Liga Americana en las últimas cinco temporadas.
- **Carlos Delgado** (Puerto Rico): Lleva doce años jugando para los Azulejos de Toronto. En 1993 fue uno de los jugadores más jóvenes de las Grandes Ligas.

Actividad N

¿A quién más incluirías en esta lista de estrellas latinoamericanas del béisbol? Nombra otro jugador y descríbelo siguiendo el modelo anterior.

Las respuestas variarán.

Actividad Ñ

¿En qué otros deportes destacan atletas hispanohablantes? ¿Qué figuras famosas conoces en esos deportes? Escribe en tu cuaderno un párrafo corto para responder a estas preguntas. Las respuestas variarán.

Capítulo 6A Nombre ______ Fecha ______

Conexiones Las ciencias sociales (página 304)

Actividad O

Los distintos medios de comunicación nos informan sobre noticias de todo el mundo. La forma en que presentan estas noticias varía de un medio a otro. Unos son más rápidos en informar, otros informan con más detalle; unos se centran más en noticias internacionales, otros se enfocan más en noticias locales. ¿Qué ventajas e inconvenientes tiene la información sobre noticias en los siguientes medios de comunicación? Completa la tabla siguiente escribiendo una ventaja y una desventaja para cada medio.

	ventajas	desventajas
periódico	Se puede leer a cualquier hora.	Nos da las noticias del día anterior.
televisión	Las respuestas variarán.	
radio		
Internet		

El español en la comunidad (página 307)

Actividad P

Investiga los medios de comunicación en tu comunidad y elige una emisora o un periódico para escribir en tu cuaderno un informe. Incluye en tu informe los principales temas que trata o los diferentes tipos de programas y el público a quien se dirige.

Si donde vives no hay radio ni periódicos en español, puedes hacer una búsqueda en Internet y leer alguno de los diarios que se publican en Internet como *La Nueva Opinión,* de San Antonio, TX, *Prensa Hispana,* de Phoenix, AZ; *La Opinión,* de Escondido, CA; *Periódico La Unión,* de Reno, NV; *El Compás de New York,* de Nueva York, NY; *El Nuevo Herald,* de Miami, FL; *La Raza,* de Chicago, IL; u otros. Las respuestas variarán.

Capítulo 6A Nombre ____ Fecha ____

¡Adelante! (páginas 310–311)

Lectura 1

Estrategia

Usar conocimientos previos Al leer un texto, usa tus conocimientos previos sobre el tema para comprender el contexto de la lectura.

Actividad Q

Haz la primera actividad de la caja que está al margen y luego lee el artículo.

Lectura interactiva

Usa conocimientos previos
¿Qué información puedes esperar encontrar en esta lectura sobre los Juegos Panamericanos? Mira los títulos y subtítulos. Escribe tres aspectos en tu cuaderno. Después de leer comprueba si encontraste la información que esperabas y subraya la idea principal de cada párrafo.

Desarrolla tu vocabulario
En la lectura, encierra en un círculo un sinónimo de cada una de las palabras o expresiones siguientes. Escribe al margen el número correspondiente.

1. recordar
2. leyenda
3. que tienen un mismo centro
4. incluye

Los Juegos Panamericanos

Los Juegos Panamericanos se establecieron para promover la comprensión entre las naciones del continente americano. Los primeros Juegos se inauguraron el 25 de febrero de 1951 en Buenos Aires, con 2,513 atletas de 22 países. El lema de los juegos — 2
"América, Espirito, Sport, Fraternité"— incorpora 4
cuatro de los idiomas más importantes de las Américas: el español, el portugués, el inglés y el francés. Todos los países de las Américas pueden mandar atletas a competir. El 80 por ciento de los deportes de los Juegos Panamericanos se juegan en las Olimpiadas. Los Juegos Panamericanos se celebran cada cuatro años durante el verano previo a los Juegos Olímpicos.

El emblema

El emblema de los Juegos es una antorcha sobre cinco
círculos concéntricos con los colores amarillo, verde, 3
blanco, rojo y azul. Aparece por lo menos uno de estos colores en la bandera de cada uno de los países de las Américas.

La mascota

Para conmemorar los Juegos Panamericanos, cada 1
cuatro años el país anfitrión crea una mascota que representa algo histórico o cultural del país.

Actividad R

¿Qué idiomas además del español hay en el lema de los Juegos? ¿En qué países americanos se hablan esos idiomas? Responde en tu cuaderno. Usa frases completas.

Respuestas posibles: Además del español, el lema de los juegos integra el portugués, el inglés y el francés. En las Américas se habla portugués en Brasil; se habla francés en Canadá y en Haití; y se habla inglés en los Estados Unidos, Canadá y Belice.

Capítulo 6A Nombre ____ Fecha ____

Actividad S

Escribe un resumen de la lectura, para alguien que no sabe nada de los Juegos Panamericanos. Explica en qué consisten, cuándo se dónde y, celebran, cuál es su objetivo y qué países y atletas pueden participar. Usa las palabras que encerraste en un círculo en la actividad *Desarrolla tu vocabulario.*

Las respuestas variarán pero deben incluir las palabras *conmemorar, lema, concéntrico* e *integrar* usadas de forma adecuada.

Actividad T

Éstos son algunos eventos de los Juegos Panamericanos que se celebraron en Santo Domingo, República Dominicana, en el año 2003. Lee los titulares y usa la información para preparar un reportaje, contando con tus propias palabras lo que pasó. Ten cuidado al conjugar los verbos en tiempo pasado y presta atención a los cambios ortográficos de los verbos con cambios en el radical.

Titulares de los Juegos Panamericanos del 2003

- **1 de agosto.** La inauguración de los Juegos se interrumpe porque la policía tiene que dispersar a un grupo que protesta contra estos juegos, cuando el país está en crisis.
- **2 de agosto.** La cubana Eglys Cruz Farfán gana la primera medalla de oro de los juegos.
- **3 de agosto.** Cuba gana las siete medallas de oro en lucha. En fútbol, Argentina derrota a Paraguay y Brasil vence a Colombia.
- **5 de agosto.** El ecuatoriano Jefferson Pérez gana la medalla de oro en la caminata de 20 kilómetros.
- **7 de agosto.** El venezolano Néstor Nieves gana la carrera de obstáculos en los 3000 metros. Marcelo Ríos, tenista chileno, derrota a Jaime Cuéllar de El Salvador.
- **9 de agosto.** Brasil recibe nueve medallas de oro. El chileno Marcelo Ríos y el brasileño Fernando Meligeni consiguen el oro en las finales de tenis.

Las respuestas variarán pero deben incluir formas correctas del tiempo pretérito.

Lectura 2

Actividad U

Otra competencia deportiva internacional es la Universiada. En el texto siguiente encontrarás información sobre esta competencia. Para leer el texto, sigue las instrucciones y haz las actividades de la caja que está al margen.

Estrategia

Leer varias veces Para comprender bien un texto en el que se incluye información específica, puedes necesitar leerlo dos veces: la primera para captar las ideas generales, y la segunda para recordar los detalles como cifras y fechas.

Lectura interactiva

Lee varias veces

- Lee el texto rápidamente para comprender la idea principal. Subraya esta idea con dos líneas.
- Vuelve a leer el texto y subraya con una línea tres detalles que apoyen la idea principal.

Encuentra

Encierra en un círculo tres palabras que terminan en *-al* (ojo, una de ellas está en plural). ¿Qué tipo de palabras son? **adjetivos**

Universiada

La Universiada es una competencia deportiva internacional para estudiantes universitarios. En esta competencia participan países de todo el mundo. Está supervisada por la FISU (Federación Internacional del Deporte Universitario) y tiene lugar cada dos años (en los años impares).

La primera Universiada se realizó en el año 1959 en Turín, Italia. En ella participaron asociaciones deportivas universitarias de 46 países con unos 1,400 participantes. Fue en esa ocasión cuando se inventó el término de Universiada y se crearon la bandera y el logo. En 1979 se celebra la Universiada Mundial en México, en la que participaron 94 países y 2,000 deportistas. En 2001 en la Universiada celebrada en Beijing, China, participaron 165 países y un total de 6,675 atletas.

La Universiada se parece mucho a los Juegos Olímpicos: hay Universiada de verano y de invierno, Villa Olímpica, mascota de los juegos, conferencias sobre deporte y festivales culturales que tienen lugar durante el tiempo que dura la Universiada. Por último, los dos eventos comienzan con una ceremonia de apertura y terminan con una ceremonia de clausura.

La Universiada se desarrolla a lo largo de diez días y el país organizador puede proponer al Comité Ejecutivo hasta tres deportes opcionales para ser incluidos en el programa.

En la Universiada de 2003 celebrada en Corea del Sur a finales de agosto, España ganó una medalla de oro, cuatro de plata y ocho de bronce. México logró tres medallas de plata y dos de bronce.

Ampliación del lenguaje

Actividad V

El sufijo *-al* sirve para formar adjetivos con idea de relación o pertenencia. Convierte los siguientes nombres a adjetivos añadiéndoles el sufijo *-al*. Fíjate que el acento cae en la última sílaba.

fenómeno	fenomenal	orquesta	orquestal
fin	final	socio	social
monumento	monumental	teatro	teatral
música	musical		

Actividad W

Responde a las siguientes preguntas sobre la lectura.

1. ¿Qué es la Universiada?

   Es una competencia deportiva internacional para estudiantes universitarios.

2. Escribe una semejanza y una diferencia entre la Universiada y los Juegos Olímpicos.

   Respuestas posibles:
   Semejanzas: Las dos son competencias deportivas. Las dos son internacionales. En las dos hay una villa olímpica. En las dos hay ceremonias de apertura y de cierre.
   Diferencias: Los Juegos Olímpicos duran más días que la Universiada. En la Universiada, todos los atletas son universitarios; en los Juegos Olímpicos, no. Los Juegos Olímpicos tienen lugar cada cuatro años; la Universiada tiene lugar cada dos años.

3. Escribe una semejanza y una diferencia entre la Universiada y los Juegos Panamericanos.

   Respuestas posibles:
   Semejanzas: Las dos son competencias deportivas. Las dos son internacionales.
   Diferencias: En la Universiada, todos los atletas son universitarios; en los Juegos Panamericanos, no. En los Juegos Panamericanos participan sólo atletas de las Américas; en la Universiada participan atletas de todo el mundo.

4. ¿Cuántas medallas obtuvo España en la Universiada de 2003? ¿Y México?

   España ganó trece medallas: una de oro, cuatro de plata y ocho de bronce. México ganó cinco medallas: tres de plata y dos de bronce.

La cultura en vivo (página 312)

Actividad X

En toda América Latina y en los Estados Unidos, las telenovelas son los programas de televisión en español que ve un mayor número de personas. Lee el siguiente texto sobre este género televisivo, y luego responde en tu cuaderno a las preguntas sobre la lectura.

Telenovelas

Algunos críticos las desprecian y en algunos ambientes cultos no son bien consideradas, pero las telenovelas son el género televisivo que más éxitos logra entre el público. Sus actores son muy populares. Muchos de sus temas musicales alcanzan gran éxito y los primeros lugares de las listas de ventas.

La telenovela tradicional se basa en una historia de amor en la cual los hechos se suceden más o menos así: el chico y la chica protagonistas se conocen y se enamoran. Surgen problemas por sus diferencias sociales y los intereses, las envidias, los celos y la cólera de los "villanos" (malos) que no quieren que los enamorados estén juntos. Al final, la pareja, tras vencer muchos obstáculos, se casa (normalmente con una gran ceremonia en la iglesia).

Como las historias de las telenovelas son tan simples, los personajes son o completamente buenos o completamente malos. Durante años, las telenovelas han seguido este modelo tradicional. Últimamente, algunos directores y escritores de telenovelas han comenzado a introducir cambios en sus producciones, incluyendo temas de actualidad y personajes más reales. Algunas de estas nuevas telenovelas han tenido gran éxito.

Las telenovelas son tan populares que se pueden considerar como el principal medio de comunicación cultural hispano, superando a la literatura y el cine, ya que su público es mayor y más diverso. Muchas telenovelas son más conocidas que las obras literarias de los principales escritores de Latinoamérica. Su nivel de difusión es mayor.

1. ¿Cómo son los personajes típicos de las telenovelas? ¿Qué adjetivos crees que serían adecuados para describir a un(a) villano(a)? ¿Y al héroe o la heroína?
   Son completamente buenos o malos. Un(a) villano(a) es envidioso(a), celoso(a) y malévolo(a). El héroe o heroína es perfecto(a), bien parecido(a) y virtuoso(a).
2. ¿Cuál es el tema tradicional?
   El tema tradicional es una historia de amor. La pareja supera los obstáculos que se presentan y, por fin, se casa.
3. ¿Qué cambios se están observando últimamente en las telenovelas respecto al modelo tradicional?
   Últimamente se están introduciendo temas de actualidad y personajes más reales.

Presentación oral (página 313)

Un programa de televisión

Tarea

Elige tu programa favorito de televisión y prepara un análisis para presentarlo a la clase.

Estrategia

Toma de notas La toma de notas puede ayudarte a preparar una presentación oral o escrita. Al mismo tiempo que miras el programa, analízalo y toma notas para ayudarte a recordar detalles. ¿Qué es lo que te gusta del programa? ¿Qué es lo que sucede en un episodio en particular?

1. **Preparación**
   En una guía de televisión, busca un programa que te guste ver y que pueda gustarle a otras personas. ¿Qué datos importantes necesita conocer una audiencia para decidir qué programa de televisión quieren ver? Haz una lista y luego complétala con los datos del programa que has escogido. Puedes incluir los siguientes puntos:
   - nombre del programa
   - descripción
   - día, hora y canal
   - para quién (niños, adolescentes, mayores o todos)
   - actores / presentadores
   - lo que ocurrió en un episodio reciente
   - un adjetivo que describe el programa
   - cómo te sentiste cuando viste el programa
   - por qué te gustó o no te gustó
   - qué opinan los críticos sobre el programa
   - por qué lo recomendarías o no lo recomendarías a un(a) compañero(a)
2. **Práctica**
   Repasa tu presentación varias veces. Puedes usar tus notas para practicar, pero no cuando hagas la presentación en público. Intenta:
   - presentar un análisis persuasivo e interesante.
   - presentar toda la información que puedas sobre el programa.
   - usar oraciones completas y hablar con claridad.

   Modelo *Mi programa de televisión favorito es* Survivor. *Lo dan en el canal seis a las nueve de la noche los jueves...*
3. **Presentación**
   Haz tu presentación acerca del programa de televisión.
4. **Evaluación**
   Quizá tu profesor(a) te dé los criterios de cómo va a ser evaluada tu presentación. Probablemente, tu presentación será evaluada teniendo en cuenta:
   - lo persuasivo que resulta tu análisis.
   - la cantidad de información que presentas.
   - lo fácil que resulta entenderte.

Capítulo 6A Nombre

Repaso del capítulo (página 316)

Vocabulario y gramática

Repaso del capítulo

Para preparar el examen, revisa si...
- conoces el vocabulario nuevo y la gramática.
- puedes realizar las tareas de la página 229.

para hablar acerca de un evento deportivo

el aficionado, la aficionada	fan
al final	at the end
aplaudir	to applaud
el / la atleta	athlete
el campeón, la campeona *pl.* los campeones	champion
el campeonato	championship
la competencia	competition
competir (*e* → *i*)	to compete
el empate	tie
el entrenador, la entrenadora	coach, trainer
fenomenal	phenomenal
el jugador, la jugadora	player
la liga	league
meter un gol	to score a goal
perder (*e* → *ie*)	to lose
por ... vez	for the ... time
resultar	to result, to turn out
el tanteo	score
último, -a	last, final

para hablar acerca de un concurso

el auditorio	auditorium
el comentario	commentary
el concurso de belleza	beauty contest
la entrevista	interview
entrevistar	to interview
un millón de / millones de	a million / millions of
el premio	prize
el presentador, la presentadora	presenter
el público	audience
la reina	queen

para hablar acerca de cómo te sientes

aburrirse	to get bored
agitado, -a	agitated
alegre	happy
emocionado, -a	excited, emotional
enojado, -a	angry
enojarse	to get angry
furioso, -a	furious
ponerse + *adjective*	to become
volverse (*o* → *ue*) loco, -a	to go crazy

otras palabras útiles

dormirse (*o* → *ue*, *o* → *u*)	to fall asleep
morirse (*o* → *ue*, *o* → *u*)	to die

el pretérito de los verbos terminados en *-ir* con cambios en el radical

preferir

preferí	preferimos
preferiste	preferisteis
prefirió	prefirieron

pedir

pedí	pedimos
pediste	pedisteis
pidió	pidieron

dormir

dormí	dormimos
dormiste	dormisteis
durmió	durmieron

● Más práctica

Practice Workbook Puzzle 6A-8
Practice Workbook Organizer 6A-9

Capítulo 6A Nombre Fecha

Preparación para el examen (página 317)

En el examen vas a...	Éstas son las tareas que te pueden ser útiles para el examen...	Si necesitas repasar...
1 Escuchar Escuchar y entender a personas que hablan de lo que vieron en un programa de televisión.	Escucha a esta gente que habla sobre una entrega de premios que vieron en televisión. Trata de identificar las reacciones de estas personas hacia este tipo de programa. ¿Se enojaron? ¿Se emocionaron? ¿Se entusiasmaron? ¿Se aburrieron? ¿Se pusieron nerviosos?	**págs. 294–297** *A primera vista* **pág. 300** Actividades 8–9
2 Hablar Hablar acerca de un programa de televisión que viste recientemente y describir tu reacción al verlo.	Como parte de un proyecto de clase, es posible que te entrevisten sobre un programa de televisión que ya has visto. Practica lo que podrías decir trabajando con tu compañero(a); explícale: (a) el tipo de programa que viste; (b) el día que lo viste; y (c) cómo reaccionaste al ver el programa.	**pág. 300** Actividad 10 **pág. 304** Actividad 16 **pág. 306** Actividad 18 **pág. 313** *Presentación oral*
3 Leer Leer y entender la descripción de un partido de fútbol.	Tu amigo acaba de regresar de un viaje a España. Él ha traído un recorte de periódico que habla sobre un partido de fútbol que tu amigo vio. Mientras lo lees, intenta entender lo que pasó. **MADRID CONOCE A BARCELONA** Ayer fue una competencia fenomenal. Millones de madrileños vieron el partido en la tele. En los primeros tres minutos del partido, el Real Madrid metió un gol. Treinta minutos más tarde, Morales de Barcelona también metió un gol. Un empate. Todos los aficionados se pusieron muy alegres durante el partido, pero el público se volvió loco cuando Madrid metió otro gol en los últimos dos minutos. Al final, un tanteo de Madrid 2 y Barcelona 1.	**págs. 294–297** *A primera vista* **pág. 298** Actividad 4 **pág. 299** Actividad 6 **pág. 301** Actividad 11 **págs. 310–311** *Lectura*
4 Escribir Escribir sobre una ocasión en la que te enojaste.	Es posible que hayas oído que en vez de expresar tu enojo abiertamente cuando estás enojado(a), es mejor escribir sobre ello para quitártelo de la cabeza. Escribe acerca de un evento o situación reciente que te hicieron enojarte. Describe lo que pasó y por qué te enojaste.	**pág. 300** Actividad 9 **pág. 303** Actividad 14 **pág. 306** Actividad 19 **pág. 307** Actividad 20
5 Pensar Demostrar un entendimiento de los programas de televisión que se emiten en los canales hispanohablantes.	Piensa en la popularidad de las telenovelas, los concursos y los eventos deportivos en las estaciones de televisión de los Estados Unidos. ¿Crees estos programas también serían populares en las estaciones de televisión dedicadas a los hispanohablantes? Da ejemplos basándote en lo que aprendiste en este capítulo, para apoyar tu opinión.	**pág. 308** *Fondo cultural* **pág. 312** *La cultura en vivo*

Go Online PHSchool.com Web Code jdd-0608

Nombre ______________________ Fecha ______________

A ver si recuerdas... (páginas 318–319)

Haz una lista de las películas que has visto. Después, clasifícalas de acuerdo a los criterios de la siguiente tabla. Las respuestas variarán.

Tipos de películas					
Policíaca	Comedia	Drama	Ciencia ficción	Romántica	Horror

Fondo cultural (página 318)

El centenario del cine mexicano En 1896 se filmó la primera película en México, titulada *El Presidente de la República paseando a caballo en el Bosque de Chapultepec*. Cien años después se celebró el primer centenario del cine mexicano con la emisión de un sello postal que representaba a algunas de las estrellas más famosas del cine mexicano: César Fernández, Patricia Mitre, Pedro Armendáriz, Dolores Del Río, entre otros. En la actualidad, la moderna industrial del cine mexicano produce películas que compiten en los Óscars de Hollywood.

1. ¿Alguna vez has visto una película mexicana? ¿De qué se trataba?
   Las respuestas variarán.
2. ¿Alguna vez has visto una película antigua en blanco y negro? ¿Qué te pareció esa película?
   Las respuestas variarán.
3. ¿Cuáles películas te gustan más: las modernas o las antiguas? Explica tu respuesta.
   Las respuestas variarán.

Nombre ______________________ Fecha ______________

Capítulo 6B

¿Qué película has visto?

Objetivos del capítulo

- Hablar sobre el argumento y los personajes de las películas
- Expresar opiniones sobre películas
- Hablar sobre actividades que has hecho
- Comprender las perspectivas culturales en las películas

Conexión geográfica (página 319)

Este mapa incluye los países que se estudian en este capítulo. Identifica los lugares (países o estados) sombreados, escribiendo el nombre en el espacio indicado.

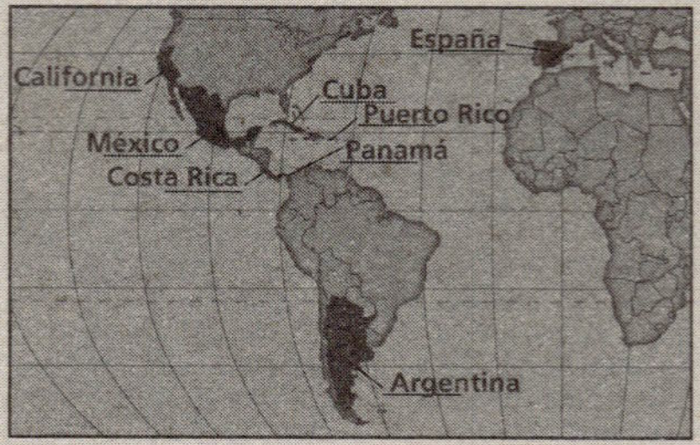

Go Online Web Code jde-0002 PHSchool.com

Capítulo 6B Nombre ______ Fecha ______

A primera vista (páginas 320–321)

Actividad A

Escribe quiénes hacen lo siguiente en el mundo del cine (escribe la forma masculina y la femenina).

1. dirige a los actores **el director / la directora**
2. viene del espacio **el extraterrestre / la extraterrestre**
3. escribe comentarios sobre las películas **el crítico / la crítica**
4. captura a los criminales **el detective / la detective**
5. roba a la gente **el ladrón / la ladrona**

Actividad B

Lee esta reseña *(review)* de *Camino al amor* y completa las frases.

Ayer vi la película *Camino al amor* y cuenta la historia de una joven humilde, Soledad Soto, que va a la ciudad a trabajar. Un día un **ladrón** se roba algunas joyas muy caras. Todo el mundo piensa que Soledad las **robó**. La pobre no sabe qué hacer. El **argumento** es complicado pero, al final, el galán captura a los ladrones y se casa con Soledad. Bety Campos **hace el papel** de Soledad y Rubén Lozano es el galán.

La **actuación** de Bety es maravillosa y la **dirección** de H. Pinto es estupenda.

Ampliación del lenguaje

Fíjate en las palabras *actuación* y *dirección*.

-ción es un sufijo que indica acción o resultado: dirigir → *dirección;* actuar → *actuación*

Actividad C

¿Qué otras palabras conoces con este sufijo? Escribe en tu cuaderno otras tres palabras terminadas en *-ción* y escribe al lado de cada una el verbo con el que se relaciona.
Las respuestas variarán.

Capítulo 6B Nombre ______ Fecha ______

Videohistoria (páginas 322–323)

Actividad D

Imagina que vas a describir la película de Manolo a una productora de cine para convencerla de filmar la película. Completa la historia según las frases a continuación.

Bueno, ésta es una historia muy curiosa. Va a necesitar algunos efectos especiales. Un día, Ramón, un estudiante de secundaria, recuerda que tiene un examen y ¡no ha estudiado! De repente aparece un mosquito. **Respuestas posibles:**

El mosquito habla. Ramón no puede creerlo.

Ramón está a punto de matarlo.

Pero el mosquito dice que él también puede leer. Le dice a Ramón que él puede ayudarlo a tener éxito en el examen.

El mosquito le propone un plan para tener éxito en el examen.

El mosquito va a leer el libro de historia mientras Ramón duerme. Luego él va a decirle a Ramón las respuestas durante el examen.

Ramón acepta el plan y el día siguiente, Teresa lo despierta.

Teresa ve el libro abierto y va a cerrarlo. Ramón grita: ¡No! Pero no pudo salvar al mosquito.

Teresa lo mató. ¡Qué desastre! Ramón está perdido.

¿A cuáles estrellas de cine les darías los papeles principales? Escribe los nombres y di por qué.

El mosquito **Las respuestas variarán.**

Ramón ______

Teresa ______

Capítulo 6B Nombre ____ Fecha ____

Manos a la obra (páginas 324–327)

Actividad E

Lee las siguientes oraciones e indica si son ciertas (C) o falsas (F) según lo que has aprendido sobre el cine. Si la oración es falsa, escríbela correctamente abajo.

1. F El/La director(a) normalmente hace el papel de uno de los personajes.
   El (La) director(a) normalmente no hace el papel de uno de los personajes.
2. F Las películas sobre historias de la vida real suelen tener muchos efectos especiales.
   Las películas sobre historias de la vida real no suelen tener muchos efectos especiales.
3. C Los detectives frecuentemente aparecen en una película de acción.
4. F Los galanes son personajes de las películas de acción.
   Los galanes son personajes de las películas románticas.
5. C El argumento de una película explica cuál es el tema central.
6. F Muchos libros están basados en películas.
   Muchas películas están basadas en libros.

Actividad F

Vuelve a mirar la tabla de la página 230 de este libro. Algunas películas que has incluido en la tabla quizás tienen elementos de más de una categoría. Piensa en una película que has visto recientemente que puede pertenecer a dos o más categorías y explica por qué en tu cuaderno. **Las respuestas variarán.**

Modelo Muchas de las películas de Cantinflas (*Fondo cultural*, pág. 325 de tu libro de texto) son comedias, pero a la vez son dramas y películas románticas. Cantinflas siempre hace el papel de un joven gracioso. Casi siempre se enamora de una señorita que no se enamora de él. El argumento incluye eventos tristes y mucha emoción. Por eso muchas de las películas de Cantinflas se pueden considerar comedias, dramas y películas románticas.

Capítulo 6B Nombre ____ Fecha ____

Ampliación del lenguaje

Planteamiento, nudo y desenlace

Recuerda que las tres partes principales del argumento de una historia son el planteamiento, el nudo y el desenlace.

En el **planteamiento** se presentan los personajes, el escenario y se introduce el problema de la historia.

En el **nudo** se explica lo que les ocurre a los personajes a partir del problema.

El **desenlace** es el final de la historia, en donde se resuelve el problema.

Actividad G

Piensa en tu cuento favorito o novela favorita. ¿Cómo se adaptaría para el cine? Describe la película a continuación.

Título	**Las respuestas variarán.**
Argumento *Resume muy brevemente cada una de las partes de la historia.*	
Personaje(s) principal(es) *Escribe el (los) nombre(s) y describe a cada personaje.*	
Personaje(s) secundario(s) *Indica el papel de cada personaje y una característica.*	
Escenario(s) *Describe el (los) lugar(es) donde se desarrolla la película.*	

Gramática • Repaso

Verbos que requieren el uso de pronombres de objeto indirecto (página 328)

Aquí tienes algunos de los verbos que ya has aprendido, que se usan con pronombres de objeto indirecto.

aburrir	importar
doler	interesar
encantar	molestar
fascinar	parecer
gustar	quedar

Todos estos verbos se usan con una estructura similar: pronombre de objeto indirecto + verbo + sujeto.

Les encantan los efectos especiales en esa película.

Nos aburre mucho esa película.

¿Te molesta la música de esta película?

A + un sustantivo o un pronombre se usa con estos verbos para dar énfasis o para clarificar. Los pronombres concuerdan con el pronombre de objeto indirecto y lo clarifican.

(A mí)	me	(A nosotros) (A nosotras)	nos
(A ti)	te	(A vosotros) (A vosotras)	os
(A Ud.) (A él) (A ella)	le	(A Uds.) (A ellos) (A ellas)	les

A mí me importan mucho los efectos especiales en una película.

A Juanita le fascinan las películas de terror.

¿A Uds. les parece realista la película de acción?

A Tomás le molestan las películas de horror.

Gramática interactiva

Encuentra
- Subraya la raíz de los verbos de la lista.
- Encierra en un rectángulo los verbos que tengan cambios en el radical al conjugarlos en el presente de indicativo.

Analiza
- Encierra en un círculo los pronombres que indican cuál es el objeto indirecto de las frases que se incluyen como ejemplos.
- En las frases con *a* + sustantivo o pronombre, identifica el objeto indirecto de cada frase y enciérralo en un círculo también.

Actividad H

¿Cuál es tu opinión y la de tus amigos sobre las siguientes cuestiones? Responde usando frases completas. Luego subraya el pronombre de objeto indirecto en cada pregunta.

1. ¿Te gustan las películas de ciencia ficción?
   Respuestas posibles:
   Sí, me gustan mucho las películas de ciencia ficción.
2. ¿Qué películas les interesan a tus amigos(as)?
   A mis amigos(as) les interesan las películas de acción.
3. ¿Te importa si en una película hay personajes fantásticos y superhéroes?
   No, no me importa si hay personajes fantásticos y superhéroes.
4. ¿A tus amigos y a ti les aburren las películas románticas?
   A mis amigos y a mí nos aburren las películas románticas.
5. ¿Te molesta si en una película no hay mucha acción?
   No, no me molesta si en una película no hay mucha acción.
6. ¿Sabes qué película le encanta a tu mejor amigo(a)? ¿Qué te parece a ti esa película?
   Las respuestas variarán.

Actividad I

A continuación tienes las notas abreviadas que tomaron dos críticos que fueron a ver la misma película. Lee sus comentarios y después, escribe en tu cuaderno la reseña de cada uno. **Las respuestas variarán.**

Crítico 1

actriz principal / fascinar
actores secundarios / interesar poco
argumento / aburrir
parecer / violencia excesiva
efectos especiales / encantar
director / gustar
música / importar

Crítico 2

actriz principal / aburrir
actores secundarios / fascinar
argumento / encantar
parecer / diálogo excesivo
efectos especiales / molestar
director / interesar
música / gustar

Gramática

El presente perfecto (página 331)

El presente perfecto se usa para expresar lo que una persona ha hecho. El tiempo en el que se sitúa la acción expresada por el presente perfecto es un pasado que se prolonga hasta el presente.

Recientemente **hemos alquilado** muchos videos.
Esta semana **he ido** al cine dos veces.

Para formar el presente perfecto se usa la forma del presente de *haber* + el participio pasado.

he alquilado	**hemos** alquilado
has alquilado	**habéis** alquilado
ha alquilado	**han** alquilado

Para formar el participio pasado de un verbo, se sustituye la terminación del infinitivo con *-ado* para los verbos terminados en *-ar* y con *-ido* para los verbos terminados en *-er* o en *-ir*.

hablar → **hablado** Las respuestas variarán.
comer → **comido**
vivir → **vivido**

La mayor parte de los verbos que tienen dos vocales juntas en el infinitivo llevan un acento escrito en la *í* del participio pasado.

caer → **caído** oír → **oído**
leer → **leído** traer → **traído**

Algunos verbos tienen participios pasados que son irregulares.

decir → **dicho** poner → **puesto**
devolver → **devuelto** romper → **roto**
escribir → **escrito** ver → **visto**
hacer → **hecho** volver → **vuelto**
morir → **muerto**

Si se usan pronombres de objeto o pronombres reflexivos con el presente perfecto, el pronombre debe ir justo antes de la forma verbal de *haber*.

—¿Has visto la nueva película de Ramón Guevara?
—No, no **la** he visto.

Gramática interactiva

Reflexiona
Piensa en otros tres verbos terminados en *-ar, -er, -ir*. Escríbelos junto a *hablar, comer* y *vivir*.

Ahora, escribe el participio de los siguientes verbos irregulares:

abrir abierto
cubrir cubierto
descubrir descubierto
freír frito
deshacer deshecho
resolver resuelto

Ampliación del lenguaje

Ha y *a*

Debido a que la *h* en español es muda, las palabras *ha* (del verbo *haber*) y *a* (preposición) suenan igual.

Al escribir, recuerda que:

- *ha* siempre va seguida de un participio pasado.

Inés **ha** leído ese libro.

- *a* indica el lugar a donde se dirigen personas, objetos o conceptos.

Todos fueron **a** la feria.

Actividad J

Completa el siguiente diálogo entre Marta y Rosa con la forma apropiada del presente perfecto. Presta atención a los participios pasados irregulares.

Marta: Rosa, ¿ has visto (*ver*) la película *Monsters, Inc.*?

Rosa: No, no la he visto (*ver*), pero he oído (*oír*) hablar de ella.

Marta: Pues para mí, ha sido (*ser*) una de las mejores experiencias que yo he tenido (*tener*) en mucho tiempo. No podía dejar de reír viéndola.

Rosa: No sé, Marta, Luis y yo hemos leído (*leer*) las críticas sobre la película, y la verdad es que no fueron favorables.

Marta: Entonces es porque la persona que escribió la crítica no ha estudiado (*estudiar*) nada sobre cine. Esta película va a ser un clásico. Ya lo verás.

Rosa: ¿Un clásico? Marta, creo que no has aprendido (*aprender*) tanto como piensas en esas clases de cinematografía que estás tomando.

Marta: ¡Cómo que no! Sí hasta (yo) he escrito (*escribir*) un guión y un amigo me ha dicho (*decir*) que es buenísimo.

Actividad K

¿Qué has experimentado? En tu cuaderno, escribe una oración con el presente perfecto para cada frase a continuación. Incluye detalles en tu respuesta. **Las respuestas variarán.**

Modelo *viajar a México—He viajado a México para visitar a mis parientes.*

1. ver una película en español
2. estudiar francés
3. alquilar una película
4. escribir un cuento
5. sacar un libro de una biblioteca
6. romper un hueso

Capítulo 6B Nombre _______________ Fecha _______________

Lectura cultural (página 332)

Aquí tienes más información sobre el cine en el mundo hispano. Léela y después completa las actividades a continuación.

El festival de cine hispano en Miami

El festival de cine hispano en Miami celebra su octavo aniversario en 2004. En este festival, el premio se llama la "Garza de Oro". En él participan películas de casi todos los países de habla hispana, y el objetivo es premiar a las mejores, además de difundir el cine hispano por todo el mundo.

Entre los criterios para evaluar las películas que compiten, se encuentran la contribución cultural de la película, el guión *(script)*, la técnica de filmación, cámara, narración, etc. Los criterios también incluyen la actuación y la calidad de la película.

En el año 2003 participaron cuarenta y dos películas en este festival, pero solamente doce de ellas fueron seleccionadas como finalistas para competir por una Garza de Oro.

La película ganadora del festival de 2003 fue *Fausto* (España); el premio a la mejor actriz se lo llevó una actriz chilena, Siboney Lo de *El Leyton;* el premio al mejor guión lo recibió Antonio Echevarrías por su película *Volverás,* que es una producción en la que han colaborado cineastas españoles y mexicanos.

La octava edición del festival se llevó a cabo en abril de 2004 en los teatros Regal Cinema de Miami Beach y de Broward, en Miami, Florida. En esta edición se seleccionaron para la final 15 películas entre las setenta y ocho producciones presentadas. El premio a la mejor película lo llevó el largometraje colombiano *La primera noche;* el premio para el mejor director fue para Boris Quercia, de Chile; el venezolano Alejandro Chabán obtuvo el premio al mejor actor y la argentina Leticia Bredice el premio a la mejor actriz.

Actividad L

En tu cuaderno, responde a estas preguntas sobre el festival de cine hispano.

1. ¿Cuánto tiempo hace que se celebra el festival y cuál es su finalidad?
   Hace ocho años que se celebra el festival. Su finalidad es premiar a las mejores películas hispanas y difundir el cine hispano por todo el mundo.
2. ¿Cuál es el premio del festival y qué factores que se tienen en cuenta para otorgar ese premio? **El premio se llama la Garza de Oro. Se tienen en cuenta la contribución cultural, el guión, la técnica de la filmación, la actuación y la calidad de la película.**
3. Haz un breve resumen de algunos datos interesantes de los años más recientes del festival. **Las respuestas variarán.**

Capítulo 6B Nombre _______________ Fecha _______________

Conexiones — Las matemáticas (página 334)

Actividad M

Vuelve a mirar las gráficas circulares de la página 334 de tu libro de texto. Si ya has completado la actividad del libro, usa tus propias gráficas para hacer esta actividad. Si no tienes tus propias gráficas, usa las del libro de texto.

Basándote en las gráficas y en el vocabulario de la caja a la derecha, escribe un párrafo corto explicando los datos de las gráficas.

% = porcentaje	=	tanto por ciento
el cincuenta por ciento	=	la mitad
el veinticinco por ciento	=	la cuarta parte
la mayoría	=	la parte mayor
casi el diez por ciento	=	poco menos del diez por ciento
más de la mitad		
menos de la mitad		

Modelo *El cincuenta y ocho por ciento de los estudiantes vieron las películas en sus propias casas. Casi la mitad de los estudiantes, el 47 por ciento, prefieren las películas de acción. Un pequeño porcentaje de estudiantes vieron películas policíacas.*

Las respuestas variarán.

El español en el mundo del trabajo (página 333)

Vuelve a leer la información sobre las carreras en la industria cinematográfica en la página 333 de tu libro de texto. Hay muchas oportunidades para jóvenes bilingües con talento de trabajar en los centros principales de filmación.

Actividad N

Imagina que eres un(a) director(a) famoso(a) y que un joven fascinado por el cine te pregunta cómo puede prepararse para una carrera de técnico en un estudio de filmación. Escribe en tu cuaderno un párrafo breve aconsejándolo. **Las respuestas variarán.**

Capítulo 6B Nombre ____________ Fecha ____________

¡Adelante! (páginas 336–337)

Lectura 1

Actividad Ñ

Para leer las siguientes críticas de cine, sigue las instrucciones en la caja que está al margen. Después de leer, haz el resto de las actividades de la caja.

Estrategia

Leer para conocer los detalles
Cuando leas un texto buscando información específica, quizá necesites leerlo más de una vez. Primero puedes leerlo para tener una idea general de lo que trata y luego volver a leerlo fijándote en detalles adicionales.

Lectura interactiva

Identifica detalles
Lee el texto una vez fijándote en la idea general. Después vuelve a leerlo y, para cada película, encierra en un círculo un detalle que te pasó inadvertido en la primera lectura.
Las respuestas variarán.

Usa el contexto
Busca las siguientes palabras en el texto, subráyalas y luego para cada una, escribe un sinónimo que se pueda usar en ese mismo contexto.

alianzas
asociaciones

comunidad
grupo de personas

comienza
empieza

provoca
ocasiona

EL SEÑOR DE LOS ANILLOS 2: LAS DOS TORRES
EE.UU., NUEVA ZELANDIA, 2002 / CLASIFICACIÓN: B / DIRECTOR: PETER JACKSON / ACTORES: ELIJAH WOOD, IAN MACKELLEN, VIGGO MORTENSEN, LIV TYLER, CATE BLANCHETT

SINOPSIS
Los *Hobbits* Frodo y Sam continúan su viaje hacia Mordor, con la misión de destruir el Anillo Único, pero se dan cuenta de que los sigue Gollum. Al mismo tiempo, el resto de la comunidad —Aragorn, Legolas, Gimli, Merry y Pippin— hacen nuevas alianzas con el pueblo de Rohan. La comunidad va a tener que pelearse contra las fuerzas que salen de las dos torres.

CRÍTICA
Las dos torres es espectacular. La historia, los personajes y la cinematografía son excelentes, sobre todo los efectos especiales. Los actores actúan muy bien, y me encantó el personaje digital Gollum. ¡Ojo! ¡La película es muy larga! Compre dulces y refrescos antes de sentarse.

CALIFICACIÓN: 10 / 10

EL ATAQUE DE LOS CLONES
EE.UU., 2002 / CLASIFICACIÓN: B / DIRECTOR: GEORGE LUCAS / ACTORES: EWAN MCGREGOR, HAYDEN CHRISTENSEN, NATALIE PORTMAN

SINOPSIS
La película comienza diez años después de los eventos de *La amenaza fantasma*. La Reina Amidala es ahora una senadora del gobierno del planeta Naboo. Cuando tratan de matarla, el Concilio Jedi le da de guardaespaldas al Caballero Jedi Obi Wan Kenobi y a su estudiante, Anakin Skywalker. Un segundo ataque provoca que la senadora y Anakin regresen a Naboo. Obi Wan investiga los ataques contra Amidala. Así, cada "equipo" por su parte descubre una conspiración política y militar.

CRÍTICA
Esta película es muy comercial. Lo más interesante es el uso de los efectos especiales. El argumento es horrible. Es muy difícil de entender y no es muy lógica. Por los efectos especiales, le doy 10/10. Por el argumento, sólo le doy 5/10.

CALIFICACIÓN: 5 / 10

Capítulo 6B Nombre ____________ Fecha ____________

Actividad O

Identifica las críticas positivas en la lista de la izquierda y los comentarios negativos en la lista de la derecha. Después, si has visto alguna de las dos películas, añade tus propios comentarios en la lista adecuada.

El señor de los anillos 2: Las dos torres

Críticas positivas	Críticas negativas
La película es espectacular.	**La película es muy larga.**
Los personajes y los efectos especiales	
son excelentes.	

El ataque de los clones

Críticas positivas	Críticas negativas
Los efectos especiales son interesantes.	**La película es muy comercial.**
	El argumento es muy malo; es difícil de
	entender y no es lógico.

Actividad P

Es tu turno de hacer de crítico(a). Piensa en una película que hayas visto últimamente. Puede ser en español o en inglés. Usa las críticas anteriores como modelo.

Título de la película: **Las respuestas variarán.**

País: ____________ Año: ______ Tipo de película: ____________

Personajes principales: ____________

Comentarios generales: ____________

____

Recomendada para personas que ____________

____

No recomendada para ____________

____

Capítulo 6B Nombre ______ Fecha ______

Lectura 2

Actividad Q

Después de leer el texto sobre la vida del director de cine Guillermo del Toro, haz las actividades al margen.

Estrategia

Identificar los momentos más importantes Cuando leas una biografía, el identificar los momentos más importantes de la vida de la persona te ayudará a comprender mejor su trayectoria profesional o artística.

Lectura interactiva

Identifica momentos importantes
En el texto, encierra en un rectángulo las frases que describen los momentos más importantes en la carrera de del Toro.

Usa el contexto
- Encierra en un círculo las palabras *serie* y *alabanza*.
- Usa el contexto para deducir el significado de estas palabras. Subraya palabras o frases que dan pistas sobre sus significados y únelas con una línea con la palabra correspondiente.

Guillermo del Toro

El director de cine Guillermo del Toro nació en la ciudad de Guadalajara, Jalisco, México, en el año 1964. Desde niño fue muy aficionado a las películas de terror.

En sus años de estudiante, filmó varios cortometrajes (películas cortas) sobre historias de monstruos y de terror. Para lograr mejores efectos en sus películas, siguió un curso de maquillaje. Más tarde, fundó *Necropia,* una empresa de monstruos y efectos especiales con maquillaje. Enseguida del Toro comenzó a recibir ofertas de trabajo. Durante la década de los 80 trabajó en más de 22 películas para la televisión y el cine. En esta época, también escribió y dirigió varios episodios de una serie de terror para televisión que se llamaba *Hora Marcada.*

En 1992 filmó *Cronos,* su primer largometraje, una original historia sobre vampiros. Esta película tuvo gran éxito en México y ganó los premios Ariel de Oro (los *Oscars* mexicanos) a mejor película, mejor director y mejor guión. También fue elegida por México como película oficial para presentar a los *Oscars* en 1994. Además de estos reconocimientos en México, *Cronos* obtuvo premios en varios festivales europeos. Su segunda película *Mimic,* también de terror, se filmó en los Estados Unidos y se estrenó en 1997.

En 2001, volvió a México para trabajar en la película *El espinazo del diablo.* Esta película fue otro éxito y recibió la alabanza de los críticos.

Del Toro siguió con *Blade 2* en 2002, otra película sobre vampiros. Su última película fue *Hellboy,* basada en el libro de comics del mismo nombre. Es otro ejemplo del talento de del Toro.

Capítulo 6B Nombre ______ Fecha ______

Actividad R

Responde a las preguntas siguientes sobre el texto.

1. ¿Quién es Guillermo del Toro?
   Es un director de cine mexicano.
2. ¿Cómo empezó Guillermo del Toro en el cine?
   Respuesta posible: Empezó haciendo cortometrajes y luego trabajó en maquillaje y efectos especiales.
3. ¿Qué tipo de cine hace Guillermo del Toro?
   Hace películas de horror.
4. Escribe un breve resumen de la vida de Guillermo del Toro basándote en los momentos importantes que identificaste en la Actividad P.
   Respuesta posible: Guillermo del Toro nació en 1964. Cuando era estudiante, filmó varios cortometrajes. Fundó *Necropia*, una empresa de efectos especiales con maquillaje. Durante los 80 trabajó en más de 22 películas. En 1992, su película *Cronos* tuvo gran éxito.

Actividad S

¿Has visto alguna película de Guillermo del Toro? Si no has visto ninguna, responde a las siguientes preguntas basándote en cualquier película de horror que hayas visto. ¿Cuál es el título de la película? ¿Dé que trata? ¿Qué es lo que más te ha gustado de la película? ¿Y lo que menos te ha gustado? Escribe un párrafo corto para responder a estas preguntas y explicar tus repuestas.

Las respuestas variarán.

Capítulo 6B Nombre ____________ Fecha ____________

Perspectivas del mundo hispano (página 338)

En la página 338 de tu libro de texto has leído sobre los doblajes. Lee el texto siguiente para saber más sobre este tema. Luego, responde a las preguntas en tu cuaderno.

Qué hay en un doblaje

¿Te interesa saber cómo se hace un doblaje? ¿Cómo es el trabajo de un actor o una actriz de doblaje? ¿Qué cualidades hay que tener para dedicarse al doblaje?

Para trabajar en doblajes, lo primero es ser actor, ya que el doblaje es una especialidad dentro de la actuación.

Otro factor es el sincronismo o ajuste entre las palabras del actor que dobla y el diálogo original. El actor de doblaje tiene que ajustar el diálogo a la escena de la película, tiene que conseguir decir su frase mientras el actor de la película está moviendo los labios. Entonces, el actor de doblaje tiene que hacerle llegar al espectador los sentimientos y la emoción que tiene el personaje al que está doblando.

Otro factor importante es la voz. Según la calidad y el tipo de voz que tengas podrás interpretar distintos personajes. El actor de doblaje tiene que establecer la mayor semejanza posible entre la voz original y la voz del doblaje. Por lo general, los actores de doblaje que logran adaptar su voz a la de un actor de cine, doblan siempre a ese mismo actor. Así actores y actrices famosos como Robert de Niro, Mel Gibson o Meryl Streep, tienen su "voz fija" en otros idiomas.

Los dibujos animados son parte del doblaje. El doblaje de animación permite ser más creativo en este doblaje puedes usar muchos tonos y registros de voz. Algunos actores prefieren doblar personas, mientras que otros prefieren trabajar con dibujos animados. En ambos casos el trabajo resulta interesante y divertido.

Actividad T

En tu cuaderno, responde a las siguientes preguntas teniendo en cuenta lo que acabas de leer.

1. ¿Cuál es el tema principal del texto?
   El tema principal es el doblaje de películas y las cualidades que necesita un actor o una actriz para hacer el doblaje.
2. ¿Qué tres factores son importantes en un doblaje? ¿Crees que todos son igualmente importantes o que alguno es más importante que los demás?
   Respuesta posible: Además de ser actor, tres factores importantes son el sincronismo, hacer llegar al espectador los sentimientos del personaje y la voz. Las respuestas variarán.
3. ¿Crees que un buen doblaje puede hacer llegar al espectador exactamente las mismas emociones y sentimientos que hay en la película original? Explica tu respuesta.
   Las respuestas variarán.
4. ¿Crees que es más fácil doblar de unos idiomas a otros o que es lo mismo con todos los idiomas? ¿Qué dificultades crees que puede haber para doblar una película del inglés al español relacionada con las diferencias que puede haber entres ambas lenguas?
   Las respuestas variarán.

Capítulo 6B Nombre ____________ Fecha ____________

Presentación escrita (página 339)

Tarea

En tu clase se está haciendo un concurso para buscar ideas nuevas, emocionantes o humorísticas para una película. Para participar en este concurso, tienes que hacer una breve descripción del argumento y de los personajes principales. También necesitarás planificar los detalles de una escena para mostrar cómo va a ser la película.

Luces, cámara, acción

1. **Antes de escribir**
   Piensa en el tipo de película que quieres escribir: de misterio, una comedia, de ciencia ficción o de amor. ¿Cuál es el argumento? ¿Quiénes son los personajes principales? ¿Qué actores o actrices seleccionarías para hacer los papeles principales? ¿Por qué? ¿Qué escena podría dar una buena idea de cómo será la película?
2. **Borrador**
   Escribe un resumen corto de la película. Luego escribe el guión para la escena que elegiste, el diálogo y las instrucciones para los actores. Puedes usar el método del guión gráfico para mostrar el desarrollo de la escena.
3. **Revisión**
   Lee tu artículo y asegúrate de que la ortografía, las concordancias, las formas verbales y el uso del vocabulario son correctos. Muéstrale tu resumen a un(a) compañero(a) para que revise si hay errores, si el resumen es completo, si el argumento está presentado siguiendo un orden lógico y si la escena es fácil de entender.
4. **Publicación**
   Vuelve a escribir el resumen y la escena haciendo todos los cambios y correcciones necesarios. Entrega una copia a tu maestro(a) o ponla en tu portafolios. La clase puede seleccionar la presentación ganadora del concurso.
5. **Evaluación**
   Quizá tu profesor(a) te dé los criterios de cómo va a ser evaluada tu presentación. Probablemente, tu presentación será evaluada teniendo en cuenta:
   - lo completa que es la información incluida en tu resumen.
   - la claridad y la lógica en la presentación de las ideas del resumen.
   - lo representativa que resulta la escena con respecto al argumento de la película.

Estrategia

Esbozar tus ideas Muchos guionistas de cine escriben muchos esbozos de ideas clave antes de empezar a escribir el guión. Se enfocan en la visión general: tipo de película, argumento y descripción de los personajes. Hacer esto te ayudará a escribir tu proyecto para el concurso.

Estrategia

Dibujar una escena Un instrumento comúnmente usado al escribir guiones de películas es el dibujo de escenas, llamado guión gráfico. Puedes hacer un guión gráfico o dibujar la escena sobre la que vas a escribir.

Capítulo 6B Nombre

Repaso del capítulo (página 342)

Repaso del capítulo

Para preparar el examen, revisa si...
- conoces el vocabulario nuevo y la gramática.
- puedes realizar las tareas de la página 249.

Vocabulario y gramática

para hablar de películas

alquilar	to rent
el amor	love
arrestar	to arrest
capturar	to capture
el crimen	crime
el (la) criminal	criminal
el crítico, la crítica	critic
el (la) detective	detective
enamorarse (de)	to fall in love (with)
(estar) enamorado, -a de	(to be) in love with
la estrella (del cine)	(movie) star
el (la) extraterrestre	alien
fascinar	to fascinate
el fracaso	failure
el galán	leading man
he visto	I have seen
has visto	you have seen
el ladrón, la ladrona *pl.* **los ladrones**	thief
matar	to kill
la película de acción	action film
¿Qué tal es...?	How is (it)...?
recomendar *(e → ie)*	to recommend
robar	to rob, to steal
será	he / she / it will be
tener éxito	to succeed, to be successful
tratarse de	to be about
la víctima	victim
la violencia	violence

para hablar de cómo hacer películas

la actuación	acting
el argumento	plot
la dirección	direction
el director, la directora	director
los efectos especiales	special effects
la escena	scene
estar basado, -a en	to be based on
el papel	role
hacer el papel de	to play the role of
el personaje principal	main character

otras palabras útiles

no... todavía	not yet

pronombres de objeto indirecto

me	nos
te	os
le	les

presente perfecto

haber + participio pasado

he estudiado	hemos estudiado
has estudiado	habéis estudiado
ha estudiado	han estudiado

participios pasados

hablar → hablado
comer → comido
vivir → vivido

participios pasados de verbos irregulares

decir: dicho
devolver: devuelto
escribir: escrito
hacer: hecho
morir: muerto
poner: puesto
romper: roto
ver: visto
volver: vuelto

Más práctica
Practice Workbook Puzzle 6B-8
Practice Workbook Organizer 6B-9

Capítulo 6B Nombre Fecha

Preparación para el examen (página 343)

En el examen vas a...	Éstas son las tareas que te pueden ser útiles para el examen...	Si necesitas repasar...
1 Escuchar Escuchar y entender a la gente que habla sobre una película que han visto.	Escucha a un crítico de cine mientras entrevista al público que sale de ver la película *Mil secretos*. Indica qué pensaron de: (a) los actores; (b) el director; (c) los efectos especiales; (d) el tema y (e) las posibilidades de que la película reciba un premio en el futuro.	**págs. 320–323** *A primera vista* **pág. 325** Actividad 6 **pág. 332** Actividad 18
2 Hablar Hablar sobre una película reciente que has visto en el cine o en la casa.	Has descubierto que tú y un estudiante de intercambio de España comparten el gusto por el cine. ¿Qué puedes contarle sobre una película reciente que hayas visto? Practica la conversación con un(a) compañero(a) de clase e incluye: (a) el tipo de película que era; (b) de qué trataba la película; (c) quiénes eran los actores principales, y (d) por qué te gustó o no te gustó la película.	**pág. 324** Actividad 4 **pág. 325** Actividad 7 **pág. 326** Actividad 8 **pág. 329** Actividades 12–13 **pág. 332** Actividad 19
3 Leer Leer y entender la reseña de una película.	Lee esta reseña de un popular crítico del cine español. ¿Crees que le gustó la película? ¿Por qué? Esta película, "Nuestra familia", nos cuenta la historia de una "familia" de criminales violentos. ¡Es un producto de Hollywood y nosotros somos las víctimas! Sin duda, la película ha capturado la sociedad mala que nos fascina. Está basada en una familia de la vida real y se trata de la vida diaria de ellos. El actor Ramón Robles hace el papel del galán. Es un hombre físicamente atractivo y talentoso y sólo su participación vale el precio de la entrada. La película tiene una clasificación de prohibida para menores. ¡Debe ser prohibida para TODOS!	**pág. 324** Actividad 5 **pág. 328** Actividad 11 **pág. 330** Actividad 16 **págs. 336–337** *Lectura*
4 Escribir Escribir sobre una película que te gustaría producir.	Mientras buscabas películas en español en Internet, descubriste un cuestionario que quieres completar. En el cuestionario te piden que escribas algunas oraciones sobre: (a) películas que hayas visto durante el mes pasado; (b) si te gustaron o no, y (c) lo que los críticos han dicho sobre estas películas.	**pág. 326** Actividad 8 **pág. 327** Actividades 9–10 **pág. 329** Actividades 12–14 **pág. 334** Actividad 22 **pág. 339** *Presentación escrita*
5 Pensar Demostrar un conocimiento de la forma en que las películas pueden reflejar el lenguaje y la cultura del país donde se realizan.	Tu profesor(a) de español ha asignado a la clase ver una película mexicana como tarea. Cuando alquilas la película y la llevas a casa, tu familia quiere saber por qué tiene subtítulos o por qué está doblada. ¿Cómo les explicas este proceso? ¿Qué crees que les sorprenderá de esta información?	**pág. 338** *Perspectivas del mundo hispano*

Go Online PHSchool.com Web Code jdd-0617

Nombre ______________________ Fecha ______________

A ver si recuerdas... (páginas 344–345)

Imagínate que vas a preparar la comida para una fiesta escolar. Completa la tabla siguiente con los ingredientes que necesitarías para preparar una pizza especial con alimentos tomados de la pirámide nutritiva. **Las respuestas variarán.**

	cereales	verduras	productos lácteos	carne / pescado	grasas	dulces
pizza						

Fondo cultural (página 346)

Simón Silva Este pintor mexicano nació en Mexicali, muy cerca de la frontera con los Estados Unidos, en 1961. Al año siguiente él y familia se mudaron a California. Durante su juventud fue trabajador agrícola. Esta experiencia marcó el contenido y el estilo de sus obras. El pintor comenta que sus obras no buscan presentar una visión romántica de la vida de los trabajadores agrícolas temporales. Por el contrario, nos dice que este trabajo es largo, agotador y doloroso, destruye las rodillas, los nudillos, la espalda y en general todos los huesos. Silva dice que sus pinturas son simples, poderosas, bellas y se centran en la cultura chicana.

1. ¿Sabes de dónde vienen y cómo se producen los alimentos que comes a diario? Explica tu respuesta.

   Las respuestas variarán.

2. Escribe todas las profesiones y los oficios que creas que están involucrados en la producción de tus alimentos.

   Las respuestas variarán.

Nombre ______________________ Fecha ______________

Capítulo 7A

¿Cómo se hace la paella?

Objetivos del capítulo

- Hablar sobre la comida y la cocina
- Decirles a los demás lo que no deben hacer
- Describir lo que la gente hace generalmente
- Entender las perspectivas culturales referentes a las recetas de cocina y la preparación de comida

Conexión geográfica (página 347)

Los pueblos y ciudades que están a las orillas del mar, ríos o lagos pueden aprovechar los recursos que les proporcionan estas aguas. Uno de estos recursos es el pescado, que forma parte de la alimentación de las poblaciones que viven allí. ¿Cuáles de los lugares (países o estados) sombreados no tienen salida al mar? Usa este mapa y los de las páginas xvi a xxix de tu libro de texto.

Nuevo México y Bolivia

Go Online Web Code jde-0002 PHSchool.com

Capítulo 7A Nombre ____ Fecha ____

A primera vista (páginas 348–349)

Actividad A

Clasifica el vocabulario del capítulo. En el espacio delante de cada expresión, escribe una *C* para las cosas de comer, una *R* para las instrucciones de una receta y una *U* para los utensilios, electrodomésticos y objetos de cocina.

R probar	U la olla	C los guisantes	R picar
C la fruta fresca	C el caldo	R pelar	C el aceite
U el horno	U la sartén	R calentar	U la estufa
U el refrigerador	R freír	C el ajo	C los camarones
C el vinagre	R hervir	U el fregadero	U la cuchara
R batir	U el microondas	C la salsa	C los mariscos
U el fuego	R frito	R mezclar	C las frutas congeladas

También se dice...

la olla = la cacerola (España)

los guisantes = los chícharos (México), las arvejas (Argentina)

Actividad B

A tu amigo(a) le encanta cocinar y ha sacado de la biblioteca un libro de cocina hispanoamericana. El libro está escrito en español y tu amigo(a) te ha pedido que le hagas una lista para recordar las principales palabras relacionadas con la cocina. Recuerda lo que aprendiste en *A primera vista*.

1. cinco electrodomésticos o utensilios que se encuentren en una cocina
   Respuestas posibles: estufa, refrigerador, horno, microondas, olla, sartén.
2. cinco verbos que pueden ser útiles para hablar de cómo preparar alimentos
   Respuestas posibles: batir, mezclar, pelar, picar, añadir, freír, hervir, calentar.
3. tres formas diferentes en las que se puede encontrar un alimento en el mercado
   Respuestas posibles: enlatado(a), congelado(a), fresco(a).

Capítulo 7A Nombre ____ Fecha ____

Videohistoria (páginas 350–351)

Actividad C

¿Recuerdas la *Videohistoria* del capítulo? Identifica quién dijo cada una de estas frases. Para Ignacio escribe una *I* y para Javier escribe una *J*.

1. J No uso ingredientes congelados.
2. I Quiero preparar una comida para Ana.
3. I ¿Enciendo el horno ya?
4. J ¡No tires el aceite!
5. I ¿Pongo el aceite en la olla?
6. J Tienes que picar los ajos primero.

Ampliación del lenguaje

La conjunción *sino* y *si no*

La palabra *sino* se usa para mostrar la preferencia de una cosa sobre otra. Por ejemplo: La paella no se hace con pasta, *sino* con arroz.

Usamos *si no* para señalar una condición. Por ejemplo: **Si no** vienes, yo tampoco voy.

Actividad D

A veces contamos una anécdota en tiempo presente para que quienes nos escuchan se sientan como si estuvieran viviendo el momento en que ocurrieron los hechos. Completa la siguiente narración con la forma correcta de los verbos entre paréntesis.

Un día me pongo de acuerdo con mi abuela para preparar una arroz con mole para mi mamá. Entonces le **pregunto** (*preguntar*) cómo se hace este plato. Ella me **dice** (*decir*) que vamos a necesitar arroz, pollo y pasta de mole. También me **aclara** (*aclarar*) que ella no **usa** (*usar*) pollo congelado. En el supermercado, la abuela **escoge** (*escoger*) dos pollos frescos y **selecciona** (*seleccionar*) el mejor mole. Luego nos **vamos** (*ir*) a casa de la abuela y ella **comienza** (*comenzar*) a lavar los pollos y los **separa** (*separar*) en pedazos. **Prepara** (*preparar*) el arroz. **Pone** (*poner*) a cocer el pollo con ajo, cebolla y cilantro y **añade** (*añadir*) el mole al caldo que **obtiene** (*obtener*) cuando el pollo está listo. La abuela **sirve** (*servir*) una porción de arroz y un pedazo de pollo. ¡No estaba bueno, sino delicioso!

Capítulo 7A Nombre ______ Fecha ______

Manos a la obra (páginas 352–355)

Actividad E

Lee la descripción de los platos en la página 353 de tu libro de texto y completa esta entrevista de Susana Rivas con el famoso chef Emilio Ponce en su programa de televisión *Cocina con Emilio.* **Respuestas posibles:**

SUSANA: Chef Emilio, ¿es difícil preparar el ceviche?

EMILIO: Es facilísimo. El pescado tiene que ser muy **fresco**. Córtalo en **pedazos**. Haz una salsa de jugo de **limón**. Añade tomate picado, cebolla, vinagre y chile. **Mezcla** todo con el pescado y deja que se enfríe el plato en el **refrigerador** por una hora. Sabe muy rico.

SUSANA: Otro plato muy popular en el verano es el gazpacho. ¿Cómo se prepara?

EMILIO: No es difícil. **Corta** unos tomates frescos en pedazos grandes. Mézclalos con pedazos de pan, **aceite** y ajo, y un poco de sal.

SUSANA: Emilio, las tapas son muy populares. ¿Tiene una tapa favorita?

EMILIO: Claro, Susana. Es fácil preparar camarones al ajillo. Lava tres o cuatro camarones frescos sin pelarlos. **Fríelos** en una **sartén** pequeña con aceite y ajo picado. Es todo.

SUSANA: Gracias, Emilio. Y gracias a nuestros televidentes.

Capítulo 7A Nombre ______ Fecha ______

Actividad F

¿Cómo se preparan los siguientes platos? Escoje dos platos y escribe dos o tres frases para explicar cómo se preparan.

el cereal	los huevos fritos
los espaguetis con tomate	el arroz con pollo

Modelo el té

Primero hiervo agua. Luego pongo una bolsita de té en una taza. Añado el agua caliente. Después de un minuto saco la bolsita y le añado jugo de limón y azúcar al té.

1. **Las respuestas variarán.**

2. ______

Ampliación del lenguaje

El agua

Si un sustantivo de género femenino empieza con una *a* acentuada, se usa *el* o *un* en vez de *la* o *una*. Decimos y escribimos *el agua*, *un agua*. Aunque se use *el* o *un*, la palabra sigue estando en femenino. Mira los siguientes ejemplos:

el agua sucia

un agua sucia

Capítulo 7A Nombre ____________ Fecha ____________

Gramática

Los mandatos negativos con *tú* (página 356)

Para formar mandatos negativos con *tú*, se elimina la *-o* del tiempo presente de la forma *yo* y se añade:

- *-es* para los verbos terminados en *-ar*

usar	uso:	**No uses** el microondas.

- *-as* para los verbos terminados en *-er* y en *-ir*

encender	enciendo:	**No enciendas** el horno.
añadir	añado:	**No añadas** demasiada sal.
poner	pongo:	**No pongas** los camarones en la sartén.

Los verbos que terminan en *-car*, *-gar* o en *-zar* tienen cambios ortográficos: la *c* cambia a *qu*, la *g* cambia a *gu* y la *z* cambia a *c*.

picar	pico:	**No piques** los tomates.
pagar	pago:	**No pagues** demasiado.
empezar	empiezo:	**No empieces** a cocinar ahora.

Estos verbos son irregulares.

dar	**no des**	ir	**no vayas**
estar	**no estés**	ser	**no seas**

Recuerda que los pronombres se unen a los mandatos afirmativos. Si el pronombre se añade a un mandato que tiene dos o más sílabas, escribe un acento gráfico sobre la sílaba sobre la que recae el énfasis en el presente.

—¿Pico las cebollas?
—Sí, **pícalas.**

En los mandatos negativos, los pronombres siempre van justo antes del verbo conjugado.

—¿Pico los tomates también?
—No, no **los** piques.

Gramática interactiva

Identifica formas

- En el primer punto, subraya la terminación del verbo en infinitivo y encierra en un círculo la terminación del verbo que es su mandato negativo.
- En el segundo punto, subraya la terminación de los tres verbos en infinitivo y encierra en un círculo las terminaciones de los verbos que son sus mandatos negativos.

Ampliación del lenguaje

Esdrújulas y sobresdrújulas

Recuerda que todas las palabras esdrújulas y sobresdrújulas se escriben con acento.

Las palabras esdrújulas llevan el acento en la antepenúltima sílaba: *plátano, típico, pícalas.*

Las palabras sobresdrújulas llevan el acento en cualquier sílaba anterior a la antepenúltima: *fácilmente, pónganselo.*

Lee las siguientes palabras y escribe el acento donde corresponda.

microondas mariscos sintetica refrigerador decimo camara boligrafo dejame
sintética, décimo, cámara, bolígrafo, déjame

Capítulo 7A Nombre ____________ Fecha ____________

Actividad G

Lee las siguientes situaciones y escribe un mandato negativo para cada una, según el contexto. Presta atención a los cambios ortográficos en los verbos.

1. Tu hermanito(a) pequeño(a) está jugando con el fuego en la cocina.
   Respuesta posible: ¡No juegues con el fuego!
2. Tu hermana(o) está buscando sus zapatos por tu habitación.
   Respuesta posible: ¡No busques tus zapatos en mi habitación!
3. Tu perrito está a punto de comerse una caja de chocolates que guardabas para ti.
   Respuesta posible: ¡No te comas mis chocolates!
4. Tu sobrino(a) está tocando una figura de cristal que cuesta mucho dinero.
   Respuesta posible: ¡No toques esa figura de cristal!
5. Tu hermanita está a punto de ir al parque sola.
   Respuesta posible: ¡No vayas al parque sola!

Actividad H

Tienes que quedarte a pasar el fin de semana con tu sobrinito de siete años. Para que no haya problemas, tu mamá te ha recomendado que hagas una lista de seis cosas que el niño NO debe hacer. Escribe la lista en tu cuaderno. **Las respuestas variarán.**

Modelo ¡No olvides lavarte las manos antes de comer!

Ampliación del lenguaje

Cómo dividir las palabras en sílabas

En español, dividimos las palabras en sílabas después del sonido de una vocal o, en la mayoría de los casos, entre consonantes dobles. Escucha y pronuncia las siguientes palabras:

ca-ma-ro-nes fres-co her-vir con-ge-la-do

Sin embargo, no separamos la mayoría de las combinaciones de una consonante seguida por una *l* o *r*. Escucha y pronuncia las siguientes palabras:

do-**ble** in-**gre**-dien-tes **fre**-ga-de-ro vi-na-**gre**

Cuando dos vocales fuertes *(a, e, o)* aparecen juntas, cada una es pronunciada individualmente, formando dos sílabas. Escucha y pronuncia las siguientes palabras:

pa-e-lla tra-e-mos to-a-lla mi-**cro**-on-das

Gramática

El *se* impersonal (página 360)

Gramática interactiva

Identifica formas
Encierra en un círculo el *se* impersonal en los primeros dos ejemplos de la tabla.

En español, se usa la construcción *se* + la forma verbal correspondiente a *Ud.*/*él*/*ella* o a *Uds.*/*ellos*/*ellas* para expresar que una acción se realiza de manera impersonal, es decir, que la hace la gente en general.

A menudo se sirve pan con la paella.
Se usan otros mariscos también para hacer la paella.

¿Recuerdas?
Recuerda que usamos *se prohíbe* para decir que algo no está permitido.

- *Se prohíbe* comer en clase.

Actividad I

Para cada palabra o expresión de la lista de la izquierda, indica por lo menos una cosa que se puede hacer con ella. Usa el *se* impersonal.

Modelo aceite *Se fríen los alimentos con aceite.*

1. lechuga Las respuestas variarán.
2. frijoles ____________
3. huevos ____________
4. harina ____________
5. chile ____________
6. mariscos ____________
7. mantequilla ____________
8. sal ____________
9. cebollas ____________
10. queso rayado ____________

Ampliación del lenguaje

Los números ordinales

Los números cardinales son los que usamos para contar mientras que los números ordinales son los que usamos para ordenar. Por ejemplo, tenemos **cinco** unidades en esta unidad, pero estamos estudiando la **tercera** unidad.

Los números ordinales del uno al diez son:

1 primero	4 cuarto	7 séptimo	10 décimo
2 segundo	5 quinto	8 octavo	11 undécimo
3 tercero	6 sexto	9 noveno	12 duodécimo

Completa las siguientes oraciones eligiendo uno de los números entre paréntesis:

1. La cuarta *(cuatro / cuarta)* receta se ganó el premio.
2. Hay seis *(seis / sexto)* ingredientes principales en la paella.
3. Esta receta es para ocho *(ocho / octava)* personas.
4. Para preparar pescado enlatado, primero *(uno / primero)* abre la lata.
5. La fruta fresca está en el tercer *(tres / tercer)* estante.

Actividad J

¿Cuál es tu sándwich favorito? Explícale a un(a) amigo(a) cómo preparalo. Escribe una lista de ingredientes y luego describe la preparación. Usa el *se* impersonal, el mandato de *tú* negativo y los números ordinales.

1. Ingredientes

   Modelo dos cucharadas de mayonesa

   Las respuestas variarán.

2. Preparación

   Modelo Primero, se unta la mayonesa en el pan. No le pongas demasiada mayonesa.

   Las respuestas variarán.

Capítulo 7A Nombre ____________ Fecha ____________

Lectura cultural (página 352)

Actividad K

Lee el siguiente artículo para aprender un poco más sobre la paella y después, contesta en tu cuaderno las preguntas a continuación.

Mitos sobre la paella

Aunque la paella es probablemente el plato español más conocido fuera de España, en muchas ocasiones, cualquier plato de arroz con otro ingrediente recibe el nombre de *paella*. Por esta razón, los valencianos (Valencia es donde la paella tiene su origen) han publicado esta nota para informar a todos lo que es y no es una paella.

- ❑ La paella original era la comida de los campesinos, por lo tanto, no tenía pescado ni marisco de ningún tipo. La paella de marisco es una versión diferente de la paella tradicional.
- ❑ Aunque en muchos lugares se le echa todo tipo de verduras a la paella para que quede más "bonita", los únicos vegetales que se incluyen en la paella son unas judías verdes y otras blancas muy grandes, las dos típicos de Valencia.
- ❑ La carne que se usa para la paella incluye pollo y conejo. No se pone ni cerdo, ni salchichas, ni carne de otro tipo. Tampoco se le ponen ni guisantes ni pimientos.
- ❑ La paella se cocina sobre leña, no sobre la estufa y tampoco en el microondas. La leña es uno de los factores más importantes para conseguir el sabor de la paella.
- ❑ Finalmente, la paella lleva azafrán, no colorante naranja ni imitaciones parecidas.

Esperamos que estos consejos le ayuden a preparar una paella digna de su nombre.

1. ¿Cuál es el propósito de este artículo?
   El propósito es explicar lo que es la paella auténtica, según los valencianos.
2. ¿Qué tipo de carne se pone en la paella típica?
   pollo y conejo
3. ¿Qué factor es uno de los más importantes para conseguir el sabor de la paella?
   cocinarla sobre leña
4. Piensa en algún plato típico de la cocina hispana que se prepara de varias maneras. Explica cuál se considera la manera auténtica y describe las variaciones.
   Las respuestas variarán.

Capítulo 7A Nombre ____________ Fecha ____________

Conexiones Las ciencias (página 361)

¿Sabes cuáles son los minerales más importantes para la salud de los seres humanos? Aquí tienes una lista de algunos de los más importantes y de los alimentos en los que se encuentran. Lee la lista y después, completa los pasos a continuación.

Mineral	Acción	Se encuentran en...
Azufre	Neutraliza los tóxicos.	Legumbres, nueces y leche
Calcio	Mantiene los huesos fuertes.	Frutos secos, verduras, lácteos
Fósforo	Ayuda a asimilar el calcio.	Frutos secos, semillas, quesos
Magnesio	Equilibra el sistema nervioso.	Cacao, soja, avena, maíz
Potasio	Regula el agua y el sodio.	Frutas, papas y legumbres
Sodio	Transmite impulsos nerviosos.	Sal y casi todos los alimentos

Actividad L

En tu cuaderno, describe los efectos para la salud de las siguientes comidas:

1. dulce de chocolate, pasas y nueces **Equilibra el sistema nervioso (cacao), mantiene los huesos fuertes (frutos secos) y neutraliza los tóxicos (nueces).**
2. guisado de pescado, soja y verduras
   Transmite impulsos nerviosos (sodio del pescado), equilibra el sistema nervioso (soja) y mantiene los huesos fuertes (verduras).

El español en la comunidad (página 363)

Muchos negocios en los Estados Unidos usan el español en sus mensajes publicitarios. Sin duda conoces varios ejemplos en tu comunidad. Aquí vamos a tratar del caso contrario. Escribe las respuestas en tu cuaderno.

Actividad M

1. ¿Qué servicios o negocios en tu comunidad NO tienen avisos o anuncios en español y tú crees que deberían tenerlos? **Las respuestas variarán.**
2. Elige uno de los negocios o servicios de la lista anterior y prepara un anuncio en español en tu cuaderno. Puedes tomar la idea de alguna frase o mensaje publicitario que ya existe pero añade algún detalle creativo y trata de que el mensaje suene bien y resulte atractivo en español. **Las respuestas variarán.**

¡Adelante! (páginas 364–365)

Lectura 1

Estrategia
Leer y volver a leer Para lograr una comprensión más a fondo de la poesía, ésta debe leerse varias veces.

Actividad N

Haz las actividades del margen.

Lectura interactiva

Lee y vuelve a leer
Lee el poema de Neruda en voz alta. Recuerda hacer las pausas donde lo indiquen los signos de puntuación, no al final de cada línea.

Luego, léelo otra vez basándote en las letras mayúsculas y los puntos, subraya la primera palabra de cada oración. ¿Cómo son las oraciones?

Respuesta posible: Son largas, con verbos múltiples y con muchos adjetivos.

ODA AL TOMATE

La calle
se llenó de tomates,
mediodía,
verano,
la luz
se parte
en dos
mitades
de tomate,
corre
por las calles
el jugo.
En diciembre
se desata
el tomate,
invade
las cocinas,
entra por los almuerzos,
se sienta
reposado
en los aparadores,
entre los vasos,
las mantequilleras,
los saleros azules.
Tiene
luz propia,
majestad benigna.
Debemos, por desgracia,
asesinarlo;
se hunde
el cuchillo
en su pulpa viviente,
en una roja
víscera
un sol
fresco,
profundo,
inagotable,
llena las ensaladas
de Chile,
se casa alegremente
con la clara cebolla,
y para celebrarlo
se deja
caer
aceite,
hijo
esencial del olivo,
sobre sus hemisferios
entreabiertos
agrega
la pimienta
su fragancia
la sal su magnetismo (...)

Actividad Ñ

Responde a las siguientes preguntas.

1. ¿Cuál es tu plato favorito? **Las respuestas variarán.**
2. ¿Cuál es el ingrediente principal? **Las respuestas variarán.**
3. ¿Qué palabra(s) describen a este plato o ingrediente? (elige tres)
   Las respuestas variarán. ____, ____ y ____.
4. ¿Qué palabra(s) describen cómo te sientes cuando comes este plato? (elige tres)
   Las respuestas variarán. ____, ____ y ____.
5. Menciona actividades que hiciste antes, durante o después de comer este plato. (elige tres)
   Las respuestas variarán. ____, ____ y ____.

Actividad O

Ahora escribe tu propia oda al alimento que elegiste para la actividad anterior. Usa las listas de adjetivos que escribiste. ¿Hay adjetivos que terminan con las mismas consonantes o vocales? Si es así, puedes crear algunas rimas con ellos.

Las respuestas variarán.

Capítulo 7A Nombre ________ Fecha ________

Lectura 2

Actividad P

En distintas regiones geográficas, la gente se alimenta de una forma diferente. Haz la primera actividad del margen y luego lee el artículo siguiente para saber en qué consiste *la dieta mediterránea.*

Estrategia

Usar conocimientos previos Antes de leer un texto, puedes pensar en lo que ya conoces sobre el tema para ayudarte a anticipar contenido y a comprender el texto.

Lectura interactiva

Usa conocimientos previos
- Antes de leer, escribe tres consejos breves para tener una alimentación sana:

1. Las respuestas variarán.
2. ________
3. ________

- Después de leer, subraya cinco ingredientes que se dan en el artículo.

Reflexiona
- Explica las diferencias principales entre la dieta mediterránea y el tipo de alimentación común en los Estados Unidos.
Las respuestas variarán.

La dieta mediterránea

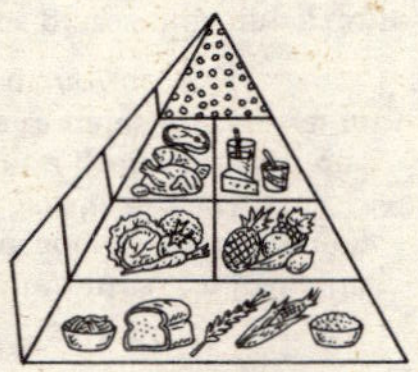

Una alimentación saludable nos ayuda a mantener la salud. Observa la pirámide alimentaria. Ahí puedes ver la variedad de alimentos que debes consumir a diario.

En la antigüedad, los pueblos dependían de los alimentos que se producían en donde vivían. La dieta mediterránea tiene su origen en los patrones de alimentación de los pueblos antiguos que vivían a orillas del mar Mediterráneo. Se ha demostrado que quienes siguen esta dieta tienen un riesgo menor de sufrir enfermedades de corazón, cáncer, obesidad y diabetes.

En esta dieta, se consumen cantidades abundantes de: cereales y productos derivados de los cereales, como pan y pasta; verduras; legumbres (lentejas, frijoles); papas, pescado y fruta. Se consumen cantidades moderadas de: aves de corral (pollo, pato y pavo); huevos y productos lácteos (leche, queso y yogurt). Se consumen cantidades pequeñas de carne de res, cerdo y embutidos (salchichas, longanizas).

En la dieta mediterránea el aceite de oliva es la principal fuente de grasa. Este aceite tiene efectos buenos sobre la salud: ayuda a reducir el colesterol y el azúcar en la sangre; contiene vitaminas A y D y antioxidantes que previenen el envejecimiento de las células y el cáncer.

Capítulo 7A Nombre ________ Fecha ________

Actividad Q

Responde a las preguntas siguientes basándote en la lectura.

1. Explica el tema principal de este artículo y su objetivo.
   Respuestas posibles: el tema principal puede ser en qué consiste la dieta mediterránea. El objetivo es convencer al lector de sus beneficios.
2. ¿Qué tipo de alimentos debemos consumir en mayor cantidad?
   Cereales y sus derivados, verduras, legumbres, papas, pescado y fruta.
3. ¿Cuáles debemos consumir en menor cantidad?
   Carne de res, carne de cerdo y embutidos.
4. ¿Cuál es el principal origen de la grasa que se consume en la dieta mediterránea? ¿Qué ventajas tiene usar este tipo de grasa?
   El aceite de oliva. Este aceite ayuda a reducir el colesterol y el azúcar en la sangre y contiene vitaminas A y D.
5. Normalmente, en los países hispanoamericanos se consumen legumbres casi a diario. ¿Tienen esta costumbre en tu familia? Escribe un párrafo corto para comparar el tipo de alimentación de tu familia y la dieta mediterránea: ¿En qué se parecen? ¿En qué se diferencian? ¿Cómo puedes hacer tu dieta más equilibrada y saludable?
   Las respuestas variarán.

Capítulo 7A Nombre ______ Fecha ______

La cultura en vivo (página 366)

En tu libro de texto has aprendido sobre las tortillas y los tacos. Ahora lee el texto siguiente sobre otros platos que se preparan con maíz. Luego responde en tu cuaderno a las preguntas.

Tamales para todos los gustos

El origen de los tamales es muy antiguo. La palabra misma es de origen azteca. Cuando los españoles llegaron a México, los indios ya comían tamales. Los españoles empezaron a introducir novedades en este plato y a rellenarlos con diferentes guisos, creando así una gran variedad de tamales. Más tarde, el consumo de tamales se extendió por casi todas las regiones americanas a las que llegaron los españoles.

Básicamente, los tamales son una masa de maíz que se cocina envuelta en hojas de maíz o de plátano. También hay tamales rellenos con carnes, pescado, mariscos o frijoles. Los más comunes son los tamales de carne y los tamales dulces.

Los tamales no son difíciles de elaborar, pero requieren mucho tiempo y trabajo; por eso es muy común que en la preparación de tamales participe toda la familia.

Para hacer un tamal, primero hay que preparar la masa de maíz y el relleno. Luego las porciones de masa se envuelven en hojas de maíz o de plátano, se atan con un hilo fuerte y se hierven en agua durante una hora aproximadamente.

En cada país, los tamales adquirieron características y nombres diferentes. En Cuba, los tamales se hacen con maíz fresco molido y un guiso de carne de cerdo y se envuelven en hojas de maíz. En Puerto Rico, los tamales se llaman *guanimes* y, por lo general, se envuelven en hoja de plátano. Los tamales colombianos incluyen una gran variedad de ingredientes. En Colombia, cada región tiene su tamal típico y los tamales dulces son muy populares. En Perú, los tamales se llaman *humitas,* y en Venezuela, *hallacas.*

En todos los países en los que se consumen tamales, son uno de los platos más importantes y especiales de la comida criolla (propia, distintiva de Hispanoamérica). En las fiestas y comidas familiares, nunca faltan los tamales.

Actividad R

1. Explica el origen de los tamales y cómo se extendió su consumo por América Latina. **Los tamales son originarios de México. Su consumo se extendió a aquellos territorios a los que llegaban los españoles.**
2. ¿Cuántas clases de tamales se nombran en el texto? ¿Cuáles son algunos ingredientes comunes? ¿Qué se usa para envolver los tamales? Responde en un párrafo breve. **Hay tamales de carne o pescado y tamales dulces. Todos los tamales se hacen con maíz y se envuelven en hojas de plátano o de maíz.**
3. ¿Por qué crees que los tamales se hicieron tan populares? **Las respuestas variarán.**
4. ¿Qué comida hace tu familia en la que todos ayudan a prepararla? Escribe un párrafo corto para explicar qué tipo de comida es y cuándo y cómo la preparan. **Las respuestas variarán.**

Capítulo 7A Nombre ______ Fecha ______

Presentación oral (página 367)

Cómo preparar un plato favorito

Estrategia

Usar conocimientos previos
Piensa en programas de cocina que hayas visto. ¿Cómo presenta los ingredientes el (la) jefe(a) de cocina? ¿Cómo explica la preparación del plato? Usa estas técnicas en tu presentación.

Tarea

Eres un(a) invitado(a) de un programa de cocina de televisión y vas a explicarle a la audiencia cómo preparar tu plato favorito. Explica cuáles son los ingredientes, las principales etapas de la preparación y los utensilios que se necesitan.

1. **Preparación**
Trae a la sala de clases muestras de los principales ingredientes y de los utensilios que necesitas para preparar el plato. (Puedes elegir una receta que no sea muy complicada). Si lo prefieres, puedes traer fotografías en lugar de los ingredientes y los utensilios. Si es posible, prepara el plato por adelantado y tráelo a la sala de clases. Anota los ingredientes, los utensilios y la preparación en una tarjeta; esto te ayudará a organizar tus ideas. Explica cómo aconsejas servir el plato, es decir, con qué comida o bebida, a qué hora o con cuál adorno.

2. **Práctica**
Repasa tu presentación varias veces. Puedes usar tu tarjeta de notas mientras practicas, pero no cuando hagas la presentación en público. Intenta:
   - incluir todos los ingredientes y utensilios necesarios.
   - describir y mostrar claramente la preparación en etapas.
   - hablar con claridad.

Modelo *Para hacer una quesadilla se necesita una tortilla, frijoles refritos y queso. Primero se calienta la sartén... Las quesadillas se sirven...*

3. **Presentación**
Explícale y muéstrale a la clase cómo preparar el plato. Usa los materiales (ingredientes y utensilios) o los elementos visuales como parte de tu presentación. Puedes servir la muestra del plato que previamente has preparado.

4. **Evaluación**
Quizá tu profesor(a) te dé los criterios de cómo va a ser evaluada tu presentación. Probablemente, tu presentación será evaluada teniendo en cuenta:
   - lo completa que es tu preparación.
   - la cantidad de información que presentas.
   - lo fácil que resulta entenderte.

Capítulo 7A Nombre

Repaso del capítulo (página 370)

Vocabulario y gramática

Repaso del capítulo

Para preparar el examen, revisa si...
- conoces el vocabulario nuevo y la gramática.
- puedes realizar las tareas de la página 269.

para nombrar comidas y objetos en la cocina

el aceite	cooking oil
el ajo	garlic
el caldo	broth
el camarón *pl.* **los camarones**	shrimp
la estufa	stove
el fregadero	sink
el fuego	fire, heat
el horno	oven
los mariscos	shellfish
el microondas *pl.* **los microondas**	microwave
la olla	pot
el pedazo	piece, slice
el refrigerador	refrigerator
la salsa	salsa, sauce
la sartén *pl.* **las sartenes**	frying pan
el vinagre	vinegar

para preparar una receta

añadir	to add
no añadas	don't add
batir	to beat
calentar *(e → ie)*	to heat
la cucharada	tablespoon (full)
freír *(e → i)*	to fry
hervir *(e → ie) (e → i)*	to boil
el ingrediente	ingredient
mezclar	to mix
pelar	to peel
picar	to chop
probar *(o → ue)*	to taste, to try
la receta	recipe

para hablar acerca de la preparación de la comida

el horno	baked
apagar	to turn off
caliente	hot
¿Cómo se hace...?	How do you make...?
¿Con qué se sirve?	What do you serve it with?
congelado, -a	frozen
dejar	to leave, to let
no dejes	don't leave, don't let
encender *(e → ie)*	to turn on, to light
enlatado, -a	canned
fresco, -a	fresh
frito, -a	fried
olvidarse de	to forget about / to
no te olvides de	don't forget about / to
tirar	to spill, to throw away
no tires	don't spill, don't throw away

otra expresión útil

se puede	you can

mandatos negativos con *tú*

No hables.	Don't speak.
No comas.	Don't eat.
No escribas.	Don't write.

mandatos irregulares negativos con *tú*

dar	no des
estar	no estés
ir	no vayas
ser	no seas

Más práctica
Practice Workbook Puzzle 7A-8
Practice Workbook Organizer 7A-9

Capítulo 7A Nombre Fecha

Preparación para el examen (página 371)

En el examen vas a...	Éstas son las tareas que te pueden ser útiles para el examen...	Si necesitas repasar...
1 Escuchar Escuchar y entender a alguien cuando da instrucciones para preparar una comida.	Escucha a Valeria dándole instrucciones de cocina por teléfono a su hermano Gabriel. Intenta identificar: (a) lo que él quiere cocinar; (b) los ingredientes que necesita comprar, y (c) los primeros pasos de la receta.	**págs. 348–351** *A primera vista* **pág. 354** Actividades 9–10 **pág. 358** Actividad 15
2 Hablar Decir a alguien cuáles son los primeros pasos para una receta en particular.	Teneniendo en cuenta las ilustraciones de la página 371 de tu libro de texto, explícale a alguien los tres primeros pasos para preparar una paella.	**págs. 350–351** *Videohistoria* **pág. 355** Actividad 11 **pág. 358** Actividad 15 **pág. 367** *Presentación oral*
3 Leer Leer y entender a alguien que da consejos generales sobre cocina.	Estás leyendo un artículo sobre cocina de una revista española. Indica cuál de las siguientes sugerencias se enfoca en: (a) cosas que hacer antes de cocinar; (b) cosas que hacer mientras se cocina, y (c) cosas que hacer después de cocinar. 1. Apaga el horno cuando termines de cocinar. 2. Lee primero la receta para saber si tienes todos los ingredientes. 3. No salgas nunca de la cocina mientras algo esté hirviendo.	**págs. 350–351** *Videohistoria* **pág. 353** Actividad 6 **pág. 354** Actividad 10 **pág. 357** Actividad 13 **págs. 364–365** *Lectura*
4 Escribir Escribir reglas para promover la seguridad en la cocina.	El profesor de economía del hogar te ha pedido que escribas una lista con cinco reglas para cocinar con seguridad, para sus estudiantes hispanohablantes. Puedes empezar con algo como: *Ten cuidado cuando picas las verduras.*	**pág. 356** Actividad 12 **pág. 357** Actividad 13 **pág. 359** Actividad 16
5 Pensar Demostrar un entendimiento de la forma en que algunas comidas de una cultura son incorporadas en otra.	Te gustaría preparar una cena para tu familia usando algunas recetas de un libro de cocina mexicana, pero tu hermano pequeño y tu hermana son muy exigentes. ¿Qué les puedes contar a tus hermanos sobre comidas de otros países que ya han comido antes y que les han gustado? ¿Cuál puede ser la mejor comida o plato americano que ofrecerles a los jóvenes de otros países? ¿Por qué?	**pág. 366** *La cultura en vivo*

Go Online PHSchool.com Web Code jdd-0707

Nombre ______ Fecha ______

A ver si recuerdas... (páginas 372–373)

Haz una lista de la comida que te gustaría llevar a un picnic o a una barbacoa que se llevará a cabo en un parque cercano a tu casa.

Comida al aire libre

Las respuestas variarán.

Fondo cultural (página 372)

Carmen Lomas Garza nació en 1948, en Kingsville, Texas. Cuando tenía 13 años comenzó su obra pictórica que continúa hasta el día de hoy. Sus cuadros muestran escenas familiares de la vida diaria y fiestas de la comunidad hispana. Algunos de los títulos de sus obras son: *Curandera (1977), Nopalitos frescos (1979), Cama para sueños (1985), La Feria en Reynosa (1987)* y *Quinceañera (2001).* Sus cuadros son un importante testimonio de las actividades y el fuerte lazo de cohesión familiar de los chicanos.

1. ¿Qué festividades celebran en tu familia? ¿Cómo son estas fiestas?

   Las respuestas variarán.

2. ¿Cuáles de estas fiestas celebran con sus familiares?

   Las respuestas variarán.

3. ¿En qué actividades participas durante esas fiestas? ¿Te gusta asistir? Explica tu respuestas.

   Las respuestas variarán.

Nombre ______ Fecha ______

Capítulo 7B

¿Te gusta comer al aire libre?

Objetivos del capítulo

- Hablar de comida y de cocinar fuera
- Decirle a la gente qué hacer o no hacer
- Indicar duración, intercambio, razón y otras expresiones
- Comprender las perspectivas culturales sobre comidas especiales y vendedores de comida al aire libre

Conexión geográfica (página 373)

Este mapa muestra países relacionados con este capítulo. Identifica las capitales de los países indicados, escribiendo el nombre en el espacio proporcionado.

Verifica tus respuestas en los mapas de las páginas xvi a xxix.

México México, D. F. Perú Lima

Argentina Buenos Aires Chile Santiago

España Madrid Ecuador Quito

Go Online Web Code jde-0002 PHSchool.com

Capítulo 7B Nombre ______ Fecha ______

A primera vista (páginas 374–375)

Actividad A

Identifica las cosas relacionadas con una comida al aire libre.

1. Insecto pequeño, negro y que vuela: **mosca**
2. Se usa para encender el fuego: **fósforo**
3. Animal como la vaca, el toro y la ternera: **res**
4. En él están las nubes: **cielo**
5. Fruta verde por dentro, que se usa para hacer ensaladas y guacamole: **aguacate**
6. Recipiente de paja o madera: **cesta**
7. Cocinar sobre el fuego: **asar**
8. El hijo de la gallina: **pollo**
9. Fruta grande y dulce, de pulpa amarilla y jugosa: **piña**
10. Salsa de color blanco, se usa en comidas y sándwiches: **mayonesa**
11. Lo contrario de secos: **mojados**
12. Trozos de madera que se recogen para hacer una fogata: **leña**

Actividad B

Clasifica el vocabulario de este capítulo y otras palabras que conozcas en la tabla a continuación. **Respuestas posibles:**

Carnes	Frutas
la carne de res el pavo la chuleta de cerdo el pollo	el durazno el melón el aguacate las cerezas la sandía la piña
Condimentos	**La naturaleza**
la salsa de tomate la mostaza la mayonesa	las nubes el cielo la hormiga la mosca

Capítulo 7B Nombre ______ Fecha ______

Videohistoria (páginas 376–377)

Actividad C

Otro grupo de amigos sale a comer al aire libre en este relato. Complétalo con las palabras a continuación.

leña	sabor	pollo	grasosas	puesto	harina	mojado	fogata

Pablo y yo fuimos un día a comer al parque. Nuestras amigas Rosa y Erika nos acompañaron. Pensamos llevar chuletas de puerco, pero cambiamos de idea porque son muy **grasosas**. Decidimos llevar pollo asado, porque nos gusta su **sabor**. Después conseguimos tortillas de **harina** y frijoles. Cuando íbamos a comer, nos dimos cuenta de que no teníamos dónde calentar el pollo y las tortillas. Preparamos una **fogata** con piedras y **leña**, pero ¡comenzó a llover! ¿Qué hacer? Corrimos a un **puesto** de comida rápida. Como el suelo estaba **mojado**, Pablo se resbaló y se cayó. No se lastimó pero se mojó. En el puesto nos sentamos a comer **pollo** frío con tortillas y frijoles fríos.

Actividad D

Imagina que Claudia no olvidó la comida. Termina este diálogo.

RAMÓN: ¡Qué rico el pollo! ¿Verdad, Manolo?

MANOLO: Pues, la verdad es que no tengo mucha hambre.

Las respuestas variarán.

Manos a la obra (páginas 378–381)

Actividad E

Trata de solucionar estas adivinanzas abreviadas. Para las de la segunda columna, escribe la pista. No siempre tiene que ser *verbo* más *objeto* aunque la mayoría así son.

Modelo Pone huevos.
La gallina.

1. Carga cosas.
   la cesta
2. Enciende fogatas.
   el fósforo
3. Hace pan.
   la harina
4. Es dura.
   la piedra
5. el cielo
   Respuesta posible: Está arriba.
6. el puesto
   Respuesta posible: Vende comida.
7. la piña
   Respuesta posible: Tiene corona.
8. el suelo
   Respuesta posible: Se pisa.

Ampliación del lenguaje

Palabras compuestas

A veces se combinan dos palabras para crear una palabra nueva. La invención de un nuevo tipo de horno condujo a que se creara una nueva palabra: *micro + ondas*. Estas palabras compuestas están en masculino y singular. En el plural, el nombre no cambia: *microondas*.

Actividad F

Crea una palabra compuesta combinando los siguientes verbos de la primera columna con los nombres de la segunda.

abre	latas	**abrelatas**
corta	césped	**cortacésped**
lava	platos	**lavaplatos**
saca	puntas	**sacapuntas**
salva	vidas	**salvavidas**

Actividad G

Esta es una página del diario de Carolina. Completa las oraciones con las palabras a continuación.

horrible	sabroso	ingredientes	seco	picante
muy	demasiada	pastel	encanta	grasoso

Estoy feliz porque mi cumpleaños se acerca. El pastel que hace mi mamá me **encanta**, sólo ella puede preparar un pastel tan **sabroso**. Ella se fija **muy** bien en las cantidades y en los **ingredientes**. Por ejemplo, no le agrega **demasiada** mantequilla, porque quedaría un poco **grasoso**. También tiene cuidado de no dejar el **pastel** mucho tiempo en el horno, porque puede quedar **seco**. Hace unos meses, sin querer preparó la masa del pastel en una bandeja donde había preparado chile con carne. El resultado fue **horrible**, porque ¡el pastel estaba **picante**! ¿Se imaginan?

Actividad H

¿Prefieres comer al aire libre o en un comedor? Escribe un párrafo breve explicando tu preferencia.

Modelo *Prefiero comer al aire libre porque me gustan las parrilladas. Uno puede estar con sus amigos y después de la comida uno puede tocar música o dar una caminata.*

Las respuestas variarán.

Capítulo 7B Nombre ______ Fecha ______

Gramática

Mandatos con *usted* y *ustedes* (página 382)

(página 382)

Para formar el mandato afirmativo o negativo de *Ud.* o de *Uds.*, se usa la forma *yo* del presente como radical, igual que en los mandatos negativos de la forma *tú*.

- Añade la terminación *-e* o *-en* para los verbos que terminan en *-ar.*

cortar	corto	Señor, **corte** las chuletas de cerdo.
probar	pruebo	Señores, **prueben** la carne asada.

- Añade la terminación *-a* o *-an* para los verbos que terminan en *-er* o en *-ir.*

perder	pierdo	**No pierdan** Uds. los fósforos.
servir	sirvo	Señorita, **sirva** la ensalada.

Los mandatos afirmativos y negativos para las formas de *Ud.* y de *Uds.* tienen los mismos cambios en la ortografía y las mismas formas irregulares que los mandatos negativos de la forma *tú*. Para los mandatos de *Ud.* y de *Uds.* se siguen las mismas reglas para los pronombres que las que ya estudiaste para los mandatos con *tú*. Une los pronombres al final de los mandatos afirmativos.

—¿Dónde ponemos la leña?
—Pónganl**a** en un lugar seco.

En los mandatos negativos, los pronombres deben aparecer inmediatamente antes del verbo.

—¿Encendemos la fogata ahora?
—No, no **la** enciendan todavía.

mandatos negativos con *tú*	mandatos con *Ud.*	mandatos con *Uds.*
no busques	(no) busque	(no) busquen
no hagas	(no) haga	(no) hagan
no des	(no) dé	(no) den
no vayas	(no) vaya	(no) vayan
no seas	(no) sea	(no) sean

Gramática interactiva

Identifica formas
- En los primeros dos puntos, subraya la terminación de los verbos en infinitivo y encierra en un círculo las terminaciones de los mandatos para *usted* y *ustedes*.

Analiza
Estudia los verbos de las tres columnas. Escribe los mandatos que faltan.

¿Recuerdas?
Ya sabes cómo dar mandatos negativos en la forma *tú*.
- **No prepares** los frijoles todavía.
- **No enciendas** la fogata.
- **No salgas** de este sendero.

Capítulo 7B Nombre ______ Fecha ______

Actividad I

Eres el/la organizador(a) de una comida al aire libre. La carne está asada y lista para comer. Todo el mundo debe venir a la mesa. Responde a estas preguntas con las formas de *Ud.* / *Uds.* a la gente mayor y con las formas de *tú* a tus compañeros.

Respuestas posibles:

1. Profesor Ramos: ¿Pongo las frutas en la mesa?
   Sí, ponga las frutas en la mesa.
2. Sra. Suárez: ¿Doy una caminata?
   No, no dé una caminata.
3. Sandra: ¿Voy a buscar leña?
   No, no vayas a buscar leña.
4. Sra. Dávila: ¿Llevo la carne a la mesa?
   Si, lleve la carne a la mesa.
5. Clara y Ángela: ¿Colocamos los platos en la mesa?
   Sí, coloquen los platos en la mesa.
6. Juanito: ¿Busco piedras para rodear la fogata?
   No, no busques piedras para rodear la fogata.

Actividad J

Acabas de conseguir un trabajo en uno de los parques de tu comunidad. Escribe una lista de reglas para los visitantes sobre pisar el césped, hacer una fogata, botar la basura, etc. Usa los mandatos afirmativos y negativos.

Reglas para los visitantes del parque

Modelo *Proteja la naturaleza.* *No alimente a los animales.*

Las respuestas variarán.

Gramática

Usos de *por* (página 386)

La preposición *por* se usa de muchas maneras. Tú ya conoces muchos de estos usos.

- Para indicar duración de tiempo o para indicar distancia:

  Dejen el pollo en la parrilla **por** unos minutos más.
- Para indicar movimiento a través de, a lo largo de, o alrededor de un lugar:

  Vamos a dar una caminata **por** ese sendero. 3

  Hay un buen lugar **por allí.** 2
- Para indicar un intercambio de una cosa por otra:

  No pague Ud. demasiado **por** esos melones.
- Para indicar la razón o el motivo de algo:

  Las chuletas de cerdo no son muy saludables **por** ser bastante grasosas. 1
- Para indicar una substitución o una acción en nombre de alguien:

  Felipe y Marcos, traigan esa leña al fuego **por** su papá.
- Para indicar una forma de comunicación o de transporte:

  Nos hablamos **por** teléfono ayer.

Gramática interactiva

Encuentra
- Lee la explicación del primer punto y subraya *tiempo* o *distancia* con referencia al uso de *por* en el ejemplo.
- Lee la explicación del segundo punto. Escribe el número correspondiente a estos significados de *por* sobre la palabra en los ejemplos.

1. debido a
2. alrededor de
3. a lo largo de

¿Recuerdas?
Ya sabes varias expresiones con *por.* A ver si recuerdas algunas.

por ejemplo	por la mañana, tarde, noche
por eso	por primera, segunda vez...
por lo general	por supuesto

Actividad K

Relaciona ambas columnas, considerando los usos de la preposición *por* y sus significados.

a 1. Te doy dos manzanas **por** esa piña.
h 2. Si hace calor, nuestro cuerpo pierde líquidos. **Por eso**, debemos beber agua.
g 3. Caminamos **por** una milla hasta que encontramos un teléfono.
e 4. **Por lo general** nos levantamos tarde los domingos.
b 5. Corrí **por** el campo de golf para ahorrar tiempo.
f 6. En el menú hay muchos platos hispanos, **por ejemplo**, arroz con pollo.
d 7. El jugador de béisbol se lastimó y su compañero jugó **por** él.
c 8. Me encantan Los Astros. **Por supuesto**, voy a todos sus partidos.

a. intercambio
b. a través de
c. claro está, sin duda
d. en sustitución o en nombre de alguien
e. casi siempre, costumbre
f. como muestra, en este caso
g. distancia
h. debido a, razón, motivo

Actividad L

Completa las siguientes oraciones usando las expresiones con *por.*

por ejemplo | por lo general | por la tarde | por favor | por eso | por primera vez

1. Por lo general vamos a comer al aire libre todos los fines de semana.
2. A mi hermana le gusta hacer ejercicio, por ejemplo, dar una caminata.
3. La carne de pavo no es muy grasosa, por eso la prefiero.
4. Por favor, ayúdame a servir la cena.
5. ¿Vienen a la Florida por primera vez?
6. Tengo clases de artes marciales todos los lunes por la tarde.

Capítulo 7B Nombre ____________ Fecha ____________

Lectura cultural (página 391)

Actividad M

Lee la siguiente información sobre el coquí de Puerto Rico y después, completa la actividad a continuación.

El coquí de Puerto Rico recibe su nombre por su canto. Aunque esta ranita es un animalito querido por todos los puertorriqueños, el coquí está en peligro de extinción. De las dieciséis especies de coquí que habitaban en la isla del encanto, sólo quedan trece, y algunas de ellas también se encuentran en peligro. El problema es que la mayoría de los puertorriqueños ni siquiera saben que cada vez quedan menos especies de coquíes en la isla.

Una de las especies que ya no se encuentran es la del coquí de Eneida, que hace años que no se ha visto ni oído cantar en la isla. El coquí palmeado, que antes vivía en los bosques de El Yunque, tampoco ha sido visto desde el año 1974. El coquí dorado tampoco se ha visto ni se ha escuchado desde el año 1981. El coquí guajón, el coquí martillito y el coquí caoba están también a punto de desaparecer. El mayor problema con estas tres especies es que el gobierno no las ha incluido en la lista de animales en vías de extinción y por esa razón no reciben ningún tipo de protección.

Es importante conseguir que el país entero haga un esfuerzo por preservar un animalito que, durante tanto tiempo, ha sido un símbolo de Puerto Rico para los puertorriqueños de todo el mundo, especialmente aquellos que residen fuera y que constantemente añoran el canto de su querido coquí.

Con todo lo que sabes sobre el coquí, escribe una breve carta a un(a) amigo(a) puertorriqueño(a). Pregúntale si ha oído el canto del coquí y se sabe que el coquí está en peligro de extinción. Dale algunas sugerencias que él/ella puede hacer para proteger el coquí. No te olvides de incluir el saludo, la despedida y tu firma.

Querido(a) ____________:

Las respuestas variarán.

Capítulo 7B Nombre ____________ Fecha ____________

Conexiones El arte (página 383)

Actividad N

En el estilo de arte que se llama naturaleza muerta, un(a) artista trata de pintar unos objetos como frutas y verduras con realismo. Observa y aprecia los detalles de la pintura *Tienda de legumbres* (1992), de Elena Climent y responde a las siguientes preguntas.

1. ¿Qué frutas y verduras puedes ver en este cuadro de naturaleza muerta?
   Respuestas posibles: plátanos, manzanas, piña, naranjas, limones, aguacates, tomates, peras, etc.
2. ¿Cómo es el lugar en el que están las frutas y verduras? Descríbelo.
   Respuestas posibles: Es un pequeño puesto en una casa. Las paredes o bordes de la ventana del negocio son de madera. Hay colores vivos.

El español en el mundo del trabajo (página 388)

Lee esta sección en la página 388 de tu libro de texto. Imagina que te han encargado que prepares un folleto para orientar a los visitantes a un parque nacional en cuanto a la seguridad. Usa el vocabulario de este capítulo para escribir el texto del folleto. Usa mandatos para explicar las reglas y las recomendaciones.

Actividad Ñ

Bienvenidos al Parque Nacional ____________

Las fogatas **Las respuestas variarán.**

Animales peligrosos

Las caminatas

Las tormentas

Los vehículos

Capítulo 7B Nombre ____________ Fecha ____________

¡Adelante! (páginas 390–391)

Lectura 1

Estrategia

Anticipar el contenido Antes de leer, pensar en la información que vayas a encontrar en una lectura te ayuda a comprenderla. Después de leer, debes verificar si encontraste la información que anticipaste.

Actividad O

Haz la primera parte actividad de la caja que está al margen y luego lee el folleto. Si hay alguna palabra que no recuerdas, consulta las glosas de los artículos en las páginas 390 y 391 de tu libro de texto.

Lectura interactiva

Anticipa el contenido
Antes de leer, escribe tres palabras o frases breves que resuman la información que esperas encontrar en un artículo sobre un Bosque Nacional en el Caribe.

1. **Las respuestas variarán.**
2. ____________
3. ____________

Cuando termines de leer, subraya aquellas ideas de tu lista que encontraste.

El Yunque

¡Bienvenidos al Bosque Nacional de Puerto Rico, El Yunque!

El Yunque es una de las atracciones más visitadas de Puerto Rico. Es el único bosque tropical en el sistema de Bosques Nacionales de los Estados Unidos. El bosque es un espectáculo maravilloso que comprende aproximadamente 28,000 acres. Más de 240 especies de árboles coexisten con animales exóticos, como el coquí y la boa de Puerto Rico.

La mejor forma de explorar este parque es caminando por las varias veredas que pasan por el bosque. Hay más de 13 millas de veredas recreativas que sólo se pueden recorrer a pie (no se permiten caballos, motocicletas ni bicicletas de montaña). También hay varias áreas de recreación con comodidades para hacer picnics y parrilladas y está permitido acampar en muchas áreas del bosque. ¡Venga y disfrute del parque!

Vereda La Mina

La vereda *(path)* la Mina es la más popular del parque. Tiene una longitud de 0.7 millas (1.2 kilómetros) y se tarda entre 30 y 45 minutos en recorrer solamente el camino de ida. Empiece a caminar en el Centro de Información y el área de recreación Palo Colorado. Este camino va al lado del río de la Mina y se termina en la magnífica Cascada la Mina, un salto de agua de 35 pies de altura que forma una bonita piscina, donde puede usted bañarse para refrescarse después de una larga caminata. Tenga los ojos bien abiertos para ver la cotorra puertorriqueña, una de las diez aves en mayor peligro de extinción en el mundo. En el Yunque sólo hay aproximadamente 70 cotorras.

Capítulo 7B Nombre ____________ Fecha ____________

Actividad P

Responde a las siguientes preguntas usando oraciones completas.

1. ¿Por qué es tan importante el bosque de El Yunque para el Sistema de Bosques Nacionales de los Estados Unidos?
   Respuestas posibles: El Yunque es el único bosque tropical en el Sistema de Bosques Nacionales de los Estados Unidos y es un espectáculo maravilloso.
2. ¿Cuáles son algunas de las especies de plantas y animales que puede ver un visitante en El Yunque?
   Respuestas posibles: el coquí, la boa de Puerto Rico, 240 especies de árboles, entre otras.
3. ¿Qué posibilidades ofrece El Yunque para los visitantes que quieran pasar allí uno o más días o que estén interesados en cocinar al aire libre?
   Respuestas posibles: Hay varias áreas de recreación con comodidades para hacer picnics y parrilladas. Está permitido acampar en muchas áreas del bosque. Hay más de 13 millas de veredas recreativas que sólo se pueden recorrer a pie.
4. ¿Hay alguna especie de planta o animal en El Yunque que esté en peligro de extinción? ¿Sabes algo de esta(s) especie(s)?
   La cotorra puertorriqueña está en peligro de extinción.
   Las respuestas variarán.

Actividad Q

Con lo que aprendiste en tu libro de texto, escribe de una postal a tu mejor amigo(a), motivándolo(a) a visitar El Yunque en Puerto Rico. Dale razones personales por las que crees que esta visita puede ser una gran experiencia para él/ella. Incluye el saludo, la despedida y tu firma.

Las respuestas variarán.

Lectura 2

Actividad R

Lee este texto sobre un parque mexicano y realiza las actividades de la caja del margen.

Estrategia

Usar pistas del contexto Muchas veces, al leer un texto, te encuentras con palabras que no conoces. No te detengas, sigue leyendo, ya que muchas veces el significado de estas palabras podrás deducirlo por el contexto.

Lectura interactiva

Usa pistas del contexto

- Lee el texto sin detenerte en las palabras desconocidas.
- Localiza cada vez que aparece la palabra *arrecifes* y enciérrala en un círculo.
- Lee las oraciones con *arrecifes* cuidadosamente. Luego subraya aquellas partes de las oraciones que te sirvan para entender mejor el significado de la palabra.

Cozumel y el Parque Punta del Sur

Cozumel es una isla que se halla en el mar del Caribe, frente a la costa este de la península de Yucatán, México. La isla está rodeada de arrecifes de coral.

En el extremo sureste de la isla se encuentra el Parque Punta del Sur, que es una reserva natural centrada en la conservación de la flora (plantas) y la fauna (animales) locales. La mayor parte del parque está formada por lagunas y manglares (terrenos húmedos que se llenan de agua de mar al subir la marea). También hay bellas playas y áreas de selva baja y mediana.

En el parque se encuentra la ruina maya denominada El Caracol, que fue una señal para la navegación por las lagunas. El Caracol servía como orientación a las embarcaciones que viajaban por mar. Los mayas que habitaron la zona señalizaron puntos importantes para la navegación como arrecifes y entradas del mar a las lagunas. El Caracol es una de las escasas muestras que nos quedan de este tipo de construcciones.

Siguiendo el recorrido, se llega a la Punta Celaráin. Aquí se encuentra la antigua casa del farero, hoy Museo de la Navegación, en el que se exhiben objetos relacionados con la navegación en la zona en épocas diferentes: desde los mayas hasta nuestros días, pasando por la época colonial y los años durante los cuales la isla fue refugio de piratas.

En el parque hay gran diversidad de flora y fauna: numerosos tipos de peces, tortugas y aves acuáticas; mamíferos como zorros y otros animales como los cocodrilos amarillos.

Las bellas playas tienen arena fina y blanca y tranquilas aguas de color turquesa. Cerca de las playas están los arrecifes en los que se puede bucear y nadar entre bancos de peces de todos los colores.

Actividad S

Responde a las siguientes preguntas sobre la lectura.

1. ¿Dónde se encuentra el parque Punta del Sur?

   Respuestas posibles: El parque se encuentra en el extremo sureste de la isla de Cozumel, que a su vez está en el mar Caribe.

2. ¿Cómo es el terreno en la mayor parte del parque?

   Respuestas posibles: La mayor parte del parque está formada por lagunas, manglares (terrenos húmedos que se llenan de agua de mar), playas y selva.

3. Explica qué atracciones se pueden ver en el parque y qué actividades se pueden hacer.

   Respuestas posibles: numerosos tipos de peces, tortugas y aves acuáticas, mamíferos como zorros y otros animales como los cocodrilos amarillos. Además, está la zona arqueológica de El Caracol, la casa del farero en Celaráin, etc.

4. ¿Te gustaría visitar este parque? ¿Por qué?

   Las respuestas variarán.

Actividad T

¿Hay en la zona donde tu vives algún parque natural cerca del mar o de otra masa de agua? Busca un lugar que te resulte interesante y escribe en tu cuaderno un breve pero atractivo informe sobre cómo es ese lugar. Usa las siguientes preguntas como guía:

- ¿Dónde se encuentra?
- ¿Qué tipo de vegetación y fauna tiene?
- ¿Hay algún sitio histórico cerca de allí?
- ¿Qué actividades que se pueden hacer en ese lugar o cerca de él?

Las respuestas variarán.

Perspectivas del mundo hispano (página 392)

Actividad U

La parrillada es una comida típica de Argentina y Uruguay que incluye varios cortes de carne y diferentes salchichas. Lee el artículo siguiente para saber más sobre este plato.

La parrillada

La parrillada mixta es un asado de varios tipos de carne de res: asado de tira (carne de la parte de las costillas con hueso); entraña (carne de la parte de las costillas, sin hueso); chinchulines; bife de chorizo, vacío, mollejas, salchichas, etc.

Una buena parrillada se cocina con brasas, no con fuego. Las brasas despiden un calor que asa la carne sin que se queme, como ocurriría si estuvieran en contacto con el fuego. El secreto de un buen asado es cocinarlo lentamente. Para ello se prende fuego al lado del lugar donde se va a colocar la parrilla y se va acercando la brasa necesaria para mantener una temperatura constante. Mientras la leña arde y forma la brasa, se van preparando y lavando las carnes.

Luego se pone sobre la parrilla el asado de tira por el lado del hueso y la entraña por el lado más graso. En algunos lugares se unta la carne con salsa criolla y romero. Sin embargo, lo más común es añadir una salsa llamada "chimichurri", que contiene diversas especias y con la que se baña la carne después de servirla. Después se ponen en la parrilla las otras carnes y las salchichas.

Actividad V

Teniendo en cuenta la información de la lectura, haz las siguientes actividades en tu cuaderno.

1. Explica con tus propias palabras qué significan los siguientes términos:
   salchicha corte de carne **Las respuestas variarán.**
   brasas especias
2. Las carnes que se van a asar en una parrilla, ¿deben ponerse sobre la parrilla todas al mismo tiempo? Explica.
   No, primero se deben poner el asado de tira por el lado del hueso y la entraña por el lado más graso. Una vez que están asados, se ponen las otras carnes y las salchichas.
3. ¿Has comido alguna vez una parrillada como la que se describe en el texto? ¿Te gustaría probar una parrillada clásica argentina? ¿Por qué?
   Las respuestas variarán.

Presentación escrita (página 393)

Comiendo al aire libre

Tarea

Una escuela primaria a la que asisten muchos niños(as) hispanohablantes está preparando a los estudiantes para las actividades de verano. Se te ha pedido que prepares un cartel sobre seguridad y diversión cuando se cocina al aire libre. Prepara un cartel que proporcione instrucciones sobre lo que se debe hacer y lo que no se debe hacer.

Estrategia

Lluvia de ideas Hacer una lluvia de ideas puede ayudarte a obtener ideas que de otra forma no se te hubieran ocurrido. Cuando hagas la lista de puntos a incluir en tu cartel, escribe todas las tareas que puedas sugerir. Luego, cuando termines la lista, selecciona los mejores puntos.

1. **Antes de escribir**
   Piensa cómo lograr que cocinar al aire libre sea divertido y seguro. Dile a los (las) niños(as) lo que deben hacer y lo que no deben hacer antes de cocinar y mientras se cocina. Haz dos listas, las que pueden incluir:

   Antes de la parrillada
   - la comida que deben comprar
   - otras cosas que deben traer
   - el lugar que van a escoger

   Durante la parrillada
   - cómo deben preparar el lugar
   - qué van a hacer para preparar la comida
   - cómo van a limpiar el lugar antes de marcharse

2. **Borrador**
   Elige, entre la información incluida en tu lista, los puntos sobre los que vas a escribir. Presenta la información en una secuencia lógica y con un formato atractivo.

   Modelo Antes de la parrillada
   Decidan qué quieren comer. Escojan un lugar seco que tenga agua accesible.

3. **Revisión**
   Revisa la ortografía, el vocabulario y los mandatos. Compara tus ideas con las de un(a) compañero(a) y pídele a tu compañero(a) que revise lo siguiente:
   - ¿Es fácil de entender lo que has escrito?
   - ¿Has incluido los mandatos adecuados?
   - ¿Debes cambiar o añadir algo?

4. **Publicación**
   Haz los cambios necesarios. Presenta las instrucciones en tu cartel usando tipos de letra diferentes para resaltar los mandatos.

5. **Evaluación**
   Quizá tu profesor(a) te dé los criterios de cómo va a ser evaluado tu cartel. Probablemente, tu cartel será evaluado teniendo en cuenta:
   - lo fácil que resulta entender tu cartel.
   - si has presentado la información de manera clara y atractiva.
   - el uso adecuado del vocabulario y las formas gramaticales.

Capítulo 7B Nombre

Repaso del capítulo (página 396)

Vocabulario y gramática

Repaso del capítulo

Para preparar el examen, revisa si...
- conoces el vocabulario nuevo y la gramática.
- puedes realizar las tareas de la página 289.

para hablar acerca de actividades al aire libre

al aire libre	outdoors
el cielo	sky
dar una caminata	to take a walk
dentro de	inside
fuera (de)	outside
la hormiga	ant
la mosca	fly
la nube	cloud
la piedra	rock
el sendero	trail
el suelo	ground, floor

para hablar acerca de comer al aire libre

la fogata	bonfire
el fósforo	match
hacer una parrillada	to have a barbecue
la leña	firewood
a la parrilla	on the grill
el puesto	(food) stand

para hablar acerca de comidas

el aguacate	avocado
asado, -a	grilled
asar	to grill, to roast
la carne de res	steak
la cereza	cherry
la cesta	basket
la chuleta de cerdo	pork chop
el durazno	peach
los frijoles	beans
la harina	flour
el maíz	corn
la mayonesa	mayonnaise
el melón *pl.* los melones	melon
la mostaza	mustard
el olor	smell, odor
el pavo	turkey
la piña	pineapple
el sabor	taste
la salsa de tomate	ketchup
la sandía	watermelon

para describir comidas y actividades al aire libre

dulce	sweet
grasoso, -a	fatty
mojado, -a	wet
picante	spicy
seco, -a	dry

otras palabras útiles

acompañar	to accompany

usar mandatos con *usted* y *ustedes*

Para formar un mandato con *Ud.* o *Uds.* se suprime la *-o* de la forma *yo* del presente y se añade *-e* y *-en* para los verbos terminados en *-ar;* para los verbos terminados en *-er* e *-ir* se añade *-a* y *-an.*

Mandatos regulares con *Ud.* y *Uds.*

preparar:	prepare(n)
comer:	coma(n)
servir:	sirva(n)

Mandatos irregulares con *Ud.* y *Uds.*

dar:	dé, den
estar:	esté, estén
ir:	vaya, vayan
poner:	ponga, pongan
ser:	sea, sean
tener:	tenga, tengan
traer:	traiga, traigan

usar *por* en oraciones

Para indicar la duración o distancia
Para indicar movimiento a través, a lo largo o alrededor de algo
Para indicar un intercambio de una cosa por otra
Para indicar una razón o un motivo
Para indicar una sustitución o una acción en lugar de otra persona
Para indicar medios de comunicación o transporte

● **Más práctica**
Practice Workbook Puzzle 7B-8
Practice Workbook Organizer 7B-9

Capítulo 7B Nombre Fecha

Preparación para el examen (página 397)

En el examen vas a...	Éstas son las tareas que te pueden ser útiles para el examen...	Si necesitas repasar...
1 Escuchar Escuchar y entender a las personas cuando hablan de lo que les gusta o no les gusta sobre cocinar al aire libre.	Un grupo de jóvenes están intentando decidir si hacer un picnic o una cena en casa de uno de ellos el próximo sábado, para darles la bienvenida a un grupo de estudiantes nuevos. A medida que escuches sus opiniones, identifica si están a favor o en contra de hacer un picnic al aire libre.	**págs. 374–377** *A primera vista* **pág. 378** Actividad 5
2 Hablar Dar instrucciones a un grupo sobre qué deben hacer para preparar una comida al aire libre.	Te has ofrecido para ayudar al líder de una tropa a organizar un grupo de niños exploradores de 10 años para hacer su primera fogata. ¿Qué instrucciones les darías para hacer la fogata? Por ejemplo, puedes empezar con: *Busquen un lugar seco.*	**pág. 381** Actividad 12 **pág. 384** Actividad 16
3 Leer Leer y entender las señales típicas que se ven en un parque o en un espacio para acampar.	Al buscar leña alrededor del campamento, observas varias señales con instrucciones para los visitantes del parque. Lee las señales de la página 397 de tu libro de texto. ¿Cuáles se enfocan en: (a) caminar; (b) cocinar; (c) uso de las cabañas?	**págs. 376–377** *Videohistoria* **pág. 379** Actividad 6 **pág. 385** Actividad 17 **págs. 390–391** *Lectura*
4 Escribir Escribir una lista de instrucciones para una fiesta futura al aire libre.	Se te ha pedido que escribas una guía para personas que van a acampar por primera vez y que están planeando cocinar al aire libre. Haz una lista de instrucciones que incluya: (a) las cosas que deben llevar consigo; (b) cómo encender el fuego, (c) sugerencias de comidas para cocinar o preparar a la parrilla, y (d) las reglas que se deben seguir.	**pág. 378** Actividad 4 **pág. 379** Actividad 6 **pág. 382** Actividad 13 **pág. 388** Actividad 23 **pág. 393** *Presentación escrita*
5 Pensar Demostrar un conocimiento de los mercados de comida al aire libre en los países hispanohablantes.	Tu amigo(a) va a ir de vacaciones a Buenos Aires, Argentina y quiere saber cosas acerca de las comidas de ese país. ¿Qué le puedes contar sobre los mercados de comidas al aire libre? ¿Qué diferencias puede haber entre los lugares en los que se compra la comida en Argentina y en los Estados Unidos?	**pág. 392** *Perspectivas del mundo hispano*

Go Online PHSchool.com Web Code jdd-0716

Nombre ______ Fecha ______

A ver si recuerdas... (páginas 398–399)

¿Adónde te gustaría ir para pasar unas vacaciones ideales? Escribe el lugar y haz una lista de todas las actividades que te gustaría realizar.

Lugar: ______

Actividades   Las respuestas variarán.

______ ______

______ ______

______ ______

______ ______

Fondo cultural (página 400)

Valencia García nació en México en 1963, aunque ahora vive en California. Desde los doce años pinta paisajes, especialmente de playas y lugares relacionados con el mar. Uno de sus cuadros se titula precisamente *Playas de Oaxaca*. Oaxaca es el nombre de un estado del sur de México famoso por sus playas y sus hermosos paisajes. Para llegar a las playas es necesario viajar varias horas por una carretera entre las montañas, o bien ir en avión. Estas playas son el destino favorito de muchos turistas mexicanos y extranjeros.

1. ¿Cuál es el viaje más interesante o emocionante que has hecho?

   Las respuestas variarán.

2. ¿Qué medios de transporte usaste para llegar a tu destino?

   Las respuestas variarán.

3. ¿A qué país de habla hispana te gustaría viajar? ¿Por qué?

   Las respuestas variarán.

Nombre ______ Fecha ______

Capítulo 8A

Un viaje en avión

Objetivos del capítulo

- Hablar sobre una visita al aeropuerto
- Planear un viaje a un país extranjero
- Hacer sugerencias sobre la seguridad en los viajes
- Leer sobre destinos de viaje en países de habla hispana
- Comprender las perspectivas culturales asociadas con los viajes

Conexión geográfica (página 401)

Este mapa incluye los lugares relacionados con este capítulo. Mide en el mapa la distancia entre Nueva York y Madrid. Luego mide la distancia entre Nueva York y Buenos Aires. El vuelo de Nueva York a Madrid es de seis horas y media. El vuelo de Nueva York a Buenos Aires es de diez horas. ¿Por qué crees que el vuelo a Buenos Aires dura más de lo que podríamos calcular basándonos en la distancia?

Debido a la curvatura de la Tierra, la distancia entre Nueva York y Buenos Aires es mayor que la de Nueva York a Madrid.

Go Online Web Code jde-0002 PHSchool.com

Capítulo 8A Nombre ______ Fecha ______

A primera vista (páginas 402–403)

Actividad A

Lee estos pasos que generalmente hay que seguir para viajar en avión. Luego ordena los pasos.

10 Abordar	4 Llegar temprano al aeropuerto
6 Facturar el equipaje	5 Pasar por la inspección de seguridad
3 Hacer las reservaciones	1 Planear el viaje
2 Ir a la agencia de viajes	7 Recoger la tarjeta de embarque
8 Ir a la puerta de embarque	9 Ver si hay un retraso en la salida del avión

Actividad B

Tu amigo(a) va a viajar en avión a un país extranjero y ha hecho una lista de cosas que tiene que hacer antes, durante y después del vuelo, pero sus notas no son muy precisas. Escribe de nuevo sus notas, sustituyendo las palabras en cursiva (itálica) por la expresión adecuada del vocabulario.

Modelo Ir a *donde venden los boletos de avión* para conseguir asientos.
Ir a la agencia de viajes para conseguir asientos.

1. Decirle *a la mujer de la agencia* que quiero un asiento al lado de la ventanilla.
   Decirle a la agente de viajes que quiero un asiento al lado de la ventanilla.
2. Preguntar la hora *a la que tengo que subir al avión* y la hora de salida del avión.
   Preguntar la hora de abordar y la hora de la salida del avión.
3. Llegar al aeropuerto dos horas antes y preguntar si *va a salir tarde* mi vuelo.
   Llegar al aeropuerto dos horas antes y preguntar si hay un retraso en la salida de mi vuelo.
4. Pedirle *mi boleto para poder subir al avión* al *hombre que trabaja en* la línea aérea.
   Pedirle mi tarjeta de embarque al empleado de la línea aérea.
5. Escuchar los anuncios para saber *de dónde sale* mi avión.
   Escuchar los anuncios para saber la puerta de embarque de mi avión.

Capítulo 8A Nombre ______ Fecha ______

Videohistoria (páginas 404–405)

Actividad C

Vuelve a mirar la *Videohistoria* de este capítulo y responde a las preguntas siguientes.

1. ¿En qué lugar y en qué país se desarrolla la historia de este episodio?
   En Madrid, España.
2. ¿Qué dos medios de transporte pueden usar las chicas para llegar a Londres?
   Pueden ir en avión y en tren.
3. ¿A qué hora cierra la agencia de viajes por la tarde y a qué hora abre otra vez?
   Cierra a la una y media y abre otra vez a las cuatro y media.
4. ¿Cuánto cuesta un vuelo directo a Londres?
   Cuesta 92 euros.
5. Explica qué pasa en la ultima escena de la *Videohistoria*. ¿Por qué están Ana y Elena delante de la agencia? ¿Por qué dice Elena "Ten paciencia, Ana"?
   Respuesta posible: Las chicas dejaron los boletos en la agencia. Cuando vuelven allí, la agencia está cerrada y ellas tienen que esperar.

Ampliación del lenguaje

Por qué / porque / porqué

Lee las siguientes palabras: por qué / porque / porqué. ¿Te fijas que se pronuncian casi de la misma manera? Ahora, mira los siguientes ejemplos para que puedas escribirlos correctamente.

Por qué se utiliza para preguntar.	*¿Por qué van Ana y Elena a Londres?*
Porque responde a la pregunta.	*Porque quieren estudiar inglés.*
Porqué es un sustantivo; significa "razón".	*Nosotros sabemos el porqué del viaje de Ana y Elena.*

Actividad D

Completa las siguientes frases con *por qué, porque* o *porqué*.

Ana quiere saber el **porqué** del retraso de Elena.

—Elena, ¿**por qué** llegas tarde?

—**Porque** tenemos mucho tiempo.

Capítulo 8A Nombre ____________ Fecha ____________

Manos a la obra (páginas 406–409)

Actividad E

Empareja cada una de estas definiciones con la palabra o expresión adecuada.

e	1. Persona que trabaja en una agencia de viajes.	a. durar
h	2. Pensar en cómo hacer algo.	b. listo
a	3. El tiempo que toma algo.	c. empleado(a)
d	4. Cuando un vuelo no va directamente a un lugar.	d. hacer escala
j	5. Persona que registra el equipaje de los pasajeros.	e. agente de viajes
g	6. Espacio por donde se camina en un avión.	f. abierto
c	7. Persona que trabaja en un aeropuerto.	g. pasillo
i	8. Persona que viaja en avión, tren, autobús, etc.	h. planear
f	9. Algo que no está cerrado.	i. pasajero(a)
b	10. Estar preparado.	j. aduanero(a)

Actividad F

Imagina que un turista norteamericano que no habla español está de viaje por Latinoamérica. ¿Crees que los cognados entre el inglés y el español serán útiles para este viajero? Escribe el cognado en español equivalente para cada uno de estos términos relacionados con viajes.

Modelo airport *aeropuerto*

1. agent agente
2. tourist turista
3. direct directo
4. destination destino
5. to board abordar
6. security seguridad
7. passport pasaporte
8. airline línea aérea
9. reservation reservación
10. pilot piloto(a)

Capítulo 8A Nombre ____________ Fecha ____________

Actividad G

Aunque un viaje dentro de un país y un viaje al extranjero pueden ser experiencias muy diferentes, también tienen muchos puntos en común. Piensa en cinco diferencias entre estos tipos de viajes e indícalas en el diagrama de Venn. En el centro, indica algunas cosas que estos dos tipos de viaje tienen en común.

Respuestas posibles:

Viajes nacionales

No se requiere pasaporte.

Se puede ir en varios modos de transporte.

Se puede llevar muchas cosas.

Se entiende el idioma.

Se puede comer comidas conocidas.

(En común)

Se conoce a personas nuevas.

Se duerme en lugares diferentes.

Viajes internacionales

Se requiere pasaporte.

Muchas veces sólo se puede ir en avión.

No se puede llevar muchas cosas.

A veces no se entiende el idioma.

La comida puede ser muy diferente.

Actividad H

Ahora, basándote en las frases que escribiste en el diagrama de Venn de la actividad anterior, escribe un breve resumen sobre por qué preferirías hacer un viaje nacional o internacional. Usa tantas palabras o expresiones de este capítulo como puedas.

Las respuestas variarán.

Capítulo 8A Nombre ____________ Fecha ____________

Gramática

El presente de subjuntivo (página 410)

El modo subjuntivo se usa para expresar que una persona influye sobre las acciones de otra persona.

Recomendamos que Uds. hablen con un agente de viajes.

¿Quiere Ud. que escribamos nuestros nombres en las maletas?

Observa que las oraciones con el subjuntivo tienen dos partes, cada una con un sujeto diferente, conectadas por *que.*

Ella sugiere que yo aprenda francés.

En la primera parte se usa el presente de indicativo del verbo (recomendación, sugerencia, prohibición, etc.) + *que,* y en la segunda parte se usa el verbo en el presente de subjuntivo (lo que debería pasar).

Algunos verbos que suelen ir seguidos de *que* + subjuntivo son:

decir	permitir	querer (e → ie)
insistir en	preferir (e → ie)	recomendar (e → ie)
necesitar	prohibir	sugerir (e → ie)

El presente de subjuntivo se forma de la misma forma que los mandatos negativos con *tú* y que todos los mandatos de *Ud.* / *Uds.* Se elimina la *-o* de la forma *yo* del presente de indicativo y se añaden las terminaciones correspondientes.

hablar

hable	hablemos
hables	habléis
hable	hablen

aprender/escribir

aprenda escriba	aprendamos escribamos
aprendas escribas	aprendáis escribáis
aprenda escriba	aprendan escriban

El presente de subjuntivo presenta los mismos cambios ortográficos y formas irregulares para la primera persona *(yo)* que los que ocurren con los mandatos negativos para las formas de *tú* y de *Ud.* / *Uds.*

llegar

llegue	lleguemos
llegues	lleguéis
llegue	lleguen

hacer

haga	hagamos
hagas	hagáis
haga	hagan

Gramática interactiva

Identifica formas
En las tablas verbales, subraya las terminaciones del infinitivo y las terminaciones de las formas conjugadas del subjuntivo.

Identifica modos
En los ejemplos de la parte superior de la tabla, encierra en un círculo la parte de la oración que contiene el presente de indicativo. Luego encierra en un rectángulo la parte que contiene el presente de subjuntivo.

Capítulo 8A Nombre ____________ Fecha ____________

Actividad I

Aquí tienes algunas observaciones que le hizo Alicia a Rosa cuando iba de viaje a España. Tienes tres opciones de verbos por cada oración para completarlas con el subjuntivo.

1. Para vuelos internacionales recomiendo que __llegues__ *(llegues, lleguemos, llegas)* tres horas antes.
2. Te sugiero que __lleves__ *(llevaron, lleve, lleves)* ropa cómoda para el viaje en avión.
3. Te recomiendo que no __olvides__ *(olvidar, olvides, olviden)* tu pasaporte ni tu boleto.
4. Debes volar durante la noche para que el vuelo se __haga__ *(hagamos, haga, hace)* más corto.
5. Necesito que me __compres__ *(comprarás, compremos, compres)* recuerdos interesantes.
6. Mis familiares esperan que __disfrutes__ *(disfrutes, disfrutar, disfrutas)* tu estadía en España.

Actividad J

Roberto va a hacer un viaje y su mamá le tiene muchos consejos. Lee lo que dice la mamá y completa las oraciones con el indicativo o el subjuntivo del verbo.

Roberto, quiero que tú __hagas__ *(hacer)* la maleta dos días antes del viaje. Si te olvidas de algo, nosotros __tenemos__ *(tener)* tiempo de buscarlo. Va a hacer calor allí, por lo que insisto en que __lleves__ *(llevarte)* loción para protegerte del sol. También __debes__ *(deber)* llevarte repelente para insectos. Cuando llegues, recomiendo que __saludes__ *(saludar)* a todos. Prohíbo que tú __uses__ *(usar)* el teléfono si no hay una emergencia, ¿me oyes? Sólo necesito que tú nos __escribas__ *(escribir)* por correo electrónico todos los días. ¿Qué más? Ah, sugiero que __te portes__ *(portarse)* bien. Bueno, ya, ¡vas a tener unas lindas vacaciones!

Gramática

Verbos irregulares en el subjuntivo (página 413)

Los verbos que tienen mandatos negativos irregulares para las formas de *tú, Ud.* y *Uds.* también tienen formas irregulares en el subjuntivo.

dar

dé	demos
des	deis
dé	den

estar

esté	estemos
estés	estéis
esté	estén

ir

vaya	vayamos
vayas	vayáis
vaya	vayan

saber

sepa	sepamos
sepas	sepáis
sepa	sepan

ser

sea	sean
seas	seáis
sea	sean

El agente sugiere que vayamos a la puerta de embarque.

¿Quieres que yo le dé la maleta a mi vecina?

Mi papá recomienda que sepamos cómo llegar al hotel.

Gramática interactiva

Identifica formas
Mira las tablas verbales. Encierra en un círculo la forma de *yo* de los verbos.

Identifica modos
Luego, en los ejemplos, subraya el verbo en el indicativo y encierra en un rectángulo los verbos en el subjuntivo.

Actividad K

Lee el diálogo entre Mario y Ricardo mientras se dirigen a tomar un avión a Puerto Rico. Completa las frases con la forma correcta del subjuntivo de los verbos *dar, estar, ir, saber* y *ser,* que están en las tablas anteriores.

MARIO: Date prisa, Ricardo. Te pido que vayamos más rápido.

RICARDO: Te pido que seas paciente. Quiero que sepas que estoy manejando lo mejor que puedo.

MARIO: Espero que sepas cómo llegar al aeropuerto...

RICARDO: No te preocupes. Basta con que demos una vuelta a la derecha ahí.

MARIO: Cuando esté sentado en el asiento del avión, me sentiré más aliviado.

RICARDO: En cambio yo quiero que ya estemos descansando en la playa.

MARIO: Me han contado cosas maravillosas. ¿Quieres que vayamos a visitar El Yunque?

RICARDO: Sí, y también me gustaría que demos un recorrido por Vieques y Culebra.

Actividad L

Lee una vez más el artículo de recomendaciones financieras para viajar al extranjero, en la página 414 de tu libro de texto. Después, usa esa información para completar las frases siguientes. Usa la primera persona *(yo)* de los verbos entre paréntesis y no olvides los complementos.

Modelo El artículo sugiere que no (perder) *pierda mi tarjeta de crédito*

que (llevar) lleve la tarjeta en un lugar seguro.

y que (saber) sepa el teléfono del banco.

También recomienda que (firmar) firme los cheques de viajero.

y que (escribir) escriba sus números antes de salir del banco.

Sugiere que (poner) ponga el dinero en efectivo en varios bolsillos.

y que (ir) vaya a las casas de cambio.

Actividad M

Piensa en tu ciudad o estado u otro lugar que conozcas bien. Dile a un amigo lo que debe hacer y lo que no debe hacer si va allí. Usa el subjuntivo en tus frases.

Recomiendo que Las respuestas variarán.

Prefiero que ______

Necesito que ______

Prohíben que ______

Ampliación del lenguaje

Palabras enlazadas

Cuando hablamos de manera natural, pronunciamos las palabras de corrido, sin hacer una pausa entre cada una. Las vocales idénticas entre dos palabras se pronuncian como si fueran una sola. Lee en voz alta y de manera natural las siguientes frases.

Va a hacer dice lo que alguien hará. Va a hacer la maleta.

Va a ser dice lo que será. Va a ser divertido.

Va a ver dice lo que verá. Va a ver el anuncio.

Va a haber dice lo que habrá. Va a haber muchos viajes.

Capítulo 8A Nombre ______ Fecha ______

Lectura cultural

Actividad N

Imagina que eres un(a) estudiante de intercambio latinoamericano en Estados Unidos. Tu escuela te ha mandado a Texas para vivir con una familia. Ellos te llevan a El Álamo de visita. Lee el texto siguiente sobre El Álamo y contesta las preguntas de abajo.

¿Sabías que...

...El Álamo está en San Antonio, en el estado de Texas, que es el segundo estado más grande de los Estados Unidos y fue parte de México?

...a la ciudad de San Antonio le pusieron ese nombre porque los misioneros y exploradores españoles llegaron allí el día de San Antonio?

...El Álamo es una de cinco misiones establecidas por los españoles?

...en 1836, un grupo de hombres decidieron usar la misión como fortaleza para luchar contra las fuerzas del general Santa Ana, quien quería retomar la región?

...uno de los hombres fue Davy Crockett, originario de Tennessee?

...todos los hombres en la misión se murieron, la mayoría de ellos durante la lucha y unos pocos después, cuando los ejecutaron?

..."Remember the Alamo" es el grito de independencia de los texanos?

...El Álamo se considera un sitio histórico hoy en día?

1. ¿Dónde está El Álamo? ¿Qué es?
   Está en San antonio, Texas. Es una fortaleza que anteriormente fue misión.
2. ¿Por qué nombraron los españoles a la ciudad "San Antonio"?
   Porque llegaron allí el día de San Antonio.
3. ¿Por qué es un sitio histórico El Álamo? Escribe por lo menos dos razones.
   Respuesta posible: Porque muchos hombres se quedaron allí para luchar por la independencia y murieron como resultado.
4. ¿Te gustaría visitar El Álamo? ¿Por qué?
   Las respuestas variarán.

Capítulo 8A Nombre ______ Fecha ______

Conexiones La salud (página 416)

En los viajes largos de avión, es importante seguir algunas medidas para asegurarnos de que cuando llegamos a nuestro destino nos encontramos en buenas condiciones físicas. Algunas de las cosas que recomiendan las aerolíneas son: beber tanta agua como sea posible, no comer cosas pesadas ni grasosas, evitar trabajar durante el vuelo, hacer ejercicios de relajación y practicar respiraciones profundas durante el vuelo, usar una crema hidratante para las manos y la cara, llevar zapatos anchos y fáciles de poner y quitar (el cuerpo se hincha durante los vuelos largos, sobre todo los pies), estirar las piernas, pasear por los pasillos cuando lo permita el capitán y escuchar música relajante.

Actividad Ñ

Usa la información del párrafo anterior sobre las recomendaciones de las aerolíneas, para hacerle tres sugerencias a tu profesor(a) antes de que haga un viaje muy largo en avión. Presta atención al uso del subjuntivo y del indicativo, según cada caso.

Modelo Sugiero que use zapatos cómodos porque los pies se hinchan.

1. **Respuestas posibles: Sugiero que beba mucha agua.**
2. **Recomiendo que no coma demasiado.**
3. **Sugiero que escuche música relajante y pasear por los pasillos cuando se lo permite.**

El español en la comunidad (página 417)

En la página 417 de tu libro de texto has leído que una de las funciones de los consulados es ofrecer información sobre el país y promocionar su cultura. Basándote en el artículo, contesta estas preguntas en forma de un breve ensayo en tu cuaderno.

¿Hay consulados o embajadas en tu ciudad? Si los hay, ¿sabes de qué países son? ¿Te gustaría trabajar en un consulado? ¿Por qué? Fíjate en las páginas amarillas de tu ciudad o busca información en el Internet. **Las respuestas variarán.**

¡Adelante! (páginas 418–419)

Lectura 1

Estrategia

Anticipar el contenido La función principal de los títulos de los artículos y textos en general, es atraer la atención del lector y despertar su curiosidad para que lea el texto completo. Muchas veces, el título también nos da la idea principal del contenido del texto.

Actividad O

Haz la primera actividad de la caja que está al margen y luego lee el artículo siguiente sobre Ecuador. Si hay alguna palabra que no recuerdas, consulta las glosas en las páginas 418 y 419 de tu libro de texto. Después haz el resto de las actividades al margen.

Lectura interactiva

Anticipa el contenido
Lee el título del artículo. Escribe qué información esperas encontrar en el artículo basándote en su título.

Un lugar que está a la mitad del mundo.

Verifica
Al terminar de leer, subraya el contenido clave y mira tus apuntes para ver si acertaste.

Mitad del mundo

A 30 minutos al norte de Quito, capital de Ecuador, está el monumento a la Mitad del Mundo. Se llama así porque la Línea Ecuatorial que divide al planeta en dos hemisferios pasa por este lugar. Los turistas se divierten tomando fotos con un pie en el hemisferio norte y el otro en el hemisferio sur. ¡De un lado, es invierno, y del otro, verano! Durante los equinoccios del 21 de marzo y del 23 de septiembre, las personas y los objetos no tienen sombra.

Dentro del monumento hay un museo que celebra las distintas culturas indígenas de Ecuador. De hecho, el 25 por ciento de la población del país es indígena. Entre los grupos más conocidos están los salasacas, los shuars y los otavalos. Cada grupo se viste de una manera diferente, habla su propio idioma y se especializa en algún tipo de artesanía, como los tejidos, los sombreros, las joyas o las canastas.

Ecuador le ofrece al visitante un viaje inolvidable por su gran riqueza cultural y natural. Como dijo el científico Humboldt, "Un viaje por Ecuador se puede comparar con un viaje desde la Línea Ecuatorial casi hasta el Polo Sur".

Actividad P

Visitar la Mitad del Mundo puede ser una experiencia muy interesante para muchas personas. ¿Por qué le recomendarías una visita a este lugar a las siguientes personas?

Respuestas posibles:

1. A un(a) antropólogo(a) Por las distintas culturas indígenas.
2. A un(a) meteorólogo(a) Por el hecho de que allí se encuentra la división de dos hemisferios en la línea ecuatorial.
3. A un(a) estudiante de tu clase Por estar en la mitad del mundo y por las culturas distintas.

Actividad Q

En el espacio de abajo, prepara un pequeño folleto turístico para promover el turismo a Ecuador y a la Mitad del Mundo. Incluye los siguientes elementos en tu folleto.

1. Un título atractivo que anime a leer el folleto.
2. Datos que atraigan el interés de los posibles viajeros, como sugerencias sobre qué hacer y qué lugares visitar.
3. Inventa algunas ofertas especiales de viajes para animar a las personas a viajar.
4. Usa una frase atractiva como conclusión de tu folleto (recuerda la frase de Humboldt). Las respuestas variarán.

Capítulo 8A Nombre ____________ Fecha ____________

Lectura 2

Estrategia

Anticipar el contenido Leyendo el título de un texto puedes adelantar algo de su contenido.

Actividad R

Haz la primera actividad de la caja que está al margen y luego lee el artículo siguiente sobre Panamá. Después haz el resto de las actividades al margen.

Lectura interactiva

Anticipa el contenido
¿Qué crees que significa el título de la lectura? Subraya la frase en el primer párrafo que te da esa respuesta.

Reflexiona
El nombre de Panamá, ¿es antiguo o moderno? Subraya la frase de la lectura en la que basas tu respuesta.

Desarrollo de vocabulario
Subraya la palabra *esclusas*. Nota que esta palabra se refiere a un compartimento con puertas de entrada y salida que se llena o vacía de agua. Esto permite que los barcos vayan de un nivel a otro. ¿Qué hace posible el sistema de esclusas?

Hace posible que un barco pase de un océano al otro.

Panamá, puente de las Américas

El nombre oficial del país es República de Panamá. *Panamá* es una palabra de origen indígena. El territorio panameño une América del Norte y América Central con América del Sur. A causa de esto, en las selvas del país hay especies de animales y plantas de ambos continentes. El clima de Panamá es tropical, con dos estaciones: lluviosa y seca. La temperatura varía poco a lo largo el año.

La capital

La capital, Panamá, es como tres ciudades en una. Panamá Vieja, fundada en 1519, fue la primera ciudad que crearon los europeos en la costa del Pacífico en América. En el siglo XVII la ciudad fue destruida por los piratas. Unos años después, se reconstruyó la ciudad, dando lugar a una nueva ciudad: el Casco Viejo. Más tarde surgió la tercera ciudad, la moderna Panamá cosmopolita e internacional. En 1997, la UNESCO declaró el Casco Antiguo de Panamá Patrimonio de la humanidad.

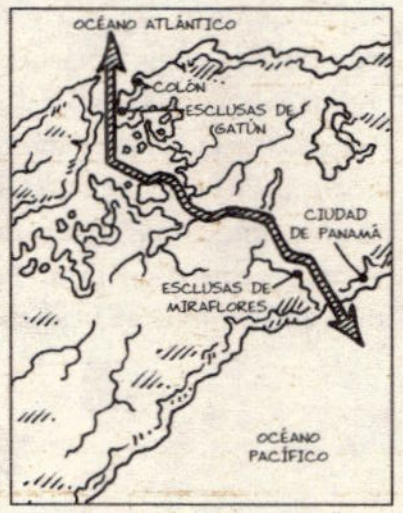

El Canal

El Canal de Panamá es una de las maravillas de ingeniería del mundo. Tiene unas 50 millas de largo y 10 de ancho. Para pasar de un océano a otro se usa un sistema de esclusas. Se puede ver el Canal en funcionamiento visitando las esclusas de Gatún o Miraflores.

Capítulo 8A Nombre ____________ Fecha ____________

1. ¿Cuáles son las dos ciudades más importantes de la República de Panamá y dónde está ubicada cada una de ellas?

   Panamá y Colón; Colón está a la entrada del Canal en el Atlántico.

2. ¿Qué es el Canal de Panamá?

   El Canal de Panamá es una de las maravillas de ingeniería del mundo. Se puede pasar de un océano a otro por medio de un sistema de esclusas.

3. Además del Canal, ¿cuáles son otros atractivos turísticos de Panamá?

   Otro atractivo es la naturaleza. El Parque Natural Metropolitano es el único bosque tropical protegido en el mundo que está dentro de una ciudad. También hay playas y arrecifes de corales.

4. ¿Te gustaría visitar Panamá? ¿Cuál de los lugares te gustaría ver primero? Explica por qué.

   Las respuestas variarán.

5. Explica qué quiere decir la frase "La capital, Panamá, es como tres ciudades en una." ¿Conoces alguna ciudad con características similares? Si es así, descríbela. Si no conoces ninguna ciudad con estas características, describe el barrio más antiguo y el más moderno de tu pueblo o ciudad y explica cuáles son sus diferencias.

   Las respuestas variarán.

Capítulo 8A Nombre ____________ Fecha ____________

La cultura en vivo (página 420)

En tu libro de texto has aprendido sobre los códices o libros con dibujos de los antiguos habitantes de las Américas. Lee el texto siguiente para saber más sobre los códices y las personas que los escribían (escribas). Luego responde a las preguntas en tu cuaderno.

• Códices y escribas •

Antes de la llegada de los españoles, los antiguos indígenas mexicanos escribían en códices, que eran manuscritos en los que se registraban diversos tipos de información antes de la llegada de la imprenta. En los códices americanos los indígenas escribían no sólo sobre sus viajes sino también sobre hechos históricos, escenas de la vida diaria, mitos, leyendas, creencias y conocimientos científicos. Muchos códices eran de carácter religioso y fijaban las fechas de las ceremonias; otros eran censos y registros de propiedad. Después de la Conquista, se continuó la producción de códices por algún tiempo.

Algunos códices han sobrevivido y son un verdadero tesoro de información sobre la situación económica y social de la época. El **Códice florentino** trata sobre la vida diaria, las costumbres, las creencias religiosas y los conocimientos de medicina de los indígenas. El **Códice Borgia** trata sobre los rituales del México antiguo. **El Códice Mendocino** trata sobre las costumbres de los antiguos mexicanos, su historia, sus gobernantes y sobre los tributos que tenían que pagar los pueblos dominados por los aztecas. **El Códice de Madrid** es un texto de adivinación; los sacerdotes lo usaban para ayudarse en sus predicciones.

Las personas encargadas de escribir los códices eran personas conocidas como *escribas-pintores*. Para ser escriba-pintor se necesitaban habilidades artísticas y buen conocimiento de la lengua. Cuando un joven tenía talento para la pintura, los sacerdotes lo dedicaban al oficio de escriba. Entonces, el joven pasaba por una etapa de formación y un período de especialización en un tema como astronomía, medicina, historia, etc. Luego, se trasladaba a vivir a los centros en los que trabajaba, como templos, palacios o tribunales. La función social de los escribas-pintores era muy importante ya que ellos fijaban y perpetuaban el saber de la sociedad.

Actividad S

1. ¿Sobre qué temas podían tratar los códices? **Respuestas posibles: hechos históricos, la vida diaria, mitos, leyendas, creencias**
2. Busca en el diccionario la palabra *escriba*. Explica con tus propias palabras qué significa y por qué crees que se dice que los autores de los códices eran *escribas-pintores*. **Las respuestas variarán.**
3. ¿Por qué eran importantes los códices? **Respuesta posible: En ellos se registraban diversos tipos de información.**
4. ¿Qué cualidades tenían que poseer los escribas-pintores? ¿Qué profesión(es) de la actualidad podrían compararse con la de los escribas-pintores de la antigüedad? Escribe un párrafo corto en tu cuaderno para responder a estas preguntas. **Las respuestas variarán.**

Capítulo 8A Nombre ____________ Fecha ____________

Presentación oral (página 421)

Un viaje al extranjero

Tarea

Tú trabajas en una agencia de viajes. Una clienta quiere ir de vacaciones con su familia a un país hispanohablante. Ella quiere pasar unos días en una ciudad interesante, uno o dos días visitando ruinas o lugares históricos y algunos días en la playa. Recomiéndale un país y proporciónale información clave para el viaje.

Estrategia

Hacer una lluvia de ideas con una red de palabras Para asegurarte de que tienes toda la información que necesitas para tu presentación, comienza por hacer una red de palabras. Primero, escribe el nombre del país que elegiste en el centro de una hoja de papel. Escribe las palabras *lugar, documentos, transporte y equipaje* y *época del año* alrededor del nombre del país.

1. **Preparación**
   Elige un país que responda a las exigencias de la clienta. Asegúrate de tener en cuenta varios posibles países antes de decidirte por uno. Busca la siguiente información para tu clienta:
   - **Lugar**
     ¿Qué país, ciudad, lugares históricos y playas recomiendas que visiten?
   - **Documentos**
     ¿Necesitan un pasaporte u otro documento?
   - **Transporte y equipaje**
     ¿Cómo recomiendan que viajen? ¿Cuánto cuesta el boleto? ¿Cuánto equipaje pueden llevar? ¿Qué ropa deben llevar?
   - **Época del año**
     ¿Cuál es la mejor época del año para visitar ese lugar?
2. **Práctica**
   Repasa tu presentación. Puedes usar tus notas para practicar, pero no cuando hagas la presentación en público. Intenta:
   - proporcionar toda la información que se pide en cada punto.
   - presentar la información en una secuencia lógica.
   - hablar con claridad.
3. **Presentación**
   Preséntale a tu clienta el viaje que has planificado. Puedes incluir un mapa o elementos visuales para apoyar tu presentación.
4. **Evaluación**
   Quizá tu profesor(a) te dé los criterios de cómo va a ser evaluada tu presentación. Probablemente, tu presentación será evaluada teniendo en cuenta:
   - lo completa que es tu investigación.
   - la cantidad de información que presentaste.
   - lo fácil que resultó entenderte.

Capítulo 8A Nombre

Repaso del capítulo (página 422)

Vocabulario y gramática

Repaso del capítulo

Para preparar el examen, revisa si...
- conoces el vocabulario nuevo y la gramática.
- puedes realizar las tareas de la página 309.

para hablar acerca de planes de viajes

la agencia de viajes	travel agency
el / la agente de viajes	travel agent
el equipaje	luggage
extranjero, -a	foreign
hacer un viaje	to take a trip
la maleta	suitcase
hacer la maleta	to pack the suitcase
el pasaporte	passport
planear	to plan
la reservación *pl.* las reservaciones	reservation
la tarjeta de embarque	boarding pass
el / la turista	tourist

para hablar acerca de aeropuertos

abordar	to board
la aduana	customs
el aduanero, la aduanera	customs officer
el aeropuerto	airport
el anuncio	announcement
el / la auxiliar de vuelo	flight attendant
con destino a	going to
de ida y vuelta	round-trip
directo, -a	direct
durar	to last
el empleado, la empleada	employee
facturar	to check *(luggage)*
hacer escala	to stop over
la inspección *pl.* las inspecciones de seguridad	security checkpoint
la línea aérea	airline
la llegada	arrival
el pasajero, la pasajera	passenger
el pasillo	aisle
el / la piloto	pilot
la puerta de embarque	departure gate
registrar	to inspect, to search *(luggage)*
el retraso	delay
la salida	departure
la ventanilla	*(airplane)* window
el vuelo	flight

otras palabras y expresiones útiles

abierto, -a	open
bienvenido, -a	welcome
cerrado, -a	closed
insistir en	to insist
listo, -a	ready
sugerir *(e → ie)*	to suggest
tendremos	we will have
tener paciencia	to be patient

Verbos que a menudo van seguidos por *que* + subjuntivo

decir, insistir en, necesitar, permitir, preferir *(e → ie)*, prohibir, querer *(e → ie)*, recomendar *(e → ie)*, sugerir *(e → ie)*

presente de subjuntivo

hablar

hable	hablemos
hables	habléis
hable	hablen

aprender / escribir

aprenda escriba	aprendamos escribamos
aprendas escribas	aprendáis escribáis
aprenda escriba	aprendan escriban

verbos irregulares en el subjuntivo

dar, estar, hacer, ir, llegar, saber, ser

● **Más práctica**
Practice Workbook Puzzle 8A-8

Capítulo 8A Nombre Fecha

Preparación para el examen (página 423)

En el examen vas a...	Éstas son las tareas que te pueden ser útiles para el examen...	Si necesitas repasar...
1 Escuchar Escuchar y comprender a alguien que hace recomendaciones para viajar.	Un estudiante de España da consejos a los estudiantes que piensan viajar a ese país en verano. Determina si sus consejos incluyen: (a) ideas para planear el viaje; (b) ideas para hacer las maletas; (c) ideas sobre la llegada al aeropuerto o (d) ideas sobre el vuelo.	**págs. 402–405** *A primera vista*; **pág. 406** Actividad 5; **pág. 410** Actividad 11
2 Hablar Hacer recomendaciones para planear un viaje sin estrés.	Tu profesor(a) te ha pedido que les hagas algunas recomendaciones sobre viajes a tus compañeros de clase. Puedes hablar sobre cómo: (a) llegar al aeropuerto; (b) facturar en el mostrador de la aerolínea; (c) pasar las inspecciones de seguridad y (d) entretenerse en el avión. Empieza diciendo: *Sugiero que llegues al aeropuerto dos horas antes de la salida de tu vuelo.*	**pág. 407** Actividad 6; **pág. 411** Actividad 14; **pág. 414** Actividades 18–19; **pág. 415** Actividades 20–21; **pág. 417** Actividad 24; **pág. 421** *Presentación oral*
3 Leer Leer y entender un folleto sobre viajes aéreos.	En la agencia de viajes tomaste un folleto sobre Sugerencias para viajar a España. Mira las sugerencias y colócalas en orden, empezando con la planificación del viaje y terminando con la llegada a Madrid. Marca las sugerencias desde la A hasta la D. 1. Recomendamos que hagas una reservación seis meses antes de tu viaje. 2. Sugerimos que duermas durante el vuelo. 3. Recomendamos que bebas mucha agua antes de abordar el vuelo. 4. Sugerimos que pases por la aduana con todos los documentos necesarios.	**págs. 402–403** *A primera vista*; **pág. 406** Actividad 4; **pág. 408** Actividad 8; **pág. 414** Actividad 19; **pág. 416** Actividad 22
4 Escribir Escribir sugerencias para disfrutar de unas vacaciones seguras.	Una agencia de viajes le ha pedido a tu clase diseñar un sitio para sus clientes hispanohablantes. Tú vas a escribir la sección de *Sugerencias para un buen viaje.* Escribe cuatro o más sugerencias. Incluye recomendaciones tales como planear el viaje a través de una agencia de viajes o a través de Internet, preparar las maletas o pedir un asiento en particular en el avión.	**pág. 410** Actividad 11; **pág. 413** Actividad 17; **pág. 414** Actividad 19; **pág. 415** Actividades 20–21; **pág. 417** Actividad 24
5 Pensar Demostrar un conocimiento acerca de los documentos históricos.	Explica cómo guardaron sus crónicas de viajes y comercio los españoles y los indígenas en Latinoamérica. ¿Qué información fue registrada? ¿Cuál era el propósito de estos documentos? ¿Quiénes los usaban? ¿Qué documentos modernos desarrollan una función similar?	**pág. 420** *La cultura en vivo*

Go Online Web Code jdd-0808 PHSchool.com

Nombre ______________________ Fecha ______________

A ver si recuerdas... (páginas 424–425)

Haz una lista de lugares para guiar a uno de tus amigos que ha venido a visitarte. Escríbele una breve recomendación o explicación de cada lugar.

Modelo Te recomiendo el restaurante Sabor porque tiene muy buena comida mexicana.

Hotel

Las respuestas variarán.

Restaurantes

____

____

Sitios turísticos de la región

____

____

Fondo cultural (página 424)

Oaxaca es sin duda uno de los destinos favoritos del turismo extranjero en México. Además de sus extraordinarias zonas arqueológicas, cuenta con una variedad de artesanías muy codiciadas por nacionales y extranjeros. Algunas de estas artesanías son las figuras talladas en madera, que es una tradición de los indígenas zapotecas. Sus figuras son animalitos como los gatos, caballos, iguanas, vacas y animales fantásticos como los dragones y monstruos míticos. Estas figuras se llaman alebrijes y se pintan de colores alegres y brillantes. En Oaxaca existen unas 200 familias que se dedican a tallar madera.

1. ¿Alguna vez has visto artesanía elaborada en otro país? Si es así, ¿qué viste?

   Las respuestas variarán.

   ____

2. ¿Qué sabes del origen de la artesanía en tu región?

   Las respuestas variarán.

   ____

   ____

   ____

Nombre ______________________ Fecha ______________

Capítulo 8B

Quiero que disfrutes de tu viaje

Objetivos del capítulo

- Comentar los viajes a ciudades extranjeras
- Hablar sobre la estancia en un hotel
- Explicar cómo ser un buen turista
- Hacer recomendaciones sobre cosas que ver
- Comprender las perspectivas culturales sobre los viajes a países de hispanohablantes

Conexión geográfica (página 425)

¿Has visitado algunos de los países que se ven en el mapa?

Encierra en un círculo cada país que hayas visitado o te gustaría visitar y escribe una oración sobre el motivo de tu viaje.

Modelo Fui a Puerto Rico en 2002 para visitar a mi familia. Las respuestas variarán.

Go Online
Web Code jde-0002
PHSchool.com

Capítulo 8B Nombre ______ Fecha ______

A primera vista (páginas 426–427)

Actividad A

Mira las páginas 426 a 427 de tu libro de texto. Luego escribe tantas palabras o expresiones de este capítulo como puedas en estas cuatro categorías. Sigue los modelos.

Cosas que hacen los turistas	Lugares que visitan	Reglas para ser buenos(as) turistas
hacer una gira tener un itinerario hacer excursiones navegar en bote de vela hacer surf de vela montar en moto acuática hacer esquí acuático cambiar dinero disfrutar del viaje	*el palacio* la catedral la casa de cambio	*ser cortés* no hacer ruido en las habitaciones dar una propina al hombre que lleva el equipaje observar las costumbres estar atento a lo que dice el guía ser puntual
	Palabras para describir lugares *histórico* bello estupendo famoso	

Actividad B

Si vas a España, es bueno que visites también Barcelona, en la provincia de Cataluña al noreste del país, donde se habla un idioma diferente y se ven cosas distintas a las que ves en otras partes. Lee el texto siguiente y complétalo con la palabra adecuada.

estupendas acuáticos gira excursión catedral Reyes palacio

Si vas de **excursión** a Barcelona vas a ver muchas cosas **estupendas**. Si te interesan los lugares antiguos, puedes hacer una **gira** del Barri Gòtic (Barrio Gótico). Si te gusta el arte, puedes visitar los museos o el Palau (**palacio**) Nacional de Montjuïc. Si quieres ver dónde vivieron los **Reyes** Católicos, ve al Palau Reial Major. O puedes pasar un día mirando y explorando la Sagrada Familia, la **catedral** famosísima de Antonio Gaudí. Si quieres descansar, puedes ir a las playas cerca de Barcelona, donde puedes practicar deportes **acuáticos**.

Capítulo 8B Nombre ______ Fecha ______

Videohistoria (páginas 428–429)

Actividad C

Ignacio está contándoles a sus padres lo que hicieron él y Javier cuando llegaron a Toledo. Lee las frases y complétalas con el vocabulario de este capítulo.

Cuando llegamos, decidimos ir primero al hotel y después caminar por la ciudad. Javier quería comprar **artesanías** de la ciudad, o sea, cosas típicas. El empleado en la **recepción** del hotel nos dio una **habitación** doble y luego la **llave**. Luego salimos para **conseguir** un libro sobre la ciudad. Encontramos una **guía** buena en un **quiosco**. No sabíamos si ver la catedral, el museo de El Greco o el **castillo**. Pero el museo estaba cerrado y fuimos a una tienda de artesanías, en la que vimos una espada grande. Era muy cara y no pudimos **regatear**. No queríamos **ofender** a nadie. Al final, Javier compró unas **tarjetas** **postales**.

Actividad D

¿Qué lugares históricos conoces en tu comunidad? Imagínate que vas con un(a) amigo(a) a uno de esos lugares. Usa por lo menos ocho de las palabras o expresiones siguientes para escribir un diálogo corto entre tú y tu amigo(a) mientras visitan el lugar.

ascensor	guía	llave	quiosco	regatear	típico
conseguir	habitación	ofender	recepción	tal vez	vendedor

YO: **Las respuestas variarán.** ______

MI AMIGO(A): ______

YO: ______

MI AMIGO(A): ______

Capítulo 8B Nombre ____________ Fecha ____________

Manos a la obra (páginas 430–433)

Actividad E

Encierra en un círculo la frase que completa las siguientes oraciones de forma lógica, según lo que aprendiste en este capítulo y tu propia opinión.

1. En la habitación de un hotel es necesario...
   a. llegar a tiempo.
   (b.) ser cortés y no hacer mucho ruido.
   c. buscar el cajero automático.

2. Si quieres hacer surf de vela durante tu viaje...
   (a.) se puede ir con el guía.
   b. se puede ver el castillo.
   c. hay que descansar en la playa.

3. Cuando hacemos excursiones o giras...
   a. tenemos que pedir la llave al empleado del hotel.
   b. tenemos que pedir permiso a nuestros padres.
   (c.) es mejor estar atento y quedarse en grupos.

4. Si visitamos una ciudad donde se habla otro idioma...
   (a.) debemos observar las costumbres.
   b. debemos dejar una propina en las tiendas.
   c. debemos regatear.

5. Si viajas a una ciudad donde se usa una moneda diferente...
   a. sólo se puede cambiar dinero en los hoteles.
   (b.) debes ir a una casa de cambio.
   c. primero debes ir de excursión a los lugares históricos.

Ampliación del lenguaje

Palabras que suenan igual

Las palabras siguientes se diferencian por una letra cuando están escritas, pero como esa letra suena igual en los dos casos, al oír estas palabras sólo podemos distinguirlas por el contexto.

bello / vello — ***bello***, hermoso: Es un paisaje muy ***bello***.
vello, pelo: Tiene los brazos llenos de ***vello***.

sabia / savia — ***sabia***, mujer que sabe mucho: La ***sabia*** presentó un proyecto maravilloso.
savia, jugo de las plantas: Esta planta tiene una ***savia*** muy espesa.

arrollo / arroyo — ***arrollo***, del verbo *arrollar*: Al salir casi ***arrollo*** a un chico que entraba.
arroyo, río pequeño: Por el prado corre un ***arroyo*** de agua muy fresca.

Capítulo 8B Nombre ____________ Fecha ____________

Actividad F

Vas a ir de visita a la ciudad de Valencia. Tu guía turístico(a) te ha mandado un formulario para conocerte un poco mejor y así diseñar tu viaje de la forma más adecuada a tus gustos. Completa el formulario con tus preferencias y opiniones.

Nombre: ____________ Edad: ________ País de nacimiento: ____________
Idiomas que hablas: **Las respuestas variarán.**
Estudios completados: ____________
Deportes que practicas: ____________
¿Qué actividades te gusta hacer en tu tiempo libre? ____________
¿Qué tipos de museos te gusta visitar? ¿Arte, antropología, ciencias?
¿Qué comidas te gustan? ¿Te gusta probar comidas nuevas?
En general, ¿a qué hora almuerzas? ¿Y cenas? ¿Cuál es tu comida principal del día?
¿Te gusta la playa? ¿Te gustaría practicar algún deporte acuático mientras estás aquí?

Actividad G

Ahora escribe en tu cuaderno un breve resumen basándote en tus respuestas a la actividad anterior. Describe lo que te gustaría hacer en Valencia, usando tantas palabras o frases de este capítulo como puedas. **Las respuestas variarán.**

También se dice...

la habitación = el cuarto, la recámara *(México)*, la pieza *(Chile)*, el dormitorio *(Argentina)*
el ascensor = el elevador *(México)*
el bote de vela = el barco de vela *(México)*, el velero *(España)*
hacer una gira = hacer un tur *(México, España)*
la tarjeta postal = la postal *(Chile, México, España)*

Gramática

El presente del subjuntivo con expresiones impersonales (página 434)

Algunas veces se usa una expresión impersonal para expresar la forma en la que influimos en las acciones de otra persona. Aquí tienes algunas expresiones impersonales que a menudo van seguidas de la conjunción *que* + subjuntivo:

es importante **es necesario** **es mejor** **es bueno**

Es necesario que Uds. tengan buenos modales.

Es mejor que consigamos una habitación doble.

Observa que en las expresiones anteriores se menciona a una persona específica en la segunda parte de la oración. Si no hay una persona específica, se usa el infinitivo sin el *que*. Compara las siguientes oraciones.

Para ser un buen turista, **es importante ser** muy cortés.

Es importante que seas un turista cortés.

Recuerda que en el modo subjuntivo la ortografía de los verbos que terminan en *-gar* y en *-car* cambia para mantener el sonido de la consonante. Para los verbos que terminan en *-gar* añade *u*, para que la terminación cambie a *-gue*. Igualmente, para los verbos que terminan en *-car*, añade *u* para que la terminación cambie a *-que*.

Es bueno que lleguen temprano a la estación.

Es mejor que busquemos un quiosco para comprar una guía.

Gramática interactiva

Identifica funciones
Encierra en un círculo las expresiones impersonales en los dos primeros y los dos últimos ejemplos. Luego subraya los verbos del subjuntivo en los mismos ejemplos.

Reflexiona
Escribe la forma *yo* del presente de subjuntivo de estos verbos, según la explicación al final.

apagar
apague

explicar
explique

navegar
navegue

¿Recuerdas?
El modo subjuntivo, como ya sabes, se usa para expresar que una persona influye en las acciones de otra persona.

Actividad H

Antonio va a ir de vacaciones a México con su hermano. Su amigo Ernesto visitó ese país el año pasado y le está diciendo algunas cosas que pueden pasar durante el viaje. Basándote en lo que dice Ernesto, escribe consejos para Antonio y su hermano. Usa expresiones impersonales como *Es importante que…*, *Es necesario que…*, *Es bueno que…*, *Es mejor que…* y las formas adecuadas del subjuntivo. **Respuestas posibles:**

Modelo Si no llegan temprano al aeropuerto, pueden perder el avión.
Es mejor que lleguen temprano al aeropuerto para no perder el avión.

1. Si llevan un bolso de mano muy grande, van a tener que facturarlo.
   Es mejor que no lleven un bolso de mano muy grande para no tener que facturarlo.
2. Si no hacen reservaciones antes del viaje, puede ser difícil encontrar un hotel.
   Es bueno que hagan reservaciones antes del viaje para encontrar fácilmente un hotel.
3. Si no respetan las costumbres del país, molestarán a la gente.
   Es importante que respeten las costumbres del país para no molestar a la gente.
4. Si no regatean en un mercado, no conseguirán un buen precio.
   Es necesario que regateen en un mercado para conseguir un buen precio.

Actividad I

Eres guía de turismo en tu ciudad. Éste es el itinerario para hoy. Basándote en él, escribe en tu cuaderno cinco consejos para los turistas sobre cosas que pueden o deben hacer, ropa que deben llevar, etc. Introduce los consejos con frases impersonales que aprendiste anteriormente.

Las respuestas variarán.

8:30	Desayuno en la cafetería del hotel.
9:00	Reunión al frente del hotel para tomar el autobús. El autobús sale a las 9:15 en punto.
9:30–11:30	Visita guiada al museo de arte.
11:45–1:00	Almuerzo: comida típica de la región.
1:00–2:15	Recorrido por los lugares de interés histórico. Podrán comprar artesanías y recuerdos.
2:30	Reunión al frente del ayuntamiento para tomar el autobús hasta el Parque Natural.
3:00–7:00	Tiempo libre en el parque. Podrán realizar diversas actividades. A las 6:00: merienda al aire libre.

Gramática

El presente del subjuntivo de los verbos con cambios en el radical (página 437)

Los verbos en *-ar* y en *-er* con cambios en el radical presentan los mismos cambios en el modo subjuntivo que en el indicativo.

recordar (o → ue)

recuerde	recordemos
recuerdes	recordéis
recuerde	recuerden

perder (e → ie)

pierda	perdamos
pierdas	perdáis
pierda	pierdan

Es importante que recordemos los buenos modales.

Es mejor que no te pierdas en el centro. Cómprate una guía.

Los verbos con cambios en el radical que terminan en *-ir* presentan cambios en todas las formas del presente de subjuntivo.

pedir (e → i)

pida	pidamos
pidas	pidáis
pida	pidan

divertirse (e → ie), (e → i)

me divierta	nos divirtamos
te diviertas	os divirtáis
se divierta	se diviertan

dormir (o → ue), (o → u)

duerma	durmamos
duermas	durmáis
duerma	duerman

Es necesario que pidas la llave.

Queremos que se diviertan.

Es bueno que duermas durante el vuelo.

Gramática interactiva

Identifica formas
Señala los siguientes elementos:

- Subraya el radical de las formas verbales para *yo* y *nosotros* en el presente de subjuntivo en las tablas.
- En los ejemplos, encierra en un círculo los verbos en el subjuntivo.

¿Recuerdas?
Ya sabes que en el indicativo, los verbos con cambios en el radical presentan un cambio en el radical en todas las formas, menos *nosotros(as)* y *vosotros(as)*.

Actividad J

Pedro y sus hermanos Raúl y Ana van de vacaciones a casa de su tía Carla en Sevilla, España. Ellos acaban de llegar al aeropuerto de Madrid, pero el vuelo a Sevilla tiene un retraso de cuatro horas. Completa el mensaje de correo electrónico que Pedro le escribió a su madre desde el aeropuerto. Presta atención a la ortografía de los verbos y usa el modo subjuntivo.

Querida mamá:

Ya estamos en Barajas, en Madrid. El vuelo para Sevilla tiene retraso. Siempre me dices que **recuerde** *(recordar)* los números importantes, pero no recuerdo el de la tía Carla y tengo que llamarla. Es importante que tú **empieces** *(empezar)* a buscar su número. Raúl quiere que yo **saque** *(sacar)* todas las cosas de mi mochila para buscar la libreta, pero yo creo que no está ahí. Ana no piensa más que en comer, quiere que nosotros **vayamos** *(ir)* a buscar unos bocadillos. Yo le digo que **piense** *(pensar)* en la tía, y no en comer. Mamá, todo esto es un desastre, ¿es necesario que yo **siga** *(seguir)* viajando con mis hermanos? Raúl se ríe y dice que cuando lleguemos a casa de Carla, quiere que yo **me duerma** *(dormirse)* mientras ellos van a pasear. ¿Puedes creer que Ana me está diciendo que quiere que yo le **pida** *(pedir)* a tía Carla que nos lleve a la playa? Mamá, por favor, ¿puedes llamar tú a Carla? Es necesario que tú le **cuentes** *(contar)* lo del retraso. Te llamo cuando lleguemos a Sevilla.

Un beso para ti y otro para papá.

Pedro

Actividad K

Unas amigas tuyas se van a ir de viaje a España dentro de un mes, y quieren que las ayudes a prepararse bien para su viaje. Contesta a sus preguntas en tu cuaderno. Incluye tantos detalles como te sea posible. Ten en cuenta que tus amigas no han viajado nunca a ningún lugar tan lejos de su casa. Aconséjalas y dales ánimo. **Las respuestas variarán.**

1. ¿Es mejor que visitemos todos los sitios que podamos o que sólo vayamos a los lugares recomendados por el (la) guía turístico(a)? ¿Por qué?
2. ¿Cómo podemos saber a qué hora abren y cierran los bancos en España? ¿Podemos preguntar en el hotel?
3. ¿Es necesario despedirse de los empleados del hotel en donde estemos? ¿Esperan que les dejemos propina?
4. Si nos sentimos mal porque no nos entienden, ¿qué nos recomiendas que hagamos? ¿Resulta descortés pedir que nos repitan las cosas más de una vez?

Capítulo 8B Nombre ____ Fecha ____

Lectura cultural

Actividad L

Aquí tienes más información sobre la Ciudad de las Artes y las Ciencias en Valencia, España. Léela y después contesta las preguntas a continuación.

El complejo de la Ciudad de las Artes y las Ciencias es un símbolo internacional creado por el arquitecto Santiago Calatrava. Lo forman cinco elementos que ocupan más de dos kilómetros de largo: **L'Hemisfèric, el Museu de les Ciències Príncipe Felipe, L'Umbracle, L'Oceanogràfic** y el **Palau de las Arts**. Aquí tienes algunos datos de utilidad para tu visita.

L'Hemisfèric: Se abrió en 1998 y es la única sala del país en la que se proyectan tres espectáculos sobre una pantalla de 900 metros cuadrados. Contiene un planetario, una sala IMAX para películas y una sala láser llamada Laserium.

L'Umbracle: Es el paseo de la ciudad, con 55 arcos fijos y 54 arcos flotantes de casi 20 metros de altura.

Museu de les Ciències Príncipe Felipe: Dispone de 40,000 metros cuadrados dedicados a la ciencia y la tecnología. Una de las características más curiosas del museo, es que está lleno de carteles que dicen: "Prohibido no tocar, no pensar y no sentir".

L'Oceanogràfic: Es el parque marino más grande de Europa. Contiene 42 millones de litros de agua salada y viven allí más de 45,000 animales marinos de diferentes especies.

Palau de les Arts: Un espacio enorme dedicado a la ópera y a los grandes espectáculos musicales y de teatro. Tiene cuatro salas: la principal, la de música barroca y de cámara, un anfiteatro y un teatro experimental.

Escribe en tu cuaderno las respuestas a las siguientes preguntas.
Las respuestas variarán.

1. En tu opinión, ¿qué es lo más interesante de la Ciudad de las Artes y las Ciencias? ¿Por qué? Explica qué visitarías si pudieras pasar una tarde en este lugar.
2. Piensa en algún lugar similar a la Ciudad de las Artes y las Ciencias de Valencia cercano a tu comunidad. Escribe un párrafo corto describiendo lo más interesante de ese lugar. Puedes usar la lectura como modelo.

Nota cultural
En Valencia se habla el valenciano, un idioma parecido al castellano con su propia historia y reglas gramaticales. ¿Sabes qué significan las palabras *L'Hemisfèric, Palau de les Arts, Museu de les Ciències* y *L'Oceanogràfic*? El Hemisférico, El Palacio de las Artes, El Museo de Ciencias y El Oceanográfico

Capítulo 8B Nombre ____ Fecha ____

Conexiones Las matemáticas (página 441)

Si tu quieres comprar cosas cuando estás de viaje, necesitas conocer el cambio de moneda de ese país al que viajas. La siguiente tabla muestra los cambios de moneda aproximados para tres países:

País	En dólares americanos
Estados Unidos (dólares americanos)	1
Gran Bretaña (libras inglesas)	0.5
México (pesos mexicanos)	12

Actividad M

Un dólar equivale aproximadamente a dos libras inglesas y a doce pesos mexicanos.

1. Una camiseta en los Estados Unidos cuesta alrededor de $15.00 dólares americanos. ¿Cuánto cuesta esa camiseta en pesos mexicanos?
   $180 pesos
2. Imagina que tienes $600 pesos mexicanos para cambiarlos a dólares. ¿Cuántos dólares podrías tener?
   $50 dólares

El español en el mundo del trabajo (página 439)

Mira el texto sobre el turismo en la página 439 de tu libro de texto. Ahora que ya sabes lo importante que puede ser el trabajo de guía, completa las listas de abajo según se indica.

Actividad N

Un(a) guía turístico(a) debe:	Un(a) guía turístico(a) NO debe:
Hablar varios idiomas	Molestar a los turistas
Respuestas posibles:	Dejar que los turistas hagan algo que
Conocer la cultura del país	pueda ofender a otras personas
Tener interés en ayudar a los clientes	

¡Adelante! (páginas 442–443)

Lectura 1

Estrategia

Usar títulos y subtítulos Los títulos y subtítulos ayudan a organizar la información.

Actividad Ñ

Lee *Usa títulos y subtítulos* (al margen), y sigue las instrucciones para leer el folleto turístico sobre Antigua. Si hay alguna palabra que no recuerdas, consulta las glosas en las páginas 442 y 443 de tu libro de texto. Después haz la otra actividad al margen.

Lectura interactiva

Usa títulos y subtítulos
Antes de leer el texto, encierra en un círculo los subtítulos y predice qué información encontrarás.

Verifica tu lectura
Subraya las oraciones principales de cada sección. ¿Tus predicciones fueron acertadas?

Antigua, una ciudad colonial

Situada a 45 minutos de la Ciudad de Guatemala, Antigua le fascina al turista por sus calles de piedras, su arquitectura colonial y sus ruinas de iglesias y monasterios. El español Francisco de la Cueva fundó la ciudad el 10 de marzo de 1543. La "Ciudad de las Perpetuas Rosas", nombrada así por sus jardines con flores, tiene un clima muy agradable y preserva un sabor colonial único. Caminar por sus calles es como visitar el pasado y descubrir una ciudad típica española del siglo XVII. ¡Le invitamos a venir y disfrutar de esta ciudad!

¿Qué hay que ver en la ciudad de Antigua?

La ciudad de Antigua tiene muchos sitios de interés. Se puede apreciar toda la historia de esta ciudad mirando sus casas y monumentos coloniales. En el centro de la ciudad está la Plaza Mayor. Los edificios principales son el Ayuntamiento, la Catedral y el Palacio de los Capitanes.

Vaya al reino de la cultura maya

Si le interesan las ruinas, le recomendamos que haga planes para visitar Tikal, una de las ciudades más importantes de la cultura maya. Desde el aeropuerto de la Ciudad de Guatemala, un avión lo lleva a Flores, la entrada a la zona arqueológica de Tikal. Duerma en uno de los pequeños hoteles de la región. ¡Esperamos que disfrute de esta excursión!

Una experiencia inolvidable

La ciudad de Antigua no es sólo un lugar turístico para visitar parques, volcanes y monumentos históricos. Su gente es tan simpática que usted va a sentirse como en su propia casa. ¡Visite Antigua, le esperamos con anticipación!

Actividad O

Contesta las siguientes preguntas sobre la lectura.

1. ¿Dónde queda Antigua?
   Queda a 45 minutos de la Ciudad de Guatemala.
2. ¿Quién fundó la ciudad y cuándo lo hizo?
   El español Francisco de la Cueva la fundó en 1543.
3. ¿Cuál es otro nombre para la ciudad?
   Ciudad de las Perpetuas Rosas
4. Escribe cuatro atracciones que tiene la ciudad.
   La Plaza Mayor, el Ayuntamiento, la Catedral y el Palacio de los Capitanes.
5. ¿Te gustaría visitar Antigua? Explica por qué.
   Las respuestas variarán.

Actividad P

Ahora vas a preparar una guía turística sobre una ciudad de tu elección. Usa las preguntas siguientes o el folleto de Antigua como modelo.
Las respuestas variarán.

1. ¿Qué tipo de turistas quieres atraer?
2. ¿Qué monumentos y atracciones naturales son las más interesantes? ¿Por qué?
3. ¿Qué restaurantes y hoteles puedes recomendar?
4. ¿Qué actividades pueden hacer los turistas durante su visita?

Ampliación del lenguaje

¿Qué? y ¿Cuál?

Es fácil confundir el uso de estas dos palabras. Para aclararlo, recuerda:

Cuál suele ir delante de un verbo.
Por ejemplo: ¿**Cuál** es tu color favorito?

Qué suele ir delante de un sustantivo.
Por ejemplo: ¿**Qué** color te gusta más?

Trata de completar las siguientes frases con *cuál* o *qué*.

1. ¿ **Qué** país te gusta más?
2. ¿ **Cuál** prefieres, el avión o el tren?

Capítulo 8B Nombre ______ Fecha ______

Lectura 2

Actividad Q

Haz las actividades al margen.

Estrategia
Leer con un propósito Cuando vayas a leer un texto, si sabes qué información te interesa encontrar, concentrarás tu atención en partes específicas de la lectura que contengan la información que necesitas.

Lectura interactiva

Lee con un propósito
Imagínate que vas a visitar Sevilla. Lee el artículo y escribe en los párrafos la letra que corresponde a cada uno de los siguientes temas: a) la comida; b) la arquitectura y c) el alojamiento (hoteles).

Verifica tu lectura
Ahora lee el párrafo que explica el tema que te interesa más y escribe algunos detalles del tema que aprendiste.

Las respuestas variarán.

Sevilla

Esta ciudad del Sur de España fue en otra época punto de embarque hacia América y el puerto más importante del comercio entre España y las colonias. Hoy en día, es una ciudad moderna de más de 700,000 habitantes y uno de los principales destinos turísticos de España.

b Sevilla tiene siglos de antigüedad. En épocas pasadas, la ciudad fue conquistada por pueblos diferentes del Mediterráneo, cada uno de los cuales aportó a Sevilla parte de su cultura y su arte. Por esta razón, la arquitectura sevillana es una mezcla de estilos de distintos orígenes. Entre sus monumentos están la Catedral, la Giralda, los Reales Alcázares, la Torre del Oro y el Ayuntamiento, así como numerosas iglesias, conventos, jardines y plazas.

c Sevilla ofrece al turista gran variedad de alojamientos. En los últimos años, en las afueras de la ciudad, se han construido hoteles modernos de gran clase. En la ciudad, los hoteles tradicionales están ubicados en su mayoría en el centro histórico. El hotel Alfonso XIII, cerca de la Catedral, es el más lujoso. Aquí se alojan miembros de las familias reales de Europa, jefes de estado y personalidades de todo el mundo. El precio de una habitación en este hotel de cinco estrellas es a partir de unos 300 euros.

a Para comer en Sevilla, lo mejor es visitar un restaurante típico sevillano. Un plato muy popular es el gazpacho, una especie de sopa fría de tomate. Los dulces sevillanos son muy famosos. Los mejores dulces no se venden en las tiendas, sino en los conventos. Cada convento tiene su especialidad: mermeladas, rosquillas (dulces de forma redonda con un agujero en el centro), etc., que se hacen con recetas muy antiguas.

Capítulo 8B Nombre ______ Fecha ______

Actividad R

Responde a las siguientes preguntas sobre la lectura.

1. ¿Dónde están los hoteles más modernos de Sevilla? ¿Y los más tradicionales?
   Los hoteles más modernos están en las afueras de la ciudad. Los más tradicionales están en el centro histórico.
2. ¿Qué tipos de monumentos puedes visitar en Sevilla?
   La Catedral, la Giralda, los Reales Alcázares, la Torre del Oro, el Ayuntamiento
3. ¿Por qué la arquitectura de Sevilla es una mezcla de estilos de distintos orígenes?
   Porque la ciudad fue conquistada por pueblos diferentes del Mediterráneo.

Actividad S

¿Qué monumentos o lugares te parecen interesantes? Elige un monumento o lugar de tu región que tú hayas visitado. Describe dónde queda y cómo se llega a este lugar. Escribe tres cosas interesantes o curiosas acerca de él que puedan atraer a los turistas.

Las respuestas variarán.

© Pearson Education, Inc. All rights reserved.

Perspectivas del mundo hispano (página 444)

Actividad T

El metro es un sistema de transporte muy popular en la capital mexicana. Lee el siguiente artículo para saber más sobre él y luego responde en tu cuaderno a las preguntas a continuación.

El metro de la Ciudad de México

La Ciudad de México es una de las ciudades con más habitantes de todo el mundo (¡más de 20 millones!). Para dar servicio a esta gran población, a finales de la década de 1960 se comenzó la construcción de una red de metro. En una primera fase se construyeron tres líneas. La primera de estas líneas, de este a oeste, unió Zaragoza con Chapultepec. Esta línea se inauguró en 1969. Luego se construyeron dos líneas más, cruzando las otras dos líneas. Esta primera fase se finalizó en 1972.

Con el crecimiento de la ciudad, fue necesario ampliar el metro. En 1991 se inauguró la primera línea que unía la capital con barrios y pueblos de las afueras. Entre 1999 y 2000, se construyó la línea que da servicio a la ciudad de Ecatepec y otras zonas al noroeste del área metropolitana.

Actualmente, la red del metro de la Ciudad de México, con 175 estaciones, se extiende por 201.7 kilómetros. Es el quinto metro del mundo en cuanto a kilómetros de red, sólo lo superan el metro de Londres, el de Nueva York, el de Moscú y el de París. Por el número de pasajeros que transporta, este metro ocupa el tercer lugar del mundo (unos cuatro millones de personas al día), sólo superado por los metros de Moscú y Tokio.

Durante la construcción del metro, las obras tuvieron que interrumpirse varias veces al encontrarse restos arqueológicos. Durante la construcción de la primera fase, se halló una pequeña pirámide dedicada al dios azteca del viento. En lugar de llevarla a un museo, la pirámide fue integrada a la estación de Pino Suárez y se convirtió en el símbolo de la misma.

1. ¿Cuál es el tema principal del texto? **El tema principal es la construcción del metro de la Ciudad de México.**
2. ¿Cuándo se inauguró la línea más antigua del metro y a qué lugares daba servicio? **En 1969; Zaragoza con Chapultepec**
3. ¿Cuál es la importancia del metro de Ciudad de México frente a los metros de otras ciudades de todo el mundo, teniendo en cuenta los kilómetros de red? **Ocupa el quinto lugar del mundo en cuanto a kilómetros de red.**
4. ¿Cuál es el sistema de transporte más popular en tu pueblo o ciudad, que no sea el metro? Compáralo con el metro. ¿Cuáles son las ventajas y las desventajas de cada uno de ellos? Escribe un párrafo corto para contestar estas preguntas. **Las respuestas variarán.**

Presentación escrita (página 445)

Viajemos juntos

Estrategia

Usar preguntas clave Las preguntas clave son una buena forma de obtener ideas. Responder a bastantes preguntas sobre asuntos diferentes relacionados con tu proyecto, te va a ayudar a obtener muchas ideas para preparar tu escritura.

Tarea

Tú formas parte de un grupo de estudiantes que van a viajar con su profesor(a) a un país hispanohablante. Prepara un folleto ilustrado para tu grupo.

1. **Antes de escribir**
   Piensa en los preparativos que tienes que hacer antes del viaje. Responde a las siguientes preguntas para organizar la información de tu folleto.
   - ¿Qué país van a visitar y cómo van a viajar?
   - ¿Qué deben llevar? ¿Una cámara? ¿Unos anteojos de sol?
   - ¿Qué lugares van a visitar? ¿Qué excursiones o giras van a hacer? ¿Qué actividades van a hacer?
   - ¿Cómo van a vestirse? ¿Hay restricciones de vestido?
   - ¿Cómo pueden aprovechar de las oportunidades para hablar español?
2. **Borrador**
   Usa tus respuestas para desarrollar un folleto que ayude a tus compañeros(as) de clase a prepararse a fondo para el viaje. Incluye fotos o dibujos en tu folleto.
3. **Revisión**
   Vuelve a leer tu borrador y revisa la ortografía, el vocabulario, el uso de los verbos y las concordancias. Muéstrale tu folleto a un(a) compañero(a) para que revise lo siguiente:
   - ¿La información es clara y está bien organizada?
   - ¿Has incluido toda la información necesaria?
   - ¿Son útiles los elementos visuales?
   - ¿Debes añadir o cambiar algo?
   - ¿Hay errores?
4. **Publicación**
   Haz una nueva versión del folleto, incluyendo todos los cambios y correcciones necesarios. Haz una copia final para entregársela a tu profesor(a) o para incluirla en tu portafolios.
5. **Evaluación**
   Quizá tu profesor(a) te dé los criterios de cómo va a ser evaluada tu presentación. Probablemente, tu presentación será evaluada teniendo en cuenta:
   - la cantidad de información que proporcionas.
   - lo claro y atractivo que resulta el folleto.
   - el uso adecuado del vocabulario y la gramática.

Capítulo 8B Nombre

Repaso del capítulo (página 446)

Repaso del capítulo

Para preparar el examen, revisa si...
- conoces el vocabulario nuevo y la gramática.
- puedes realizar las tareas de la página 329.

Vocabulario y gramática

para hablar acerca de lugares a visitar en una ciudad

el cajero automático	ATM
la casa de cambio	currency exchange
el castillo	castle
la catedral	cathedral
histórico, -a	historical
el palacio	palace
el quiosco	newsstand

para hablar acerca de hospedarse en un hotel

el ascensor	elevator
conseguir (*e → i*)	to obtain
la habitación *pl.* las habitaciones	room
la habitación doble	double room
la habitación individual	single room
la llave	key
la recepción	reception desk

para hablar acerca del comportamiento apropiado de los turistas

atento, -a	attentive
cortés	polite
hacer ruido	to make noise
observar	to observe
ofender	to offend
la propina	tip
puntual	punctual

para hablar acerca de las actividades turísticas

la artesanía	handicrafts
el bote de vela	sailboat
cambiar	to change, to exchange
disfrutar de	to enjoy
el esquí acuático	waterskiing
la excursión *pl.* las excursiones	excursion, short trip
el guía, la guía	guide
la guía	guidebook
hacer una gira	to take a tour
el itinerario	itinerary
la moto acuática	personal watercraft
navegar	to sail, to navigate
regatear	to bargain
el surf de vela	windsurfing
la tarjeta postal	postcard
el vendedor, la vendedora	vendor

otras palabras y expresiones útiles

bello, -a	beautiful
en punto	exactly *(time)*
estupendo, -a	stupendous, wonderful
famoso, -a	famous
el rey *pl.* los reyes	king, king and queen
siguiente	next, following
tal vez	maybe, perhaps
típico, -a	typical

presente del subjuntivo con expresiones impersonales

Es bueno que los estudiantes **hagan** la tarea.
Es importante que comas un buen desayuno.
Es mejor que no **vayamos** al museo hoy.
Es necesario que hagas una gira de la ciudad.

presente del subjuntivo de los verbos con cambios en el radical

recordar (*o → ue*) **divertirse (*e → ie*), (*e → i*)**
perder (*e → ie*) **dormir (*o → ue*), (*o → u*)**
pedir (*e → i*)

(To see these verbs fully conjugated in the present subjunctive, see p. 437.)

Más práctica
Practice Workbook Puzzle 8B-8
Practice Workbook Organizer 8B-9

Capítulo 8B Nombre Fecha

Preparación para el examen (página 447)

En el examen vas a...	Éstas son las tareas que te pueden ser útiles para el examen...	Si necesitas repasar...
1 Escuchar Escuchar y entender a las personas cuando hacen recomendaciones para viajar.	Necesitas algunas recomendaciones para tu viaje a México. Escucha estas recomendaciones y determina qué es lo más importante que debes hacer cuando llegues. ¿Qué es lo mejor que se puede hacer allí?	**págs. 426–429** *A primera vista*; **pág. 431** Actividad 6; **pág. 433** Actividad 9
2 Hablar Hablar acerca de las maneras de disfrutar de unas vacaciones cuando se viaja.	Hazles algunas recomendaciones a los miembros del Club de español para viajar en México. ¿Cómo pueden ser "buenos" turistas? ¿Cuál es la mejor manera de llegar a conocer la ciudad que visiten?	**pág. 430** Actividad 4; **pág. 431** Actividad 5; **pág. 432** Actividad 7; **pág. 436** Actividad 13; **pág. 440** Actividades 19–20
3 Leer Leer y entender las postales de las vacaciones de amigos y familia.	Lee una postal de un compañero de clase que está en México. Identifica si la persona está: (a) teniendo un buen o mal viaje; (b) usando el español, y (c) aprendiendo sobre México. *Querido Juan:* *Estoy aquí en Cancún. Es muy divertido pasar tiempo en la playa y luego ir al mercado. Me encanta hablar español para regatear. Es importante que no ofendas a los vendedores cuando regateas por el mejor precio.*	**pág. 432** Actividad 7; **pág. 433** Actividad 9; **pág. 434** Actividad 10; **pág. 435** Actividades 11–12; **pág. 439** Actividad 17; **págs. 442–443** *Lectura*
4 Escribir Escribir una "guía" para estudiantes que están planeando viajar a un país extranjero.	Estás preparando un sitio Web para viajeros jóvenes. Completa las siguientes oraciones con al menos tres sugerencias para cada tema: (a) Para ser un(a) turista bueno(a), es importante que...; (b) Para disfrutar mucho de tu viaje, te recomiendo que...	**pág. 430** Actividad 4; **pág. 434** Actividad 10; **pág. 435** Actividades 11–12; **pág. 437** Actividad 14; **pág. 439** Actividad 17; **pág. 445** *Presentación escrita*
5 Pensar Demostrar un conocimiento de las prácticas culturales asociadas con los viajes a países hispanohablantes.	Piensa en cómo viajarían los turistas estadounidenses por un país hispanohablante. ¿Qué clase de transporte usarían para ir de una ciudad a otra? ¿En qué se diferencia esto de la forma en la que viajan los turistas que visitan los Estados Unidos?	**págs. 442–443** *Lectura*; **pág. 444** *Perspectivas del mundo hispano*

Go Online Web Code jdd-0817 PHSchool.com

Nombre ______________ Fecha ______________

A ver si recuerdas (páginas 450–451)

Lee las profesiones que aparecen a continuación y completa la lista añadiendo algunas otras que conozcas. Luego, haz una encuesta entre tus compañeros(as) de clase para saber qué profesión les resulta más atractiva y ordena en la caja de la derecha las profesiones más populares.

1. médico
2. abogado
3. astronauta
4. Las respuestas variarán.
5. ______________
6. ______________
7. ______________
8. ______________

Las cinco profesiones más populares entre mis compañeros(as) de clase son:

1. Las respuestas variarán.
2. ______________
3. ______________
4. ______________
5. ______________

Fondo cultural (página 450)

David Alfaro Siqueiros es uno de los muralistas más importantes que ha tenido México. Al igual que Diego Rivera, su obra tuvo un profundo sentido social y revolucionario. A mediados de la década de 1950 la Universidad Nacional Autónoma de México le pidió que pintara un mural monumental relacionado con la educación. El resultado es una gran obra titulada *El Pueblo a la Universidad y la Universidad al Pueblo (1956)*. En él, los estudiantes comparten sus conocimientos con el pueblo mexicano.

1. ¿Qué crees que se necesita para llegar a ser un artista plástico famoso?

   Las respuestas variarán.

2. Si tuvieras que elegir un arte para expresarte (escultura, pintura, música, cine, etc.), ¿cuál elegirías? ¿Por qué?

   Las respuestas variarán.

3. ¿Qué temas abordarías en tus obras? ¿Por qué?

   Las respuestas variarán.

Nombre ______________ Fecha ______________

Capítulo 9A

¿Qué profesión tendrás?

Objetivos del capítulo

- Hablar sobre profesiones y hacer planes para el futuro
- Hablar sobre eventos futuros
- Comprender las perspectivas culturales relacionadas con el arte folklórico o popular

Conexión geográfica (página 451)

Este mapa incluye los lugares relacionados con este capítulo. Piensa en lo que quieres ser y en los lugares sombreados y no sombreados. ¿En qué lugar hispano te gustaría trabajar en el futuro? Di una profesión y escribe una breve explicación de tu elección.

Modelo *Quiero ser médico. Me gustaría trabajar en la República Dominicana porque necesitan médicos y me gusta nadar y bucear.*

Las respuestas variarán.

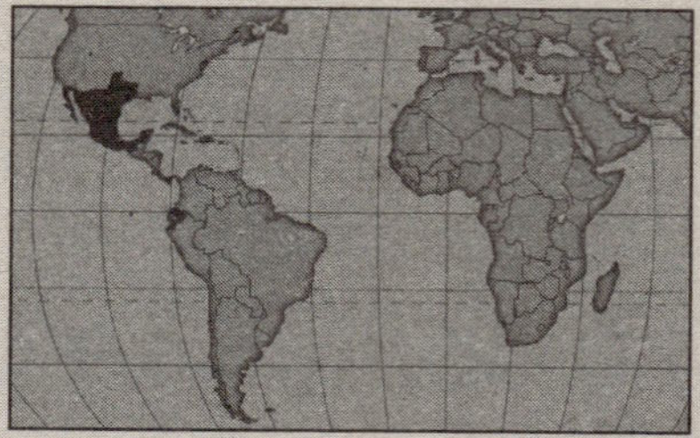

Go Online PHSchool.com Web Code jde-0002

Capítulo 9A Nombre ____ Fecha ____

A primera vista (páginas 452–453)

Actividad A

Completa esta tabla sobre oficios y carreras. Escribe en la primera columna el nombre de la profesión u oficio (masculino y femenino) según la descripción en la segunda columna.

Profesión	Cosas que hace
el contador, la contadora	Trabaja con los números.
el abogado, la abogada	Defiende a las personas en un tribunal si se les acusa de un crimen.
el arquitecto, la arquitecta	Diseña casas y otros edificios.
el veterinario, la veterinaria	Se ocupa de la buena salud de los animales.
el ingeniero, la ingeniera	Trabaja con máquinas.
el diseñador, la diseñadora	Hace páginas Web.
el juez, la jueza	Se encarga de escuchar los juicios en los tribunales y dicta sentencia.

Actividad B

Dos amigas están hablando de las carreras que quieren seguir. Completa las frases con la palabra o expresión adecuada de este capítulo.

CARLA: Lupe, ¿has pensado en qué vas a trabajar?

LUPE: Todavía no. ¿Qué me sugieres?

CARLA: A ver..., ¿quieres ser científica?

LUPE: No, no me gustan las ciencias y no quiero trabajar en un laboratorio.

CARLA: Entonces..., ¿ingeniera?

LUPE: No, no quiero trabajar con las máquinas. Mira, me gustan los coches, pero no me gustaría ser mecánica.

CARLA: Te gustan los animales, ¿verdad?

LUPE: Sí, pero no quiero ser veterinaria. Tendría que ver sangre y poner inyecciones. Será mejor que piense en otra cosa.

Capítulo 9A Nombre ____ Fecha ____

Videohistoria (páginas 454–455)

Actividad C

Prepara un resumen de lo que pasó en la *Videohistoria* de este capítulo, pero con un final diferente. Contesta estas preguntas y luego escribe el final.

1. ¿Quiénes son los personajes? ¿Cuál es la situación general? ¿De qué hablan?

   Los personajes son Angélica, Pedro y Esteban. Hay un concurso de arte en la escuela en la que Pedro va a participar. Luego hablan de las carreras que piensan seguir.

2. ¿Qué quieren ser los personajes? ¿Te parece que son ocupaciones adecuadas para ellos?

   Angélica quiere ser mujer de negocios. Pedro quiere ser artista o escritor. Esteban quiere estudiar para ingeniero o arquitecto. Las respuestas variarán.

3. Explica los *pros* y los *contras* de seguir una vocación artística y una vocación más tradicional.
   Respuestas posibles:
   Vocación artística (pintor, artista, escritor)

Pros	Contras
Poder usar la imaginación.	Es difícil ganarse la vida.
Le encanta lo que hace.	A menudo se debe trabajar en otra
No tener que ir a una oficina.	cosa que no le gusta para ganar dinero.

   Vocación tradicional (mujer de negocios, ingeniero, arquitecto)

Pros	Contras
Generalmente se puede encontrar	A menudo hay que trabajar largas
trabajo en estas profesiones.	horas o viajar con demasiada
Puede ganar mucho dinero o fama.	frecuencia.

4. Escribe en tu cuaderno el final sorpresa de tu historia, siguiendo el tema del video.
   Las respuestas variarán.

Capítulo 9A Nombre ______ Fecha ______

Manos a la obra (páginas 456–459)

Actividad D

¿Qué cursos crees que hay que seguir para entrar en estas profesiones? ¿Qué cualidades hay que tener? Empareja la profesión u oficio con los cursos y cualidades. ¡Ojo! Hay dos profesiones de sobra.

1. __d__ Tomó clases de matemáticas y fue a la universidad. Le gustan los números.
2. __c__ Siguió la carrera de leyes. Le gusta investigar las cosas y hablar.
3. __a__ Tomó diferentes cursos de ciencias en la universidad. Es paciente y le encantan los animales.
4. __f__ Tomó clases de administración de empresas y le gustan los negocios.
5. __b__ Estudió en las escuelas técnicas. Le encantan los coches.

a. veterinario(a)
b. mecánico(a)
c. abogado(a)
d. contador(a)
e. ingeniero(a)
f. gerente
g. político

Actividad E

Imagínate que vas a entrevistar a las personas que responden a estos anuncios de trabajo. Escribe en tu cuaderno tres preguntas que les harás, según los requisitos.

Secretario(a) administrativo(a)

Se requiere secretario(a) administrativo(a) para agencia de viajes.
Requisitos:
—Conocimiento de idiomas
—Buen nivel cultural
—Experiencia en viajes internacionales
—Conocimientos de contabilidad
—Carácter abierto
Interesados(as) llamar al 555-4810.

Doctores(as) voluntarios(as)

Agencia busca doctores(as) para trabajar como voluntarios(as) durante 2–3 meses en Latinoamérica. Alojamiento y comida pagados. Interesados(as) por favor contacten con la Asociación de Ayuda Latinoamericana en www.ayudalat.org.

Preguntas para un(a) secretario(a) administrativo(a): **Las respuestas variarán. Se muestran algunas respuestas posibles. ¿Conoce otros países? ¿Tiene experiencia en organizar viajes para otras personas? ¿Por qué quiere trabajar en una agencia de viajes?**

Preguntas para un(a) doctor(a) voluntario(a)**¿Sabe hablar español o un idioma indígena? ¿Puede vivir en el campo o en un pueblo lejos de ciudades? ¿Por qué quiere ser doctor(a) voluntario(a)?**

Capítulo 9A Nombre ______ Fecha ______

Actividad F

Prepara un anuncio de trabajo para el periódico de tu escuela. Elige una de las opciones de abajo. Escribe el anuncio según el título de cada puesto, añadiendo detalles sobre la experiencia laboral, preparación académica y las cualidades personales que crees que debe tener la persona elegida. **1.** Un(a) editor(a) para el periódico de la escuela; **2.** Un(a) profesor(a) de español; **3.** Una persona para ocuparse de todas las computadoras de la escuela.

Modelo Cartero(a): *Se busca cartero(a) con dos años de experiencia en una oficina de correos o en el reparto de diarios o paquetes. Debe haberse graduado del colegio y tener permiso de manejar al corriente. Interesados contacten oficina de correos de la ciudad de San Agustín.*

Las respuestas variarán.

Ampliación del lenguaje

Saber y *conocer*

- *Saber* se usa cuando hablamos de conocimientos en general: El veterinario **sabe** mucho acerca de estos pingüinos.
- *Conocer* se usa para hablar de una persona, un lugar o una obra específica: **¿Conoces** a María José?

Completa las siguientes frases con la forma correcta de *saber* o *conocer.*

—¿Tú __conoces__ a Elena? Es la chica que __sabe__ mucho de música.

—Sí, yo la __conozco__ desde hace dos meses. Ella __sabe__ que tú y yo somos amigas.

Capítulo 9A Nombre ______ Fecha ______

Gramática

El futuro (página 460)

Otra forma de hablar sobre eventos futuros consiste en usar el tiempo futuro. El tiempo futuro expresa lo que ocurrirá. Para formar el futuro de los verbos regulares *-ar, -er* e *-ir,* se usan las mismas terminaciones para todos los verbos y se les añade al infinitivo.

-é	-emos
-ás	-éis
-á	-án

(yo)	**trabajaré seré viviré**	(nosotros) (nosotras)	**trabajaremos seremos viviremos**
(tú)	**trabajarás serás vivirás**	(vosotros) (vosotras)	**trabajaréis seréis viviréis**
Ud. (él) (ella)	**trabajará será vivirá**	Uds. (ellos) (ellas)	**trabajarán serán vivirán**

Observa que todas las formas tienen un acento gráfico excepto *nosotros(as).*

Mañana comenzaremos el trabajo.

El futuro será mejor.

¿Dónde viviremos dentro de diez años?

Gramática interactiva

Identifica formas
- Subraya todas las terminaciones de los verbos que tienen acento.
- En los ejemplos al final de la tabla, encierra en un círculo las formas de los verbos en el futuro.

¿Recuerdas?
Ya conoces dos formas de expresar eventos en el futuro. Con el tiempo presente:
- Mañana **comenzamos** el trabajo.

Usando *ir a* + infinitivo:
- El futuro **va a ser** mejor.

Actividad G

Para cada una de las frases siguientes, cambia las formas de los verbos al tiempo futuro. Escribe las nuevas frases en tu cuaderno.

1. Soy abogado(a) y necesito defender a mis clientes.
Seré abogado(a) y necesitaré defender a mis clientes.
2. Soy político(a) y me presento para las elecciones a gobernador(a).
Seré político(a) y me presentaré para las elecciones a gobernador(a).
3. Soy profesor(a) de español y enseño en una escuela secundaria.
Seré profesor(a) de español y enseñaré en una escuela secundaria.
4. Soy científico(a) y busco tratamientos para las enfermedades.
Seré científico(a) y buscaré tratamientos para las enfermedades.

Capítulo 9A Nombre ______ Fecha ______

Actividad H

¿Qué trabajos y profesiones habrá en el futuro? Lee la lista de profesiones y escribe si existirán o no dentro de 200 años, e incluye una breve explicación. Recuerda usar las formas del futuro que ya conoces.

Modelo Profesor(a): *Existirá porque necesitamos a personas que nos enseñen, pero quizás no tendremos escuelas porque todo se hará por computadora desde la casa. El / La profesor(a) se reunirá con sus estudiantes sólo una vez a la semana.*

1. Paramédico(a): Existirá / No existirá porque ______
Las respuestas variarán.
2. Secretario(a): Existirá / No existirá porque ______
3. Artista: Existirá / No existirá porque ______
4. Cartero(a): Existirá / No existirá porque ______
5. Policía: Existirá / No existirá porque ______

Ampliación del lenguaje

Palabras homófonas: *has* y *haz*

- *Has* es una forma del verbo *haber.* Se usa con un participio para formar el presente perfecto. Ejemplo: Todavía no **has** hecho la cama, ni te **has** vestido. ¿Qué **has** estado haciendo?
- El mandato de *hacer* es *haz.* Ejemplo: Ahora, **haz** la cama, vístete y **haz** todo lo que tienes que hacer.

Actividad I

Completa las siguientes frases con *has* o *haz.*

__Haz__ tú la comida mientras yo hago la limpieza. Si no __has__ terminado para las doce, yo te ayudo. ¿No __has__ visto mis libros?

Gramática

Verbos irregulares en el futuro (página 462)

Los verbos irregulares en el futuro tienen las mismas terminaciones que los verbos regulares, pero las raíces son irregulares. Aquí tienes algunas raíces de verbos que tienen un futuro irregular:

hacer	**har-**	¿Qué clase de trabajo hará ella?
poder	**podr-**	En el futuro podremos usar el Internet para seguir más carreras.
saber	**sabr-**	¿Sabrás hablar más de dos idiomas en el futuro?
tener	**tendr-**	Algún día tendré un trabajo con un salario muy bueno.
haber	**habr-**	Habrá muchas oportunidades para usar el español en mi carrera.

Gramática interactiva

Identifica formas
Encierra en un círculo las formas de los verbos en el futuro en los ejemplos.

Determina formas
Basándote en la información de la tabla de la derecha, escribe la primera persona *(yo)* del futuro de los siguientes verbos.

deshacer **desharé**

retener **retendré**

Actividad J

Lee las frases siguientes sobre las escuelas en los Estados Unidos hoy en día. Luego, escribe una frase diciendo cómo crees que será la escuela del futuro respecto a cada uno de estos hechos. Usa las formas adecuadas del futuro de cada verbo.

¿Recuerdas?
Terminaciones del futuro:

-é	-emos
-ás	-éis
-á	-án

Modelo Hoy en día la mayoría de los estudiantes estudian un idioma extranjero.
En el futuro los estudiantes estudiarán dos idiomas extranjeros.

Respuestas posibles:

1. Hoy en día en muchas escuelas hay una sala de computadoras.
   En el futuro en todas las escuelas habrá una sala de computadoras.
2. Actualmente los estudiantes tienen muchas clases obligatorias.
   En el futuro los estudiantes tendrán menos clases obligatorias.
3. Hoy en día algunos estudiantes no saben usar una computadora.
   En el futuro todos los estudiantes sabrán usar una computadora.
4. Hoy en día los estudiantes hacen la mayor parte del trabajo en sus cuadernos o en hojas de papel.
   En el futuro los estudiantes harán todo su trabajo en la computadora.

Actividad K

Completa las siguientes oraciones usando el tiempo futuro. Usa los verbos de la lista cuando sea posible.

ser	poder	hacer	saber	tener	haber	estudiar	trabajar	seguir

1. Si te preparas muy bien en tus estudios antes de graduarte...
   Las respuestas variarán.
2. Si esperas a ser adulto para pensar en qué quieres hacer con tu futuro...
3. Si escoges una carrera y después te das cuenta de que no es la correcta para ti...
4. Si quieres trabajar en un ámbito internacional con personas de muchos lugares...

Actividad L

Muy pronto tu amigo(a) va a terminar sus estudios de secundaria. Tu amigo(a) está algo nervioso(a) y te ha enviado un mensaje de correo electrónico. Lee su mensaje, y luego, escribe tu respuesta en tu cuaderno. Primero, saluda a tu amigo(a). Luego, escribe dos o tres frases sobre tus planes. A continuación, dale tu opinión a tu amigo(a) sobre sus dudas; también puedes sugerirle que hable con un(a) consejero(a) a los estudiantes. Responde a todas las preguntas en tu cuaderno y haz tus propios comentarios usando el futuro.

Attachments: none

Hola, ¿cómo estás?

El año próximo me graduaré de la escuela y aún no sé que voy a hacer. ¿Tú ya sabes lo que harás? ¿Seguirás estudiando o empezarás a trabajar? Yo quiero ir a la universidad pero también quiero ayudar a pagar mis gastos. Me gustaría estudiar y hacer algún trabajo a tiempo parcial, pero también quiero seguir pintando. ¿Podré hacerlo todo? ¿Tú qué crees? ¿Cuántas horas de clase habrá en la universidad por semana? Tú que siempre estás más informado(a) que yo, ¿me ayudarás un poco? ¡Cuéntame tus planes y dame alguna idea!

Las respuestas variarán.

Capítulo 9A Nombre ______ Fecha ______

Lectura cultural (página 458)

Actividad M

En México, la educación primaria abarca seis años y es obligatoria. Los niños deben tener seis años cumplidos para poder entrar a primer grado. Muchos niños en este país no tienen acceso a la educación preescolar (jardín de niños o *kindergarten*), por lo que en el primer grado es donde se espera que los niños aprendan las letras y a leer. También aprenderán a escribir, a realizar las operaciones matemáticas básicas (sumar, restar, multiplicar y dividir), entre otros muchos contenidos elementales.

Después pasan a la secundaria, que consta de tres grados. Algunas escuelas secundarias enseñan con un sistema de materias por área (español, matemáticas, ciencias naturales y ciencias sociales), mientras que otras siguen un sistema de asignaturas (física, química, español, historia, civismo, geografía, matemáticas, biología). En ambos sistemas los alumnos toman un idioma extranjero (casi siempre, el inglés), educación artística (canto o algún instrumento musical), educación física y educación tecnológica. Esta materia es muy importante porque en ella los alumnos aprenden habilidades para desarrollar un oficio. Por ejemplo, electricidad, corte y confección, cocina y repostería o dibujo técnico, entre otros.

1. En esta tabla, escribe algunas diferencias entre el sistema educativo de México y el de los Estados Unidos.

México	Estados Unidos
Primaria Respuestas posibles: 1) la educación primaria es de seis años; 2) la mayoría de los niños aprenden a leer en primer grado.	**Primaria** Respuestas posibles: 1) la educación primaria es de cinco años; 2) la mayoría de los niños aprenden a leer en kindergarten.
Secundaria Respuestas posibles: 1) los alumnos aprenden inglés como idioma extranjero; 2) algunos alumnos estudian materias por área y otros asignaturas.	**Secundaria** Respuesta posible: 1) no llevan el inglés como idioma extranjero. En algunos lugares no se enseña otro idioma; 2) los alumnos estudian asignaturas.

2. Ahora imagínate que estás contándole a un amigo las diferencias entre los dos sistemas educativos. Usa tus apuntes de la tabla y escribe un breve resumen.

Las respuestas variarán.

Capítulo 9A Nombre ______ Fecha ______

Conexiones Las matemáticas (página 466)

Actividad N

Para esta sección vas a hacer un estudio laboral en tu clase. Debes seguir estos pasos.

1. Entrevista a tus compañeros de clase de español para saber cuántos de ellos trabajarán en profesiones técnicas, administrativas, de medicina o artísticas. Incluye los números abajo. Las respuestas variarán.

Profesiones técnicas: ____ estudiantes Profesiones administrativas: ____ estudiantes

Profesiones médicas: ____ estudiantes Profesiones artísticas: ____ estudiantes

2. Ahora, calcula el porcentaje total de estudiantes de tu clase y determina qué porcentaje de la clase representa cada grupo. Luego prepara una tabla o gráfica para indicar esos porcentajes. (Pinta cada porcentaje con un color diferente).

Porcentaje de profesiones técnicas: ______

Porcentaje de profesiones médicas: ______

Porcentaje de profesiones administrativas: ______

Porcentaje de profesiones artísticas: ______

Porcentaje de indecisos(as): ______

Gráfica

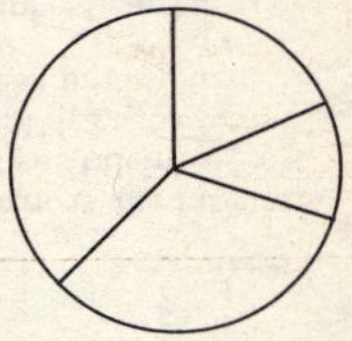

3. Escribe en tu cuaderno una o dos frases para resumir la información de la gráfica.

El español en la comunidad (página 467)

Vuelve a leer *El español en la comunidad* en la página 467 de tu libro de texto. Piensa en tu comunidad o ciudad y en tu cuaderno, contesta las preguntas siguientes.

Actividad Ñ

1. ¿Qué tipo de profesiones requieren un conocimiento de otras culturas? ¿Y de otros idiomas? Escribe todas las que se te ocurran. Respuestas posibles: Profesor(a) de idiomas, hombre/mujer de negocios, guía turística, recepcionista de hotel, agente de viajes.
2. ¿Cuáles de las profesiones "interculturales" que mencionaste en la actividad anterior crees que serán más importantes en el futuro de nuestra sociedad? ¿Por qué? Explica tu respuesta. Las respuestas variarán.

¡Adelante! (páginas 468–469)

Lectura 1

Estrategia
Usar títulos y subtítulos
Puedes saber enseguida de qué trata un artículo o un folleto leyendo los títulos y los subtítulos.

Actividad O

Lee *Usa títulos y subtítulos* (al margen) y sigue las instrucciones para la lectura. Si hay alguna palabra que no recuerdas, consulta las glosas en la página 469 de tu libro de texto. Después haz las otras actividades al margen.

Lectura interactiva

Usa títulos y subtítulos
Subraya los títulos de las secciones para saber la información que vas a encontrar.

Encuentra
Busca en el texto palabras o expresiones que son sinónimos de las palabras siguientes.

solucionar resolver

dirigente líder

monótono repetitiva

Una prueba de aptitud puede ayudarte a encontrar la mejor profesión para ti. Lo primero que debes hacer es determinar tu personalidad. Lee las siguientes descripciones. ¿Cuál te describe?

***Personalidad**

a. realista
b. investigadora
c. artística
d. sociable
e. emprendedora
f. analítica

***Te gusta...**

a. trabajar con animales, máquinas y herramientas.
b. estudiar y resolver problemas de ciencias o de matemáticas.
c. participar en actividades creativas como el arte, el teatro y la música.
d. hacer cosas con otras personas.
e. ser el líder.
f. trabajar con números y máquinas de manera ordenada.

***Prefieres...**

a. cosas prácticas que se pueden tocar y ver.
b. las ciencias.
c. actividades creativas.
d. enseñar o ayudar a otras personas.
e. la política y los negocios.
f. el éxito en los negocios

***Evitas...**

a. situaciones sociales.
b. ser el líder.
c. actividades repetitivas.
d. las máquinas, los animales y las herramientas.
e. actividades científicas.
f. actividades desordenadas.

Profesiones

Para saber la carrera más relacionada a tus gustos e intereses, revisa tus respuestas. Haz la suma para ver qué letra marcaste más y compara este resultado con la siguiente información. Si marcaste dos letras diferentes o más, puede ser que tengas aptitud para varias carreras.

*Localiza la letra que marcaste más veces para saber la profesión que debes elegir: a) ingeniero(a) o arquitecto(a); b) científico(a) o médico; c) actor, actriz o diseñador(a) de ropa; d) profesor(a) o enfermera; e) vendedor(a) o abogado(a) y f) contador(a) o cajero(a).

Actividad P

Completa la prueba de aptitud y escribe cuál ha sido el resultado. ¿Estás de acuerdo con lo que te dice la prueba? ¿Por qué? Si no, ¿a qué profesión quieres dedicarte? Responde en un párrafo corto.

Las respuestas variarán.

Actividad Q

Las pruebas de aptitud muchas veces están basadas en estudios psicológicos que intentan emparejar a cada persona con una profesión que le ayude a desarrollar sus talentos naturales. Aquí tienes la descripción de los talentos de varias personas. Para cada una, recomienda una profesión, y explica por qué crees que tendrá éxito en esa profesión.

1. Sara tiene 16 años. Tiene una mente muy analítica y le encanta investigar las razones de todo. Es muy exacta, ordenada y metódica.

   Las respuestas variarán.

2. Juan tiene 18 años. Es muy creativo e imaginativo. No le gusta estar más de una hora haciendo lo mismo. Le encantan las fiestas, la música, el arte y la naturaleza.

   Las respuestas variarán.

3. Andrea es hija de madre alemana y padre ruso. A los 14 años ya domina cuatro idiomas. Siente un gran interés por las relaciones internacionales y leer periódicos en diferentes idiomas.

   Las respuestas variarán.

Lectura 2

Actividad R

Antes de leer el siguiente artículo, lee *Leer tomando apuntes* (a la derecha). Luego, lee el texto y después haz las otras actividades al margen.

Estrategia

Leer tomando apuntes Cuando leas un texto con gran contenido informativo, el tomar apuntes a medida que lees o destacar con un marcador los puntos principales te ayudará a tener una visión global más clara al final de la lectura.

El currículum vitae

Un currículum vitae, o C.V., resume la información sobre los estudios y la carrera profesional de una persona. Se usa para presentarse como candidato(a) a un puesto de trabajo.

Hay dos tipos de currículum: el cronológico y el funcional. El cronológico puede ser directo o inverso. En el directo, los datos sobre formación y experiencia profesional se organizan de más antiguo a más reciente. En el inverso, se sigue el orden contrario. Éste es el tipo de currículum más utilizado.

En el currículum funcional no se usan fechas. Las actividades se agrupan por experiencias. Su ventaja es que si hay un tiempo en el que no has trabajado ni estudiado, esto se hará menos evidente. Un currículum vitae consta de las siguientes partes:

- **Datos personales:** Nombre y apellido, dirección postal (o de correo ordinario), teléfono, fax y dirección de correo electrónico.
- **Formación:**
  Estudios: Estudios realizados, títulos o certificaciones obtenidos.
  Otros estudios: Conocimientos que complementan tu formación.
  Conocimientos de informática: Dominio de programas y aplicaciones.
  Idiomas: Idiomas que sabes y cuál es tu dominio de cada uno de ellos.
- **Experiencia profesional:** Experiencias laborales. Si no tienes experiencia laboral, piensa en las actividades que has realizado o en las que has participado. Escoge las experiencias relacionadas con el puesto al que aspires.
- **Otros datos:** Pertenencia a asociaciones culturales, deportivas o cívicas, carnet de conducir, etc.

ROSARIO VARGAS
0000 Milfort Street
Austin, TX 77990
Teléfono: (713) 000-0000
Correo electrónico: rovargas@zzzz.net.z

Estudios:
Enseñanza secundaria, año de graduación, 2004
Parkville High School, Houston, TX—Estados Unidos
Enseñanza primaria 1991–1996
Escuela L. Cárdenas, Morelia, Michoacán, México

Otros estudios:
Taller de escritura (Poet's Circle, Houston, TX, 2003)
Curso de introducción a la traducción

Experiencia:
Editora del periódico de Parkville High School 2003–2004
Revisión de artículos. Enlace entre los colaboradores del periódico y la dirección de la escuela.
Profesora de inglés como segunda lengua 2002–2004
Trabajo como voluntaria en las bibliotecas públicas del condado de Parkville, TX. Enseñanza de inglés hablado y escrito a niños hispanohablantes de 10 a 12 años.

Informática:
Microsoft Word a nivel de usuario, conocimiento avanzado

Idiomas: Completamente bilingüe inglés/español

Lectura interactiva

Toma apuntes
Lee el texto subrayando las ideas principales. Toma apuntes en tu cuaderno de las cosas que consideres más importantes.

Reflexiona
Basándote en los apuntes que has tomado, ¿cuál crees que es el propósito de la persona que lo escribió: escribir algo agradable, promocionar algo o informar? **informar**

Actividad S

Ahora responde a las preguntas siguientes teniendo en cuenta lo que has leído.

1. ¿Qué es un currículum vitae? ¿Qué tipos de currículum se mencionan en la lectura?
   Es un resumen de la información sobre los estudios y la carrera profesional de una persona.
   Hay dos tipos de currículum: el cronológico y el funcional.

2. Explica la diferencia que hay entre el punto "estudios" y "otros estudios". Da ejemplos de tu experiencia personal de cosas que incluirías en uno y en otro.
   "Estudios" son los estudios realizados, títulos o certificados obtenidos. "Otros estudios" son cursos o talleres que contribuyen a tu formación. Las respuestas variarán.

Actividad T

Este verano tienes la oportunidad de trabajar en un país hispanohablante. Piensa en el trabajo que te gustaría hacer y qué se requiere para ser un(a) buen(a) candidato(a). Prepara tu currículum vitae para ese trabajo.

En una hoja de papel, escribe el puesto al que aspiras. Luego, escribe tu currículum teniendo en cuenta la información de la lectura y el modelo de currículum de la página anterior. Organiza la información en las secciones.

- Revisa el contenido: ¿Los datos personales son correctos? ¿Incluye toda la información académica y laboral? ¿Menciona detalles interesantes para el puesto al que aspiras?

Después escribe tu currículum en la computadora. Usa un formato que facilite la lectura (márgenes, párrafos bien diferenciados, etc.) y un tipo de letra que sea fácil de leer. Usa letras en negrita, en itálica o de distinto tamaño para destacar datos, pero no cambies continuamente el tipo de letra.

- Revisa la forma: ¿La ortografía y la puntuación son correctas? ¿El estilo es directo, claro y se entiende bien? ¿Los espacios, márgenes, etc. son correctos?

Haz las correcciones necesarias e incluye tu versión final en tu portafolios.

Las respuestas variarán.

Capítulo 9A Nombre ____________ Fecha ____________

La cultura en vivo (página 470)

En la página 470 de tu libro de texto puedes observar dos cuadros de pintores naif hispanohablantes. En el texto siguiente podrás aprender más sobre algunos pintores importantes de esta tendencia artística.

Pintura naif en América Latina

Manuel Lepe (1936–1984) nació en Puerto Vallarta, México y fue el iniciador del estilo naif en este país. Lepe empezó a pintar a los siete años de edad y nunca tomó clases de pintura. Los temas de su pintura fueron los niños y su tierra natal. En sus pinturas, Puerto Vallarta es un paraíso lleno de color, alegría y luz. La obra de Lepe capta toda la alegría y la inocencia de la infancia. Esta obra fue elogiada por críticos y por artistas. Lepe fue nombrado "Ciudadano Distinguido" por la ciudad de San Antonio, TX. El Gobierno de Washington le rindió homenaje dedicando el 25 de septiembre de 1982 como Día Manuel Lepe. Hoy en día se hallan obras suyas en museos, palacios presidenciales y hogares de personajes célebres y de coleccionistas de arte de todo el mundo.

Pilar Sala nació en Buenos Aires, Argentina. Es licenciada en Ciencias Políticas y en pintura es una autodidacta. En sus cuadros refleja sus emociones y sentimientos siguiendo un estilo muy personal. Sus pinturas están llenas de colores, con predominio de los azules. En sus cuadros, Pilar Sala recrea situaciones reales usando imágenes creadas por su fantasía. Sus temas preferidos son árboles, flores, personas y paisajes en los que conviven la realidad y la fantasía. Ha expuesto su obra en varias ciudades de diferentes países. Se pueden ver imágenes de sus cuadros en su página Web.

Actividad U

Busca en un diccionario las palabras siguientes y explica qué significan en el texto.

1. autodidacta **Respuesta posible: Se refiere a una persona que se instruye por sí misma.**
2. paraíso **Respuesta posible: Es un sitio o lugar muy ameno.**
3. predominio **Respuesta posible: Que sobresale entre otros, que es más abundante.**

Actividad V

Haz en tu cuaderno las siguientes actividades.

1. Explica qué cosas tienen en común estos dos pintores. **Las respuestas variarán.**
2. ¿Qué título le pondrías a cada uno de los párrafos de la lectura? No uses los nombres de los pintores como título. **Respuesta posible: De Manuel Lepe: La pintura de un autodidacta. De Pilar Sala: La pintura naif en Argentina.**

Capítulo 9A Nombre ____________ Fecha ____________

Presentación oral (página 471)

Mi vida hoy y en el futuro

Estrategia

Usar tablas Hacer una tabla puede ayudarte a pensar acerca de la información clave sobre la que quieres hablar. Esto te ayudará a hablar de una manera más efectiva.

Tarea

Cada vez es más frecuente que las personas tengan más de un trabajo a lo largo de su vida. Prepara una presentación en la que hables de los trabajos que esperas tener en el futuro, basándote en tus aficiones y pasatiempos favoritos, tus intereses y tus logros actuales, así como en tus habilidades y tu carácter.

1. **Preparación**
   Piensa en cómo es tu vida en la actualidad. ¿Cuáles son tus materias favoritas en la escuela? ¿Qué haces para divertirte? ¿Qué habilidades tienes? ¿Qué trabajos te atraen? Luego piensa cómo estas cosas pueden influir en la elección de una carrera laboral en el futuro. Haz una tabla para organizar lo que quieres incluir en tu presentación.

	Cursos favoritos	Diversiones	Habilidades	Carácter
Ahora	las matemáticas y el arte	trabajo en la computadora	hablo tres idiomas	me preocupa mucho mi aspecto
En el futuro	seré diseñadora en una escuela técnica	crearé nuevos diseños	trabajaré en un ambiente internacional	seré original y elegante

2. **Práctica**
   Repasa tu presentación varias veces. Puedes usar tus notas para practicar, pero no cuando hagas la presentación en público. Intenta:
   - proporcionar tanta información como puedas.
   - usar oraciones completas.
   - hablar con claridad.
3. **Presentación**
   Háblale a tu audiencia sobre tus intereses actuales y explica cómo estos factores afectarán las elecciones que hagas sobre trabajos que puedas desempeñar en el futuro.
4. **Evaluación**
   Quizá tu profesor(a) te dé los criterios de cómo va a ser evaluada tu presentación. Probablemente, tu presentación será evaluada teniendo en cuenta:
   - lo completa que fue tu presentación.
   - la cantidad de información que presentaste.
   - lo fácil que resultó entenderte.

Capítulo 9A Nombre

Repaso del capítulo (página 472)

Vocabulario y gramática

Repaso del capítulo

Para preparar el examen, revisa si...
- conoces el vocabulario nuevo y la gramática.
- puedes realizar las tareas de la página 349.

para hablar acerca de las profesiones en ciencia y tecnología

el agricultor, la agricultora	farmer
el arquitecto, la arquitecta	architect
el científico, la científica	scientist
el diseñador, la diseñadora	designer
el ingeniero, la ingeniera	engineer
el mecánico, la mecánica	mechanic
el técnico, la técnica	technician
el veterinario, la veterinaria	veterinarian

para hablar acerca de las profesiones en los negocios

el cartero, la cartera	mail carrier
el contador, la contadora	accountant
el dueño, la dueña	owner
el / la gerente	manager
el hombre de negocios	businessman
la mujer de negocios	businesswoman
los negocios	business
el secretario, la secretaria	secretary

para hablar acerca de las profesiones en las artes

las artes	the arts
el / la artista	artist
el escritor, la escritora	writer
el pintor, la pintora	painter

para hablar acerca de las profesiones en las leyes y la política

el abogado, la abogada	lawyer
el derecho	*(study of)* law
el juez, la jueza *pl.* los jueces	judge
la ley	law
la política	politics
el político, la política	politician

para hablar acerca del futuro

algún día	some day
los beneficios	benefits
bilingüe	bilingual
la carrera	career
el colegio	high school
la escuela técnica	technical school
el futuro	future
ganarse la vida	to make a living
la graduación	graduation
graduarse (*u* → *ú*)	to graduate
habrá	there will be
el idioma	language
militar	military
la oficina	office
la profesión *pl.* las profesiones	profession
el programa de estudios	course of studies
el salario	salary
seguir (*e* → *i*) (una carrera)	to pursue (a career)
la universidad	university

el futuro: verbos irregulares

haber	habr-
hacer	har-
poder	podr-
saber	sabr-
tener	tendr-

terminaciones del futuro

-é	-emos
-ás	-éis
-á	-án

- **Más práctica**
  Practice Workbook Puzzle 9A-8
  Practice Workbook Organizer 9A-9

Capítulo 9A Nombre Fecha

Preparación para el examen (página 473)

En el examen vas a...	Éstas son las tareas que te pueden ser útiles para el examen...	Si necesitas repasar...
1 Escuchar Escuchar y entender a personas que hablan de sus planes futuros.	En la Asamblea de despedida de alumnos de último año de secundaria, se les pregunta a algunos estudiantes qué harán después de graduarse. Escucha e identifica: (a) lo que harán el año que viene; (b) las profesiones en las que trabajarán, y (c) el salario que piensan que ganarán.	**págs. 452–455** *A primera vista* **pág. 456** Actividad 5 **pág. 459** Actividad 10 **pág. 460** Actividad 12
2 Hablar Hablar a los estudiantes nuevos sobre cómo es tu escuela secundaria.	Te has ofrecido para ayudar a los nuevos estudiantes hispanohablantes a inscribirse en las clases. ¿Cómo les describirías la experiencia que tendrán en la escuela secundaria? Puedes hablar de: (a) las clases; (b) las actividades extracurriculares o (c) darles algunos consejos para conocer a gente. Da tantos detalles como puedas.	**pág. 458** Actividad 8 **pág. 459** Actividad 11 **pág. 464** Actividades 19–21 **pág. 466** Actividad 24 **pág. 467** Actividad 25 **pág. 471** *Presentación oral*
3 Leer Leer y entender las notas enviadas a los graduados acerca de su futuro.	Dentro de la tarjeta de graduación de Miguel hay una nota de su madre. Mientras lees, determina cómo piensa ella que la universidad será para él. Querido hijo: El año que viene irás a la universidad. Tú y tus amigos comenzarán una vida nueva en la universidad y tendrán oportunidades de conocer a gente interesante. Tu padre y yo sabemos que sacarás buenas notas. Con mucho amor, Mamá	**pág. 461** Actividad 14 **pág. 462** Actividad 16 **págs. 468–469** *Lectura*
4 Escribir Escribir acerca de tus planes futuros.	Como parte de una solicitud para un trabajo de verano, se te ha pedido escribir un párrafo corto acerca de tus planes sobre tu carrera. Por ejemplo, puedes incluir: *Estudiaré en la universidad por seis años para prepararme para ser veterinario(a).*	**pág. 458** Actividad 8 **pág. 460** Actividad 12 **pág. 461** Actividades 13–14 **pág. 462** Actividad 16 **pág. 463** Actividades 17–18 **pág. 467** Actividades 25–26
5 Pensar Demostrar un conocimiento del arte popular de los países hispanohablantes.	Un(a) compañero(a) de clase va a viajar a América del Sur. Tu profesor(a) le ha pedido que traiga artesanías típicas de los países que visite. Basándote en lo que has aprendido en este capítulo, ¿qué crees que traerá el (la) estudiante?	**pág. 470** *La cultura en vivo*

Go Online Web Code jdd-0908 PHSchool.com

Nombre ____________ Fecha ____________

A ver si recuerdas... (páginas 474–475)

Como sabes, en muchos lugares, el medio ambiente está en peligro. Piensa en cosas que hacemos a diario y en cómo estas cosas afectan al medio ambiente. Completa las listas siguientes.

Cosas que no son buenas para el medio ambiente

1. Tirar basura en las playas y en los parques.
2. Las respuestas variarán.
3. ____________
4. ____________

Cosas que sí son buenas para el medio ambiente

1. Reciclar la basura es bueno para el medio ambiente.
2. Las respuestas variarán.
3. ____________
4. ____________

Fondo cultural (página 474)

Alfredo Arreguín es un destacado pintor mexicoamericano que nació en Morelia, Michoacán, en enero de 1935. A los trece años se mudó a la capital del país, en donde vivió diez años. Desde 1959 ha vivido en Seattle, Washington, donde estudió arte. Muchos de sus cuadros contienen elementos de la cultura mexicana y de la naturaleza del lugar donde vive actualmente. Tal es el caso de su obra *Las garzas (2002)*, aves que viven cerca del agua y que habitan tanto en México como en los Estados Unidos.

1. ¿Conoces algún animal que viva tanto en México como en los Estados Unidos, o que viaje de uno de estos países al otro? ¿Cuál es este animal?

   Las respuestas variarán.

2. ¿Crees que hay alguna relación entre el arte y la naturaleza? Explica tu respuesta.

   Las respuestas variarán.

3. ¿Crees que por medio del arte se pueda motivar al público a preocuparse por el medio ambiente? Explica tu respuesta.

   Las respuestas variarán.

Nombre ____________ Fecha ____________

Capítulo 9B

¿Qué haremos para mejorar el mundo?

Objetivos del capítulo

- Hacer predicciones sobre el futuro
- Expresar dudas sobre temas ecológicos
- Comentar los problemas del medio ambiente y sus posibles soluciones
- Comprender las perspectivas culturales sobre los problemas ecológicos y sus soluciones

Conexión geográfica (página 475)

En todo el mundo existen problemas con el medio ambiente. Lee la lista de problemas a continuación, estudia el mapa y escribe un sugerencia para remediar uno de los problemas en tu estado o en uno de los lugares sombreados.

contaminación del aire	manejo de desechos (basura)
contaminación del agua	residuos tóxicos
deforestación	lluvia ácida

Modelo Si se recicla el papel en Texas, se ayuda a reducir la cantidad de basura. Las respuestas variarán.

Go Online Web Code jde-0002 PHSchool.com

A primera vista (páginas 476–477)

Actividad A

Usa las pistas para completar el crucigrama con las palabras del vocabulario.

Horizontales: 1. un tipo de energía; **3.** suciedad en el aire o el agua; **8.** lugar donde están los planetas y las estrellas; **10.** da vueltas alrededor de nuestro planeta; **11.** terreno bajo entre montañas; **12.** tipo de energía que se obtiene del sol; **13.** nuestro planeta

Verticales: 2. algunas especies de animales y plantas están en peligro de...; **4.** hacer que algo sea mejor; **5.** montaña pequeña; **6.** todo lo que no ha hecho el ser humano; **7.** hacer menor; **9.** comunidades

		1 E	L	2 E	C	T	R	I	C	I	D	A	D
				X									
	3 C	O	N	T	A	4 M	I	N	A	5 C	I	Ó	6 N
				I		E				O			A
7 R				N		J				L			T
8 E	S	9 P	A	C	I	O				I			U
D		U		I		R		10 L	U	N	A		R
U		E		Ó		A				A			A
C		B		N		R							L
I		L							11 V	A	L	L	E
R		O											Z
		12 S	O	L	A	R		13 T	I	E	R	R	A

Actividad B

Gloria está hablando con su hermanita Graciela sobre el medio ambiente. Lee el diálogo y completa las frases con la palabra o expresión adecuada.

GLORIA: Graciela, ¡pon ese papel en la caja de reciclaje!

GRACIELA: ¿Por qué?

GLORIA: Porque ya hay mucha contaminación. Tenemos aire contaminado, los ríos y los lagos están contaminados, los animales están en peligro de extinción...

GRACIELA: ¿Estamos destruyendo la Tierra? ¿Dónde viviremos?

GLORIA: Viviremos en Venus. La contaminación es un problema grave y todos tenemos que ayudar a mejorar la situación.

Videohistoria (páginas 478–479)

Actividad C

Lee estas oraciones sobre la *Videohistoria*. Complétalas y luego escríbelas en orden.

1. Pedro cree que el autobús es muy ________.
2. La cajera en el cine dice que no ________ el aire acondicionado.
3. Los chicos caminan al cine y hablan de ________ energía.
4. Pedro dice que pueden ________ dinero si montan en bicicleta.
5. Pedro dice que el aire acondicionado se rompió; ________ que sea la electricidad.

Pedro dice que el aire acondicionado se rompió; duda que sea la electricidad.

Los chicos caminan al cine y hablan de conservar energía.

Pedro cree que el autobús es muy eficiente.

Pedro dice que pueden ahorrar dinero si montan en bicicleta.

La cajera en el cine dice que no funciona el aire acondicionado.

Ampliación del lenguaje

Palabras de una sóla sílaba

Existen muchas palabras de una sóla sílaba que se pronuncian de la misma manera, pero que tienen significados diferentes. Para indicar la diferencia de significado se usa la tilde.

el	(artículo)	No funciona **el** aire acondicionado.
él	(pronombre)	**Él** dice que el aire acondicionado se estropeó.
mi	(posesivo)	**Mi** bicicleta me ayuda a ahorrar energía.
mí	(preposición + pronombre)	A **mí** me gusta ahorrar energía.
te	(pronombre objeto)	**Te** gusta tomar agua.
té	(sustantivo; la bebida)	Te gusta tomar **té**.
tu	(posesivo)	Escribe en **tu** cuaderno.
tú	(pronombre sujeto)	**Tú** escribes en tu cuaderno.

Manos a la obra (páginas 480–483)

Actividad D

Encierra en un círculo la palabra o expresión que no corresponde en cada categoría.

1. la contaminación, el aire contaminado, (el aire acondicionado,) el agua contaminada
2. la electricidad, (la Luna,) las fuentes de energía, la calefacción solar
3. conservar, ahorrar, reducir, (funcionar)
4. el medio ambiente, (la destrucción,) la naturaleza, la Tierra
5. los bosques, las selvas tropicales, los desiertos, (las fuentes de energía)
6. mejorar, (dudar,) proteger, resolver
7. puro, eficiente, (grave,) económico

Actividad E

Completa la siguiente prueba para ver cuánto sabes sobre ecología. Sólo hay una respuesta correcta para cada pregunta. Encierra en un círculo la letra de la opción correcta.

1. La ecología estudia...
   - a. las plantas.
   - b. los animales.
   - (c.) el medio ambiente y la naturaleza.
2. Cuando decimos que algo está en peligro de extinción, queremos decir que...
   - a. vamos a verlo en todas partes.
   - b. tenemos que eliminarlo para conservar las fuentes de energía.
   - (c.) no lo vamos a ver dentro de unos años a menos que lo protejamos.
3. Si hay un cambio grande en las temperaturas del planeta...
   - a. afectará solamente a las ciudades.
   - (b.) tendrá un impacto sobre el medio ambiente.
   - c. no pasará nada, pero tendremos que usar más la calefacción y el aire acondicionado.

Ampliación del lenguaje (página 482)

Antónimos

Has aprendido muchas formas de incrementar tu vocabulario. Una de éstas es aprender palabras como antónimos, o opuestos, en pares.

Actividad F

1. Escribe los antónimos de las siguientes palabras:

   puro ≠ impuro artificial ≠ natural

   falso ≠ verdadero construcción ≠ destrucción

2. A continuación te presentamos una serie de refranes populares que comienzan con la frase *Más vale.*

   Completa cada refrán con el antónimo de la palabra en itálica.

   Más vale uno en *paz* que ciento en guerra.

   Más vale *antes* que después.

   Más vale *algo* que nada.

   Más vale perro *vivo* que león muerto.

Actividad G

Para cada una de las palabras siguientes, escribe dos palabras más que estén directamente relacionadas con ella. Si la palabra es un sustantivo, puedes escribir un verbo, un adjetivo o un adverbio. Usa el vocabulario que has aprendido. **Respuestas posibles:**

Modelo aire puro *las plantas* *los bosques*

1. contaminación aire agua
2. conservar ahorrar mejorar
3. reciclar reducir resolver
4. espacio Luna Tierra
5. destrucción extinción contaminación
6. extinción proteger peligro

Nombre ______________________ Fecha ____________

Gramática

(página 484)

Otros verbos irregulares en el futuro

Otros verbos que tienen radicales irregulares en el futuro son:

decir	**dir-**
poner	**pondr-**
querer	**querr-**
salir	**saldr-**
venir	**vendr-**

En el futuro **dirán** que la destrucción de las selvas tropicales causó muchos problemas ecológicos.

Pondremos plantas nuevas en nuestra casa.
Querremos luchar contra la guerra y por la paz.
Saldré muy temprano por la mañana. ¿Vendrás conmigo?

¿Recuerdas?
Ya sabes formar el futuro de verbos irregulares con las mismas terminaciones que se usan para los verbos regulares *(-é, -ás, -á, -emos, -éis, -án)*. Ya conoces estos verbos irregulares:

haber	**habr-**	hacer	**har-**
poder	**podr-**	saber	**sabr-**
tener	**tendr-**		

Gramática interactiva

Identifica formas
Subraya el radical de cada una de las formas del futuro en los ejemplos.

Determina formas
Para cada uno de los verbos irregulares que se incluyen en la lista de la tabla, escribe la forma *yo* y la forma *nosotros*.

diré, diremos

pondré, pondremos

querré, querremos

saldré, saldremos

vendré, vendremos

Actividad H

Ahora que ya sabes cómo formar el futuro de algunos verbos irregulares, usa la misma regla para indicar cuál sería la forma futura de *nosotros* y *ellos* de los siguientes verbos relacionados.

	Primera persona plural	Tercera persona plural
componer	compondremos	compondrán
prevenir	prevendremos	prevendrán
reponer	repondremos	repondrán
retener	retendremos	retendrán
convenir	convendremos	convendrán
suponer	supondremos	supondrán

Nombre ______________________ Fecha ____________

Actividad I

Un grupo de tu clase está preparando un evento especial para celebrar el Día de la Tierra y te han invitado a dar un discurso durante el evento. Responde a las preguntas de tus compañeros usando las formas del futuro apropiadas. Usa tu imaginación.

Modelo ¿Qué día vamos a hacer el evento? **Respuestas posibles:**
Lo haremos (Haremos el evento) el próximo viernes.

Respuestas posibles:

1. ¿Vas a decir que debemos proteger la Tierra?
   Sí, diré que debemos proteger la Tierra.
2. ¿Cuándo vamos a poner los carteles para anunciar el evento?
   Los pondremos este viernes.
3. ¿Vas a venir antes del evento para ensayar un poco?
   Sí, vendré antes del evento para ensayar.
4. ¿A qué hora van a salir de clase los chicos que van a ayudarnos?
   Saldrán de clase a las dos.
5. ¿Vas a querer que el público te haga preguntas cuando termines de hablar?
   Sí, querré que me haga preguntas.

Actividad J

Ahora escribe en tu cuaderno una nota a unos primos invitándolos al evento para celebrar el Día de la Tierra. Explícales cómo será el evento y qué cosas habrá allí. Anímalos a asistir incluyendo también algunas cosas que ellos van a poder ver o hacer allí, etc. Usa al menos seis verbos de la lista.

decir	haber	hacer	poder	poner
querer	saber	salir	tener	venir

Las respuestas variarán.

Gramática

El presente de subjuntivo con expresiones de duda (página 487)

Ya has usado el subjuntivo para expresar que una persona intenta persuadir a otra para que haga algo. También se usa después de verbos y expresiones que indican duda o incertidumbre.

(1) Dudamos que puedan resolver todos los problemas.
(2) No es cierto que protejan las selvas tropicales.

Otras expresiones que indican duda o incertidumbre son:

no creer que
no estar seguro(a) de que
es imposible que
es posible que

Cuando el verbo o la expresión implica certeza, se usa el indicativo, *no* el subjuntivo.

(3) Estoy seguro de que destruyen los bosques.
(4) Creemos que es importante proteger la naturaleza.

El subjuntivo de *hay* es *haya,* del verbo *haber.*

(5) Es posible que haya suficiente electricidad.

Gramática interactiva

Determina formas
- En las frases 1 a 5, subraya la expresión de duda y encierra en un círculo los verbos en subjuntivo.

Actividad K

Completa las siguientes oraciones con la forma correcta del subjuntivo o del indicativo, según el contexto.

1. No creo que la contaminación **se elimine** *(eliminarse)* en un futuro próximo.
2. Estoy seguro de que tú **contribuyes** *(contribuir)* a la conservación del medio ambiente.
3. Es posible que las leyes sobre el medio ambiente **cambien** *(cambiar)* pronto.
4. No estoy seguro de que nosotros **tengamos** *(tener)* que reciclar todos los días el papel.
5. Es importante que todos **protejamos** *(proteger)* las plantas y los animales en peligro de extinción.
6. Él piensa que el problema de la contaminación no **es** *(ser)* demasiado grave.
7. En mi comunidad no creo que **haya** *(haber)* problemas de contaminación.

8. Me parece imposible que ellos **destruyan** *(destruir)* la naturaleza de ese modo.
9. Si nos organizamos, es posible que todos **luchemos** *(luchar)* juntos para solucionar el problema de la contaminación.

Actividad L

Responde a estas preguntas según tu idea de cómo será el futuro. Usa las formas de futuro o de presente de subjuntivo de los verbos en cursiva según sea necesario.

Modelo ¿Crees que van a *circular* cada vez menos coches en las ciudades?
No, no creo que circulen cada vez menos coches en las ciudades.
o: *Sí, creo que circularán cada vez menos coches en las ciudades.*

1. ¿Crees que la temperatura de la Tierra va a *seguir* aumentando?
   No, no creo que...siga aumentando.; Sí, creo que...seguirá aumentando.
2. ¿Estás seguro(a) de que las personas van a *cuidar* cada vez más la naturaleza?
   No, no estoy seguro(a) de que...cuiden...; Sí, estoy seguro(a) de que...cuidarán...
3. ¿Es posible que *podamos* proteger los animales en peligro de extinción?
   No, no es posible que...podamos proteger...; Sí, es posible que...podremos proteger...
4. ¿Crees que los Estados Unidos va a *ser* el país con los mejores sistemas de reciclaje del mundo?
   No, no creo que...sea...; Sí, creo que...será...

Actividad M

María ha escrito una composición explicando cómo ve ella el futuro. Lee su composición y subraya cinco frases con las que no estés de acuerdo. Luego escribe un comentario en tu cuaderno sobre cada una de ellas usando expresiones de duda o negación.

Modelo Yo creo que dentro de pocos años los problemas del mundo se habrán resuelto.
No creo que se resuelvan los problemas del mundo tan pronto.

Yo creo que dentro de pocos años los problemas del mundo se habrán resuelto. Estoy segura de que las personas ya se han dado cuenta de que tenemos que cuidar el planeta y ya están haciéndolo. Creo que ya quedan muy pocas personas que no reciclen cosas como las latas de refresco y los papeles. Dentro de nueve o diez años todos los gobiernos habrán creado leyes contra la contaminación. Entonces desaparecerá toda la contaminación del agua y del aire. Seguramente para entonces ya habrán descubierto nuevas fuentes de energía más eficaces. Los sistemas de energía solar serán muy baratos y cada familia podrá instalar uno en su hogar. **Las respuestas variarán.**

Capítulo 9B Nombre ______ Fecha ______

Lectura cultural (página 485)

Actividad N

Aquí tienes más información sobre el ecoturismo. Léela y después contesta las preguntas a continuación.

¿Ya has probado el ecoturismo?

El ecoturismo es una forma alternativa de hacer turismo. Su misión principal es la de conservar la naturaleza, promoverla y ayudar a las regiones y pueblos del mundo a mantener su patrimonio ecológico, mediante visitas organizadas y otras actividades. En unas vacaciones ecoturistas se aprende a respetar y entender mejor la naturaleza en todos sus aspectos, además de participar en su conservación de forma directa.

Si haces reservaciones para un viaje de ecoturismo, es probable que tu hotel sea una cabaña, o algún lugar en medio de la naturaleza. Los alojamientos son limpios y cómodos, pero tienen en cuenta muchas formas de conservar energía que no encontramos en los hoteles tradicionales. Por ejemplo, la energía utilizada en estos lugares es probablemente solar, y se usa para lo mismo que usamos la energía eléctrica en nuestra vida diaria.

1. ¿Cuál es el objetivo de este artículo?

   Respuesta posible: El artículo quiere que hagamos ecoturismo y descubramos el mundo natural.

2. ¿Qué crees que harán los ecoturistas en sus viajes?

   Respuesta posible: Aprender cosas sobre la naturaleza y cómo conservarla.

3. ¿Te gustaría pasar algunas vacaciones en un hotel como los que se describen aquí? ¿Por qué?

   Las respuestas variarán.

Ampliación del lenguaje

En las comunidades bilingües, hay palabras que pasan de una lengua a otra. Éstas son influencias del inglés en el español y que debemos evitar:

- El uso de la raya (—) en lugar de la coma o dos puntos:
  Incorrecto: *Compró varias frutas—duraznos, melón y sandía.*
  Correcto: *Compró varias frutas: duraznos, melón y sandía.*
- El uso del gerundio en títulos: en inglés, el gerundio puede funcionar como un nombre. Su uso es frecuente en títulos de libros, películas, artículos, etc.: *"Lunching in the Park."* En español, el gerundio NO funciona como nombre, por eso es incorrecto escribir como título de un artículo "Almorzando en el parque"; lo correcto es **"Almuerzo en el parque"** o **"Almorzar en el parque"**.

Capítulo 9B Nombre ______ Fecha ______

Conexiones La ecología (página 490)

El ser humano es la principal fuente de contaminación de las aguas. Veamos cuatro tipos de contaminación de las aguas provocada por el hombre:

- **La industria:** Contamina el agua mediante la descarga de metales pesados, productos químicos, hidrocarburos, grasas, colorantes, ácidos y muchos otros más.
- **Desechos humanos:** son todos aquellos desechos que se producen por la actividad doméstica (la vida diaria del hombre en pueblos y ciudades). Aunque en su mayoría son residuos orgánicos, el alcantarillado arrastra otras sustancias peligrosas, como ácidos, hidrocarburos y plomo, entre otros.
- **Navegación:** intencionales o no, los vertidos de petróleo en el agua producen importantes daños ecológicos.
- **Agricultura y ganadería:** a partir de estas actividades se arrojan a las aguas grandes cantidades de restos orgánicos de animales y plantas, pesticidas y fertilizantes.

Actividad Ñ

Responde a las siguientes preguntas.

1. ¿Cuál de las formas de contaminación que se mencionan arriba te parece la más grave? Explica tu respuesta.

   Las respuestas variarán.

2. Explica con tus propias palabras que entiendes por el término "residuos orgánicos".

   Las respuestas variarán.

3. ¿Alguna vez has visto en la televisión u oído en el radio una noticia relacionada con la contaminación de las aguas? Si es así, explica cuál fue el hecho noticioso.

   Las respuestas variarán.

¡Adelante! (páginas 492–493)

Lectura 1

Estrategia

Identificar el punto de vista Al leer un artículo tienes que tener en cuenta que el autor puede tener opiniones muy definidas sobre algún tema.

Actividad O

Antes de leer el artículo, lee la primera sección de *Lectura interactiva* (al margen) y sigue las instrucciones. Puedes consultar las glosas de los artículos en las páginas 492 y 493 de tu libro de texto.

Lectura interactiva

Identifica el punto de vista
A medida que lees el artículo, trata de identificar los pasajes y las frases que apoyan el punto de vista del autor. Subráyalos.

Resume el punto de vista del autor en una oración.

Respuesta posible: El autor cree que la Antártida debe protegerse y usarse sólo para actividades científicas.

Protegemos la Antártida

Con un área de 16.5 millones de kilómetros cuadrados, la Antártida es un continente de hielo. El 90 por ciento del hielo de la Tierra se encuentra en la Antártida. Es un desierto frígido donde casi nunca llueve. El continente está rodeado por islas que tienen un clima menos frío y por eso hay una variedad de plantas que mantienen un gran número de pájaros y animales. La existencia de especies está limitada por el clima, pero existe una abundancia de vida en el agua: plancton, coral, esponjas, peces, focas, ballenas y pingüinos.

¡Estamos en peligro!

Las regiones polares son muy importantes para la supervivencia de la Tierra entera. Los casquetes de hielo en las zonas polares reflejan luz solar y así regularizan la temperatura de la tierra. Cuando se destruyen estos casquetes, hay menos luz solar que se refleja y la Tierra se convierte en un receptor termal. Esto se llama el efecto de invernadero.

El Tratado Antártico

A través de los años, muchos países han declarado soberanía de derechos sobre la Antártida y esto ha producido problemas, especialmente en Argentina y Chile. Pero el 1 de diciembre de 1959, los problemas se acabaron con el Tratado Antártico. El tratado estableció reglas para el uso de la región. Las dos más importantes son el uso pacífico del continente para objetivos científicos y la prohibición de la explotación minera.

Actividad P

Responde a las siguientes preguntas con frases completas.

1. ¿Cuál es el tono del autor del artículo? ¿serio? ¿formal? ¿informal? ¿preocupado? ¿cómico? ¿indiferente? ¿objetivo?

   Respuesta posible: El tono es formal y objetivo.

2. ¿Cuál es el objetivo principal de este artículo?

   El objetivo principal es que debemos conservar la Antártida.

3. ¿Cuáles son las consecuencias principales del Tratado Antártico?

   Las consecuencias principales son el uso pacífico del continente para objetivos científicos y la prohibición de la explotación minera.

Actividad Q

Un grupo de compañeros de tu escuela está planeando un viaje a la Antártida. Teniendo en cuenta lo que sabes de esta zona, además de lo que has aprendido sobre el medio ambiente y la naturaleza, prepara en un cartel una guía con sugerencias para tus compañeros.

Las respuestas variarán.

1. Primero escribe una breve descripción del lugar a donde irán tus compañeros. Esta información debe ser objetiva y no debe incluir opiniones personales.
2. Prepara una lista de sugerencias para tus compañeros, indicándoles qué deben hacer y qué no deben hacer para que su viaje no tenga un impacto negativo en el área. Recuerda usar el subjuntivo de forma adecuada.

Lectura 2

Actividad R

Antes de leer el siguiente artículo sobre el cambio climático, lee *Usa el contexto* (al margen) y sigue las instrucciones.

Estrategia

Distinguir hechos de hipótesis
Cuando en un mismo texto se incluyen hechos reales e hipótesis es importante distinguirlos. Una forma de hacerlo es fijarse en los verbos. En general, los hechos se expresan en presente *(es, hay, está)* y las hipótesis en futuro o una forma llamada condicional *(sería, habría, estaría).*

Lectura interactiva

Usa el contexto
Lee el texto fijándote en qué frases expresan hechos reales y cuáles expresan hipótesis o probabilidades. En el primer párrafo, subraya dos ejemplos de hechos. En el segundo párrafo, subraya dos veces dos ejemplos de hipótesis.

Encuentra
Encierra en un rectángulo una consecuencia del cambio climático en cada uno de los párrafos tercero y cuarto.

Consecuencias de un cambio climático

Debido al efecto de invernadero, la Tierra se calienta cada vez más. Si no se toman medidas, la temperatura global del planeta aumentará unos 3.5 °C en los próximos cien años. Cuanto más aumenta el calor, más agua se evapora del suelo, de los mares, lagos y ríos. Esta evaporación haría aumentar el vapor de agua en el aire, dando lugar a un aumento de las precipitaciones y provocando un clima más extremo.

Un estudio del gobierno mexicano afirma que si continúa el cambio climático, muchos bosques de México desaparecerán, y se producirá un crecimiento de los bosques tropicales lluviosos. Como consecuencia, el clima sería más extremo, disminuyendo las zonas de clima templado y aumentando las zonas cálidas y húmedas (selvas tropicales), y las secas y cálidas (desiertos).

En cuanto a la agricultura, si continúa el cambio climático, la superficie apta para el cultivo del maíz disminuirá, mientras la población sigue aumentando, provocando una crisis de alimentos. El aumento de la evaporación producirá una disminución del volumen de agua disponible que tendría graves consecuencias.

Otra de las consecuencias del cambio climático sería la invasión del mar. Las zonas más afectadas serían las lagunas costeras y los pantanos.

Para enfrentar el cambio climático, la humanidad debe lograr una respuesta global, en la que todos los gobiernos se unan para proteger el planeta.

Actividad S

Responde a las siguientes preguntas sobre la lectura.

1. ¿Cuál es el tema principal del texto?
   Conocer las consecuencias de un cambio climático.
2. ¿Cuál es la primera consecuencia global del aumento de la temperatura de la Tierra?
   Un clima más extremo.
3. ¿Qué crees que quiere decir esta frase al final de la lectura: "La humanidad debe lograr una respuesta global, [...] para proteger el planeta"? Explica tu respuesta.
   Respuesta posible: Que todos los gobiernos se junten para proteger el planeta.

Actividad T

Responde a las preguntas siguientes según tu propia opinión.

1. ¿Qué otras consecuencias crees que puede tener un cambio climático?
   Las respuestas variarán.
2. ¿Crees que el clima está cambiando en tu comunidad? Piensa en cómo eran los inviernos y los veranos cuando tú eras pequeño(a). Si hace poco que vives en tu comunidad, puedes hablar de otro lugar que conozcas.
   Las respuestas variarán.
3. ¿Cuál de estos problemas te parece más grave: el uso sin distinción de las fuentes de energía, los animales y las plantas en peligro de extinción, la contaminación o las guerras? Escribe en tu cuaderno un párrafo para responder a esta pregunta.
   Las respuestas variarán.

Capítulo 9B Nombre _______________ Fecha _______________

Perspectivas del mundo hispano (página 494)

Como has visto en la página 494 de tu libro de texto, la deforestación es un problema muy grave que afecta a gran número de territorios en todo el mundo. Lee el texto siguiente sobre las medidas que han tomado las autoridades de Michoacán, México, para hacerle frente a este problema, y después responde a las preguntas a continuación.

Reforestación contra deforestación

En México, el estado de Michoacán, se ha visto afectado por incendios, talas clandestinas, plagas y enfermedades que provocaron la deforestación de la zona. Para solucionar esta situación, las autoridades crearon el Programa Estatal de Reforestación. La reforestación consiste en plantar árboles y plantas en un terreno en el que recientemente fueron destruidos, ya sea por causas naturales o por la mano del ser humano. El propósito de la reforestación es restaurar la vegetación autóctona o propia de la región.

Michoacán con tres tipos de clima —templado, cálido y semi-seco— posee una gran variedad de ecosistemas vegetales. El objetivo del programa de reforestación es facilitar la conservación y restauración de la vegetación original del estado.

Gracias a este programa, desde hace unos años, durante la temporada de lluvias, la reforestación es una actividad muy importante en el estado. Otra ventaja del programa es la creación de puestos de trabajo relacionados con la reforestación. Pero además de reforestar es importante educar para que los dueños de bosques comprendan el valor económico y ambiental de los mismos.

Actividad U

Responde a las siguientes preguntas en tu cuaderno.

1. ¿Qué puestos de trabajo piensas que puede crear la reforestación? ¿Por qué?
   Las respuestas variarán.
2. Averigua qué programas de reforestación o qué eventos en los que se incluye la plantación de árboles tienen lugar en tu comunidad. ¿Has participado alguna vez en un programa de reforestación? Explica el objetivo del programa y di qué personas participaron en él. ¿Cuál ha sido tu aportación al mismo? **Las respuestas variarán.**

Capítulo 9B Nombre _______________ Fecha _______________

Presentación escrita (página 495)

Prestemos servicio

Tarea

Las vacaciones de verano son un buen momento para hacer algo por tu comunidad. Estás organizando un proyecto de voluntarios y te han pedido que escribas un artículo para el diario local explicando tu proyecto.

Estrategia

Preguntas clave Antes de escribir un artículo, es una buena idea organizar la información que vas a necesitar. Preguntas como *¿quién?, ¿qué?, ¿cuándo?, ¿dónde?, ¿cómo?* y *¿por qué?* te serán útiles para planificar tu artículo.

1. **Antes de escribir**
   Para escribir tu artículo, responde a las preguntas siguientes, dando tantos detalles como sea posible.
   - ¿Qué...?
   - ¿Dónde...?
   - ¿Quién(es)...?
   - ¿Cuándo...?
   - ¿Por qué...?
2. **Borrador**
   Usando tus respuestas a las preguntas clave, escribe un primer borrador de tu artículo. Trata de usar un título que capte el interés de los lectores. Es importante que presentes tus ideas de una forma lógica, concisa e interesante para que otras personas quieran participar en tu proyecto.
3. **Revisión**
   Lee tu artículo y asegúrate de que la ortografía, las concordancias, las formas verbales y el uso del vocabulario sean correctos. Pídele a un(a) compañero(a) de clase que revise los puntos siguientes:
   - ¿Has presentado tu plan en una forma lógica y concisa?
   - ¿Has incluido toda la información necesaria?
   - ¿Debes cambiar o añadir algo?
   - ¿Hay errores de ortografía, en las formas verbales o en la concordancia?
4. **Publicación**
   Vuelve a escribir el artículo haciendo las correcciones y cambios necesarios. Haz una copia para tu profesor(a) e incluye otra copia en tu portafolios.
5. **Evaluación**
   Quizá tu profesor(a) te dé los criterios de cómo va a ser evaluada tu presentación. Probablemente, tu presentación será evaluada teniendo en cuenta:
   - lo lógico y conciso que es el artículo.
   - lo completa que es la información.
   - la precisión en el uso del futuro y del presente de subjuntivo.

Nombre

Repaso del capítulo (página 496)

Vocabulario y gramática

Repaso del capítulo

Para preparar el examen, revisa si...
- conoces el vocabulario nuevo y la gramática.
- puedes realizar las tareas de la página 369.

para hablar acerca de la Tierra

el bosque	forest
la colina	hill
el desierto	desert
el espacio	*(outer)* space
la Luna	the moon
la naturaleza	nature
la planta	plant
el pueblo	town
la selva tropical	rain forest
la Tierra	Earth
el valle	valley

para hablar acerca de la energía

ahorrar	to save
el aire acondicionado	air conditioning
la calefacción	heat
económico, -a	economical
eficiente	efficient
la electricidad	electricity
la energía	energy
solar	solar

para hablar acerca del medio ambiente

conservar	to conserve
la contaminación	pollution
contaminado, -a	polluted
contra	against
la destrucción	destruction
ecológico, -a	ecological
eliminar	to eliminate
en peligro de extinción	endangered, in danger of extinction
la fuente	source
funcionar	to function, to work
grave	serious
la guerra	war
juntarse	to join
luchar	to fight
la manera	way, manner
el medio ambiente	environment
mejorar	to improve
la paz	peace
proteger	to protect
puro, -a	pure
reducir	to reduce
resolver *(o → ue)*	to solve

otras palabras y expresiones útiles

además (de)	in addition (to), besides
dudar	to doubt
es cierto	it is certain
haya	there is, there are *(subjunctive)*

otros verbos irregulares con cambios en el radical en el futuro

decir	dir-
poner	pondr-
querer	querr-
salir	saldr-
venir	vendr-

el presente del subjuntivo con expresiones de duda

No creo que los estudiantes **lleguen** a tiempo.
Dudamos que el aire acondicionado **funcione.**
Ramón **no está seguro de que** el concierto **empiece** a las siete.
Es posible que veamos al Presidente.
Es imposible que la gente **viva** en el espacio.
No es cierto que el agua del río **sea** pura.

Más práctica

Practice Workbook Puzzle 9B-8
Practice Workbook Organizer 9B-9

Nombre Fecha

Preparación para el examen (página 497)

En el examen vas a...	Éstas son las tareas que te pueden ser útiles para el examen...	Si necesitas repasar...
1 Escuchar Escuchar y entender a unos estudiantes que hablan acerca de las acciones de las personas con respecto al medio ambiente.	Para celebrar el *Día de la Tierra,* una clase está hablando sobre lo que las personas hacen o van a hacer para mejorar el medio ambiente. Escucha los comentarios y escribe *presente,* si los comentarios se refieren al presente y *futuro,* si lo que dicen corresponde al futuro.	**págs. 476–479** *A primera vista* **pág. 480** Actividad 4 **pág. 484** Actividad 12
2 Hablar Hablar sobre lo que harás para proteger el medio ambiente.	El director del Centro para Jóvenes Hispanos te ha pedido que hables a un grupo sobre cinco cosas que *tú* harás este año para lograr tener un impacto positivo sobre el medio ambiente. Por ejemplo, puedes decir: *Trabajaré en un centro de reciclaje.*	**pág. 482** Actividad 9 **pág. 483** Actividad 10 **pág. 486** Actividad 16 **pág. 488** Actividad 19 **pág. 489** Actividades 20–21 **pág. 490** Actividad 23 **pág. 491** Actividad 25
3 Leer Leer y entender una descripción sobre el futuro.	Lee la descripción de una representación de un director de cine sobre cómo será el mundo dentro de 30 años. ¿Dónde vivirán las personas? ¿Qué usaremos como energía? ¿Crees que el director incluye algo que tú consideras imposible? En el futuro, habrá apartamentos en el océano y en las estaciones del espacio. Dudo que usemos la gasolina para los coches. Será necesario usar la energía solar.	**pág. 481** Actividad 7 **pág. 482** Actividad 8 **pág. 485** Actividad 13 **pág. 487** Actividad 17 **pág. 490** Actividad 23 **pág. 491** Actividad 24
4 Escribir Escribir información para incluirla en un cartel de *"Proteger nuestro medio ambiente".*	Tu profesor(a) de ciencias te ha pedido que escribas una versión en español de un cartel relacionado con el medio ambiente. ¿Qué recomendaciones incluirías en él? Por ejemplo, puedes escribir: *Sugerimos que reciclen los periódicos.*	**pág. 481** Actividad 7 **pág. 482** Actividad 8 **pág. 487** Actividad 17 **pág. 488** Actividad 19 **pág. 491** Actividades 24–25 **pág. 495** *Presentación escrita*
5 Pensar Demostrar un conocimiento sobre los esfuerzos realizados para proteger los recursos naturales en el mundo hispanohablante.	Piensa en lo que has aprendido en este capítulo acerca de cómo las personas y los gobiernos atienden los problemas del medio ambiente en los países hispanohablantes. Compara estos esfuerzos con los que se llevan a cabo en Estados Unidos. ¿Crees que esto es un problema regional o mundial?	**pág. 481** *Fondo cultural* **pág. 483** Actividad 10, *Fondo cultural* **pág. 485** *Fondo cultural* **pág. 494** *Perspectivas del mundo hispano*

Go Online PHSchool.com Web Code jdd-0916